Révolutions invisibles

Cet ouvrage est le premier d'une collection de la Fondation Nicolas Hulot qui, avec les éditions Les Liens qui Libèrent, proposera des analyses et des éclairages sur la transition écologique et sociale.

ISBN : 979-10-209-0166-8

Floran Augagneur
et Dominique Rousset

Révolutions invisibles

Préface de Nicolas Hulot

Cet ouvrage est une coédition
Les Liens qui Libèrent/France Culture

SOMMAIRE

PRÉFACE

Un nouveau monde que j'entends respirer lors des journées calmes

Le livre que vous avez entre les mains est de ceux qui vous réconcilient avec le monde, vous éclairent sur l'avenir et vous confortent dans vos espoirs, mais qui vous dérangent aussi, vous alertent et vous incitent à la vigilance.

Si vous êtes plutôt du matin, vous avez pu suivre les « Révolutions invisibles », 40 chroniques diffusées sur France Culture au cours de l'été 2014 en partenariat avec la fondation Nicolas Hulot. Au fil des épisodes, la journaliste Dominique Rousset et le philosophe Floran Augagneur analysaient les mutations en cours dans la société au carrefour des sciences sociales et de l'écologie : du biomimétisme aux mouvements slow, de la démographie au végétarisme, de l'écoféminisme à la religion, du travail à l'économie circulaire… Un éclectisme et une approche pluridisciplinaire originaux et appréciables.

Fort d'un succès d'audience, le projet s'est poursuivi, et les auteurs ont transposé et développé ces chroniques pour ce livre coédité avec France Culture. Il est le premier d'une collection de la fondation Nicolas Hulot qui, avec les éditions Les Liens qui libèrent, proposera des analyses et des perspectives de la transition écologique.

Belle complémentarité de médias pour dresser le portrait d'une société qui se transforme, souligner les dangers et montrer surtout que, contrairement aux idées reçues, la construction d'un avenir crédible et désirable n'est pas une utopie mais une simple question de volonté. Les créatifs culturels et les minorités actives sont la parfaite illustration du propos de l'anthropologue Margaret Mead : « Ne doutez jamais qu'un petit groupe d'individus conscients et engagés puisse changer le monde. Historiquement, c'est toujours de cette façon que le changement s'est produit. »

Les quarante chroniques sont développées ici en quarante chapitres. Sans tabou, ils offrent une vision à large spectre de la diversité des mutations en cours et mettent à jour la véritable fourmilière que sont ces révolutions invisibles.

C'est une belle occasion pour chacun d'entre nous d'y voir plus clair et de se déterminer sur ce qu'il faut abandonner et ce qu'il faut poursuivre pour dessiner les contours de la société de demain.

Ne doutons pas que nous aurons besoin de ce souffle nouveau, de cet élan de créativité, pour irriguer les négociations de la conférence internationale Paris Climat 2015 et ainsi aboutir à un accord universel qui ne sacrifie pas l'avenir au présent.

Les pages qui suivent nous invitent à changer notre regard, notre perception, et à nous écarter des vieux systèmes de pensée encore trop ancrés dans notre inconscient collectif. Notre réflexion doit remettre en cause les rapports que l'homme moderne entretient avec la nature et la place qu'il y occupe. Les outils conceptuels sont là. Un nouveau paradigme émerge et les exemples d'applications vont se multiplier dans le monde. J'en suis convaincu, au point de faire mien l'adage de l'écrivain et militante indien, Arundhati Roy : « Un autre monde n'est pas seulement possible, il est déjà en route. Lors de journées calmes, je peux l'entendre respirer. »

Nicolas Hulot
Président de la fondation
Nicolas Hulot pour la nature et l'homme
www.fnh.org

INTRODUCTION

« On ne résout pas un problème
avec les modes de pensée qui l'ont engendré »
Albert EINSTEIN

Quelque chose dans la modernité semble avoir mal tourné. La modernité est inséparable de l'idée qui la fonde : l'histoire de l'humanité, portée par les succès et les promesses d'un progrès infini, a voulu s'affranchir de la nature, l'homme serait en voie de se débarrasser de l'environnement et de se libérer de ses contraintes.

Mais le rêve moderne est venu s'échouer sur les limites de la biosphère. L'homme, en ce début de XXIe siècle, se réveille avec la gueule de bois : alors que tout autour de lui annonçait la victoire de l'abondance, il se retrouve sur une terre trop petite, appauvrie et fragilisée par ses activités.

En 1987 est créé, sous l'égide de l'Organisation météorologique mondiale et du Programme des Nations unies pour l'environnement, le Groupe intergouvernemental sur l'évolution du climat (Giec). Depuis lors, ses travaux et bien d'autres ont démontré la réalité scientifique du dérèglement global du climat et de son origine humaine. Mais les émissions anthropiques de dioxyde de carbone sont loin d'être les uniques sources de dégradations. Nous émettons également trop de soufre et d'arsenic. Nous dégradons nos sols qui seront pourtant nécessaires pour nourrir une population en expansion. Nous causons l'érosion de la biodiversité et les minéraux se font de plus en plus rares, de même que de nombreux métaux et sources d'énergie. Tout cela entraîne sur la planète de graves déséquilibres géopolitiques et nous condamne à l'inflation généralisée du productivisme et à la recherche effrénée de solutions techniques et scientifiques, certes remarquables, mais hasardeuses. Elles sont en germe, certaines sont déjà au point, comme on le verra dans ce livre ; elles seront appliquées si la double logique de la domination de la matière et de la croyance en la toute-puissance de l'homme se maintient.

Mais elles pourraient bien se heurter à l'émergence d'un nouveau récit, né d'une réflexion sur l'absence de finalité qui semble caractériser notre époque.

Au siècle dernier déjà, le triomphe de la rationalité et les succès de la technique soulevaient des interrogations. Accusée d'être à l'origine de nouvelles formes d'aliénation, la technique serait la concrétisation d'une pulsion de puissance et de domination (Jacques Ellul). La pensée écologique qui se développe alors est avant tout une tentative de réponse à la « montée de l'insignifiance » (Cornelius Castoriadis), à « l'absurde » (Albert Camus), et à la « perte de sens » (Ivan Illich), autant d'expressions utilisées par tous ces penseurs pour caractériser la condition moderne. D'autres en Allemagne dénoncent au même moment le danger des errements et proposent une nouvelle éthique de la responsabilité « pour la civilisation de la technique » (Hans Jonas) dont l'influence sur la pensée écologique a été considérable : elle va orienter l'écologie vers la recherche de prudence et de précaution et contribuer à effacer ou à reconfigurer les frontières entre nature et culture, entre humain et non-humain.

En effet, même si elles ont été, en théorie comme en pratique, hermétiquement cloisonnées, aucun lieu, aucune frontière, aucun instant, ne peut situer la séparation entre la société et la nature, ni entre l'histoire humaine et l'histoire naturelle, et, en réalité, pas même entre la vie et la matière.

Il est temps de rétablir le lien, de réintégrer la société dans son environnement physique, de reconnaître toutes ces interdépendances. Nous y sommes peut-être, c'est maintenant, mais sommes-nous capables de le voir ?

Un peu partout se dessine une autre vision de notre avenir. Elle se glisse dans les interstices du monde, investit les terres en friche, profite de la décentralisation des pouvoirs et se nourrit du bon sens commun. Elle expérimente, elle innove, elle a volontiers recours aux savoirs ancestraux mais elle n'ignore rien des réseaux de communication modernes car elle entend privilégier l'échange et le partage, sources et moteurs de sa créativité.

La vie est caractérisée par le mouvement. En sciences de la vie, cela s'appelle l'évolution. En sciences sociales, cela s'appelle l'histoire. Or, l'histoire de l'homme, comme celle de la nature, ne se résume pas au temps qui passe : l'objectif de ces révolutions en marche, qui prennent de multiples formes, comme on va le voir, consiste à retrouver les moyens d'agir, collectivement, en tant que force créatrice... plutôt que destructrice. De nouvelles voies sont aujourd'hui ouvertes par l'expérimentation de modèles se substituant au marché et à l'État. Les associations, les sociétés coopératives et participatives, les mutuelles, les systèmes de financement alternatifs, les circuits courts, le commerce équitable… Tous portent l'idée que la production et les échanges peuvent promouvoir d'autres objectifs que la simple augmentation des profits.

Dans un monde qui repose sur la croissance, lorsque cette dernière vient à manquer, chacun est tenté de défendre ses intérêts immédiats car la réussite des uns devient un obstacle à la réussite des autres. Le haut de la pyramide sociale oscille alors entre la nostalgie des Trente Glorieuses et le rêve fou d'un retour de la croissance. Pourtant, d'autres réalités, complexes, issues le plus souvent de la base, revendiquant une appartenance locale et surtout des valeurs radicalement différentes, se font jour : circularité, numérique, agroécologie, fonctionnalité, ces termes sont représentatifs d'un système socio-économique en devenir. Nos sociétés se transforment, elles sont en mouvement. Elles pourraient bien abandonner les schémas et les représentations classiques en matière de justice sociale, de biologie, d'économie, d'éthique… Ce n'est pas la généralisation des marges, c'est l'apparition d'un nouveau paradigme. Nietzsche nous avait prévenus : le présent est une transition.

Sommes-nous capables de le voir ? L'invisibilité est le problème des démocraties d'aujourd'hui. Invisibilité de l'avenir, des générations futures et des enjeux globaux, climatiques, financiers… Autant d'inconnues que les institutions démocratiques, préoccupées de l'immédiat, ne sont structurellement pas adaptées pour prendre en compte. Ce qui condamne à l'immobilisme. « Nous vivons comme dans un monde de verre, redoutant le moindre choc qui le ferait voler en éclats, comme un lézard à l'abri d'une feuille qui tremble. Nous croyons aussi qu'à défaut d'être le meilleur des mondes, c'est à tout le moins le seul monde possible », écrivait Serge Moscovici, psychologue social et pionnier de la pensée écologique.

Aujourd'hui, ce monde de verre se fissure. Mais ces fissures peuvent être autant de bonnes nouvelles pour changer nos modes de pensée, évacuer nos idées reçues, comprendre ce monde qui émerge aux interstices. Parce que les institutions ont négligé ces inconnues, des révolutions invisibles vont ouvrir de nouvelles perspectives !

« IL N'Y A QU'À REFROIDIR LE SOLEIL ET FERTILISER LA MER ! »

La géo-ingénierie

Pour contrer le réchauffement climatique on pourrait par exemple envoyer dans l'espace des milliards de petits écrans, 60 cm de diamètre, à peine 1 gramme chacun ; ils fileraient à 1,5 million de kilomètres et dévieraient habilement une partie des rayons solaires avant que ceux-ci n'atteignent la terre. Il ne serait même pas nécessaire d'utiliser la lune comme base de lancement. Tout se ferait à partir du sol. On pourrait aussi réduire la luminosité solaire avec des aérosols, des milliers d'aérosols, capables de lâcher des doses massives de soufre dans l'atmosphère, pour l'assombrir. Ou encore, fertiliser les fonds de l'océan Austral ; il suffirait de larguer du sulfate de fer dans le sillage d'un tanker pour que se développent des algues capables de stocker le carbone.

Pulvériser du soufre dans la stratosphère, combattre l'éclat du soleil, modifier la chimie des océans… Devant l'échec des réductions globales d'émission de CO_2 pour éviter des changements climatiques de grande ampleur, il est désormais question de « réparer » le climat. C'est le domaine de la géo-ingénierie. La manipulation délibérée du climat à grande échelle apparaît comme une solution efficace, pour beaucoup elle est même la seule. Nombre d'entreprises y sont favorables, des scientifiques y sont prêts et un peu partout dans le monde les gouvernements s'interrogent. Il est vrai qu'elle a un avantage redoutable : celui de nous éviter précisément ces efforts de réduction des émissions et la remise en cause de nos modes de vie.

Donc les aérosols. D'où est venue cette idée ? Le 7 novembre 1991 le volcan du mont Pinatubo, aux Philippines, en sommeil depuis plus de six siècles, entre en éruption. 20 millions de tonnes de dioxyde de soufre sont dispersés dans l'atmosphère et un gigantesque nuage de fumée s'élève jusqu'à une hauteur de 20 km, provoquant une diminution d'1 à 5 % du rayonnement solaire sur la terre. Le météorologue Paul Crutzen, prix Nobel de chimie, en tire les leçons : pourquoi ne pas envoyer un million de tonnes de soufre dans la stratosphère, à l'aide de petits ballons ? Il calcule même le coût de l'opération, entre 25 et 50 milliards de dollars par an. Un coût élevé, reconnaît-il, mais en regard des avantages environnementaux et sociaux, il serait raisonnable.

Retour sur terre. Stocker le CO_2 en évitant sa fuite dans l'atmosphère, voilà bien le défi. Une solution apparemment simple pourrait être de planter des arbres. Mais sur quel sol et que faire du bois lorsqu'il aura achevé sa croissance ? On songe alors à fabriquer « des arbres artificiels » – plutôt des panneaux de capteurs – dont les fausses feuilles absorberaient le gaz carbonique. Ou bien à construire des tours gigantesques, 120 m de hauteur et autant de diamètre, grâce auxquelles on pourrait projeter dans les airs une solution d'hydroxyde de sodium susceptible de capter le CO_2.

On le voit, les idées ne manquent pas. Toutes ne sont pas récentes mais incontestablement elles deviennent de plus en plus crédibles. Ce qui paraissait dans les années quatre-vingt-dix relever de la science-fiction fait l'objet à présent de nombreuses contributions scientifiques. La géo-ingénierie a conquis toute sa place dans la réflexion globale sur l'évolution du climat. À quels risques ?

Comme tout domaine scientifique d'avenir, le champ d'investigation de la géo-ingénierie est vaste, pour ne pas dire infini. Les projets, depuis le début des années quatre-vingt-dix, se multiplient. L'objectif : refroidir l'atmosphère. Il existe deux moyens d'y parvenir. Le premier consiste à capter le CO_2 que nous avons libéré dans l'atmosphère et à le stocker… ailleurs. Cela diminuerait l'effet de serre et devrait permettre au climat de se refroidir. Le second ambitionne de limiter la quantité de rayonnement solaire qui parvient sur la terre, pour faire baisser la chaleur. Il semble que pour l'instant chercheurs et investisseurs se concentrent surtout sur les techniques de capture du carbone, avec un intérêt particulier pour les océans ; c'est dans leurs fonds que poussent les planctons, grands fournisseurs d'oxygène. Il s'agit donc de favoriser leur éclosion là où ils ne sont pas assez présents. En «semant» du fer par exemple, comme cela a été tenté dans l'océan Austral, en 2009 : 4 tonnes de poussière de fer, censées fertiliser les fonds, répandues sur une zone de 300 km². L'effet a été rapide, les phytoplanctons sont apparus au bout de quelques jours mais leur croissance s'est arrêtée tout aussi vite. L'expérience n'a pas été concluante, d'autres ont été tentées depuis, y compris par des investisseurs privés. Au passage,

55 000 miroirs en orbite et orientables, pour intercepter les rayons du soleil.

ces ensemencements en fer suscitent tout de même des interrogations sur les risques d'acidification des océans ou d'éventuels effets sur la chaîne alimentaire marine.

Repeignons nos routes en blanc !

Pour limiter le rayonnement solaire, une des techniques de base, c'est de blanchir la planète. Le constat est simple : plus un objet est clair, plus il reflète les rayons solaires et donc les renvoie vers l'espace. À l'inverse, on sait que les couleurs sombres ont tendance à les absorber. Très bien, repeignons en blanc nos routes, nos bâtiments, nos installations et même, s'il le faut, recouvrons le désert d'une bâche blanche ! Ces scénarios existent, et d'autres, plus étonnants encore, comme ceux qui cherchent à installer des «miroirs solaires» tout autour du globe. Un rapport récent de la Royal Society mentionne le projet de l'Académie des sciences américaine, en 1992 : 55 000 miroirs d'environ 100 m² chacun, disposés en orbite et orientables, de façon à intercepter les rayons du soleil pour nous en protéger en partie.

Jugée plus réaliste, la technique des « gouttelettes d'eau » s'appuie, elle aussi, sur une observation de bon sens : les nuages dans le ciel retiennent les rayonnements solaires. Une flotte de bateaux automatisés pourrait donc aspirer en continu de l'eau de mer et la projeter dans les airs afin de créer une importante couche nuageuse au-dessus des eaux. C'est apparemment assez facile à mettre en œuvre, mais pour combien de temps et à quel prix ? La question est sérieusement discutée entre spécialistes.

Grand bluff technologique

On peut encore multiplier les exemples. S'effrayer ou s'émerveiller de l'ingéniosité des scientifiques au service d'une conviction désormais assez largement partagée : les taux de CO_2 dans le climat deviennent tellement importants que même si les États agissaient soudainement de manière à réduire leurs émissions, un réchauffement est inévitable. À moins de se tourner vers les diverses méthodes à l'étude – certaines seraient disponibles – pour modifier un peu plus le climat et contrecarrer ainsi les effets négatifs observés.

On peut aussi considérer qu'avec la géo-ingénierie on est dans l'illustration parfaite de ce que le penseur et militant écologiste Jacques Ellul qualifiait de « bluff technologique ». La bibliographie de cet intellectuel français est impressionnante. La plupart de ses ouvrages ont été traduits en anglais et les thèses qu'il défend ont reçu un accueil très favorable dans le monde anglo-saxon, principalement aux États-Unis où il a joui, de son vivant, d'une grande renommée alors qu'en France il est resté relativement méconnu.

Pour Jacques Ellul, la technique n'est pas un moyen au service d'une fin, elle s'engendre elle-même. Elle est dotée d'autonomie, ce qui en fait perdre la maîtrise à l'homme, le dépossède de son destin et produit de nouvelles formes d'aliénation. Le « bluff technologique », c'est cette fuite en avant systématique, l'engloutissement dans une spirale dangereuse, avec un seul credo : « Le progrès technique y pourvoira. » Personne ne conçoit que, en se développant, cette spirale engendre de nouveaux problèmes, lesquels ne pourront eux-mêmes être résolus que par le recours à la technique et à son expansion. C'est bien le propos de la géo-ingénierie : la technique a libéré le CO_2 stocké pendant des millénaires ? Il suffit de trouver d'autres techniques pour limiter les dégâts de la précédente.

Qui va régler le thermostat ?

Maîtriser la température du globe devient théoriquement possible. Mais ne faut-il pas craindre dans ce cas une nouvelle menace pour la paix dans le monde : car qui va régler le thermostat ? Les États-Unis, qui n'ont pas souhaité jusqu'ici modifier leur mode de vie ? La Chine, qui investit massivement dans la géo-ingénierie et en a fait une des priorités de sa politique de recherche depuis 2012 ? L'ONU ? Mais si les États ne parviennent pas à s'accorder sur la réduction des émissions de CO_2, sauront-ils décider ensemble des meilleures techniques de géo-ingénierie à adopter ? Il est permis d'en douter. Pour une première raison, essentielle : ces méthodes de manipulation du climat, si elles semblent capables de produire un effet global sur la température, peuvent aussi avoir des conséquences locales très variables, parfois catastrophiques. Certaines nations sont susceptibles d'être « sacrifiées » pendant le processus.

Un seul exemple avec la technique la plus crédible aujourd'hui, celle proposée par Paul Crutzen : pulvériser du soufre dans l'atmosphère pour le refroidir. Les modèles montrent effectivement une action sur la température, ils suggèrent un réchauffement des pôles et un rafraîchissement des tropiques, ainsi qu'une réduction des précipitations moyennes : ceci pourrait se traduire par de fortes perturbations dans le Sahel et la disparition de la mousson en Inde, où les températures estivales ne baisseraient plus. Les conséquences sur l'agriculture indienne seraient catastrophiques. Pense-t-on que l'Inde accepterait que d'autres pays se lancent dans cette aventure au prix de possibles famines sur son territoire ? Les intérêts des États dans cette affaire sont par trop divergents et on ne voit pas comment les défendre tous, en l'absence d'une gouvernance mondiale. C'est un problème de contrôle politique encore accentué par le coût relativement peu élevé de la géo-ingénierie ; elle peut être entreprise unilatéralement par une petite nation, ou même par un individu très riche ! Et ce, pour les motifs les plus futiles : la Chine a ainsi manipulé la météo, en 2008, en chassant les nuages pour s'assurer un bon déroulement de la cérémonie d'ouverture, lors des Jeux olympiques de Pékin !

À noter qu'en France, de nombreux viticulteurs ont recours à des dispositifs antigrêle, des « générateurs de particules glaçogènes ». Ces dispositifs vaporisent dans l'atmosphère une solution d'acétone et d'iodure d'argent pour limiter la taille des grêlons et donc les dégâts. À ce jour, ni leur efficacité, ni leur innocuité sur la santé et l'environnement ne sont garantis.

Opération *Popeye*

Plus grave, on ne peut écarter les risques de « guerres du climat ». Le futuriste Jamais Cascio insiste par exemple sur le fait que si les techniques de géo-ingénierie venaient demain à être utilisées comme armes, « l'usage offensif de la géo-ingénierie pourrait prendre plusieurs formes ». La prolifération d'algues peut stériliser de vastes régions de l'océan, détruisant pêcheries et écosystèmes locaux. Le dioxyde de soufre peut provoquer des problèmes de santé s'il retombe de la stratosphère. Un projet envisage d'amener les eaux froides des profondeurs dans le but explicite de détourner la trajectoire des ouragans. « Certains acteurs pourraient même développer des projets de contre-géo-ingénierie afin de ralentir ou altérer les effets d'autres entreprises. »

Il existe d'ailleurs des précédents à la manipulation du climat à des fins militaires. À la fin des années soixante-dix, l'opération *Popeye* lancée par le Pentagone américain avait déjà pour but d'augmenter la fréquence des moussons au Vietnam afin de gêner l'avancée des partisans des Vietcongs.

Désactiver les milliards de poussières

Si la géo-ingénierie est un pari très risqué, si pour de nombreux chercheurs, y recourir peut s'avérer un jour une nécessité, au moins doit-on classifier les différentes techniques envisagées, mesurer leur niveau de sûreté ou de dangerosité, leur réversibilité aussi. Ce que fait le rapport de la Royal Society, opposant les techniques mises en œuvre par des dispositifs locaux précis et celles qui impliquent de répandre à grande échelle des produits dans la nature. Par exemple, créer des systèmes de capture du carbone dans l'air comme des arbres artificiels, ou même installer des miroirs dans l'espace, semble plus maîtrisable que lâcher des particules dans la haute atmosphère ou fertiliser les océans.

En effet, de quels moyens disposerions-nous pour nettoyer l'atmosphère des milliards de poussières que nous y aurions répandues ? Si la catastrophe survenait, il serait impossible d'arrêter le projet. En jouant aux apprentis sorciers, nous pourrions déclencher des processus inattendus qui nous échapperaient complètement. En conclusion, pour les auteurs du rapport, «en l'absence de données suffisantes», la géo-ingénierie ne saurait être qu'une procédure d'urgence et doit faire l'objet de «bien plus de recherches» avant son extension.

Mais tout le monde ne partage pas cet avis. Fait surprenant, les plus enthousiastes parmi les nouveaux chantres de la géo-ingénierie sont précisément les think tanks américains, plutôt conservateurs, qui se déclaraient il y a peu... climatosceptiques : «La géo-ingénierie apporte la promesse d'une réponse au réchauffement climatique pour seulement quelques milliards de dollars par an, a ainsi déclaré le républicain Newt Gingrich, ancien président de la chambre des représentants des États-Unis. Au lieu de pénaliser les Américains moyens [...] stimulons l'ingéniosité américaine. Assez du diktat vert!» Les nouveaux promoteurs des techniques de maîtrise du climat sont bien ceux qui n'hésitaient pas à intervenir dans le débat public pour contester des conclusions scientifiques qu'ils revendiquent aujourd'hui.

Milliardaires enthousiastes

Comment expliquer ce revirement? Il y a deux réponses possibles. Ces «marchands de doute» ont accepté le diagnostic scientifique sur le dérèglement du climat dès lors qu'ils y ont vu une chance pour le progrès technique, pour la croissance économique et le libre-échange. Ce sont donc les intérêts économiques et non la science qui, pour certains, déterminent si le dérèglement climatique est une réalité. La seconde explication est peut-être plus grave encore. Promouvoir la géo-ingénierie est un autre moyen de promouvoir l'inaction : pourquoi nous contraindre à limiter nos émissions de carbone si nous devenons capables de contrôler leurs effets sur le climat?

Dans tous les cas, l'intérêt des promoteurs de la géo-ingénierie reste bien de s'opposer à toute tentative de réduction des émissions et d'exploitation des énergies fossiles. Les compagnies pétrolières, les entreprises émettrices de gaz à effet de serre commencent aussi à s'immiscer dans le débat, ce qui n'est pas surprenant. Les brevets déposés pour développer ces techniques attirent les investisseurs, parmi lesquels Bill Gates, le milliardaire canadien N. Murray Edwards ou encore Richard Branson, le créateur de Virgin. Ce dernier a récemment lancé un défi aux chercheurs, promettant une forte prime à qui concevra le meilleur moyen d'extraire le carbone de l'atmosphère.

Incontestablement, les mentalités évoluent sur le sujet et ces techniques, aussi révolutionnaires soient-elles, commencent à acquérir une légitimité. Face à l'échec des négociations internationales, à la lenteur de la signature et de la mise en œuvre des conventions adoptées, même le Groupe d'experts intergouvernemental sur l'évolution du climat (Giec) se met à envisager la géo-ingénierie comme solution possible. Pourtant, le risque est grand d'obtenir l'exact opposé de ce qui est recherché. En voulant maîtriser la température du globe, nous pouvons engendrer une chaîne d'événements imprévisibles et irréversibles. Et, surtout, l'entretien de cette fiction de la maîtrise ne fait que dissimuler l'urgence de prendre des décisions collectives et d'agir pour réduire les émissions de carbone.

« L'HERBE À ÉLÉPHANT A LIVRÉ UN COMBAT VICTORIEUX SUR LA PYRALE DU MAÏS »

L'agroécologie

L'histoire de l'agriculture industrielle, à partir des années 1940, celle qui a largement pris le dessus dans les pays développés, est bien connue : monocultures à grande échelle, utilisation d'intrants chimiques fabriqués à partir d'énergies fossiles, forte mécanisation. Objectif : atteindre l'abondance, éliminer définitivement la faim, obtenir les meilleurs rendements possibles, faire baisser les prix ; et sortir les agriculteurs de la misère. Le succès est au rendez-vous, il est remarquable. Il paraît logique de transposer ailleurs ce puissant modèle, aux grands pays émergents, et dès que possible aux pays en voie de développement.

Mais, quelques décennies de productivisme agricole plus tard, les premières inquiétudes apparaissent. Partout, les sols s'appauvrissent, les eaux sont dégradées, la pollution a envahi les sous-sols, des espèces animales et végétales disparaissent... et les aliments n'ont plus de goût.

Du côté des Nations unies, c'est l'échec : ni la faim, ni l'extrême pauvreté dans le monde ne seront réduites de moitié en 2015, comme elles l'avaient espéré dans les années 1990, en lançant leur programme du Millénaire. Cruel paradoxe, les paysans du Sud, producteurs de denrées alimentaires pour le monde entier, figurent toujours parmi les populations les plus pauvres.

Enfin, ce mode de production agricole accroît considérablement les émissions de gaz à effet de serre, lesquels engendrent en retour des pertes de production : avant 2030, sous les effets du réchauffement climatique, les rendements pourraient chuter de 20 %.

Ces constats sont partagés aujourd'hui, mais comment faire ? 9 milliards d'habitants à nourrir sur la planète d'ici à 2050, le défi est énorme. Les tenants de l'industrialisme ne voient pas quel autre modèle serait capable de prendre la relève, puisque la quantité de production d'aliments reste l'objectif principal. Pour eux il faut en passer par là.

Or, c'est ce postulat exclusivement quantitatif que d'autres approches plus sociales, plus attentives aux rythmes de la nature, remettent en question : l'agroécologie défend ces démarches qu'elle met en synergie pour apporter des solutions à la pauvreté, au changement climatique, aux économies locales et au recul de la biodiversité.

C'est une discipline scientifique rigoureuse qui fait l'objet de nombreuses recherches. Elle s'appuie sur une tout autre logique de gestion des écosystèmes, une patiente observation de leur fonctionnement. Et elle est fondée sur un impératif : produire sans détruire.

Archéologues et paléopathologistes – la paléopathologie est une discipline à mi-chemin de la médecine et de l'archéologie –, ont beaucoup à nous apprendre et nous forcent à revoir nos grands mythes. En interprétant leurs récentes découvertes, le biologiste et géographe Jared Diamond, dénonçant dans un article « La pire erreur de l'histoire de l'humanité », remet totalement en cause l'idée selon laquelle l'agriculture aurait amélioré la vie des peuples primitifs. Des thèses similaires sont développées par d'autres intellectuels environnementalistes, comme l'Américain Paul Shepard. Leurs conclusions sont pour le moins inattendues : la crise écologique actuelle serait l'aboutissement d'un désastre qui eut lieu il y a dix mille ans : l'« invention » de l'agriculture, désignée comme « la plus grande catastrophe de l'histoire humaine » !

Dix mille ans de catastrophe

Pour ces auteurs, l'agriculture ne serait pas une découverte des chasseurs-cueilleurs, son invention ne se confond pas avec la naissance de la civilisation. Elle serait le résultat du passage de l'humanité à un seuil démographique critique : la solution pour nourrir une population devenue trop importante. Elle serait donc une conséquence de l'évolution,

> **Chercher à composer avec la nature, sans la dominer ni la contraindre.**

que l'on peut retrouver d'ailleurs chez d'autres espèces – certaines espèces de fourmis par exemple « cultivent » des champignons pour pouvoir survivre en nombre –, et qui surviendrait lorsque la population atteint une certaine densité.

Les études anthropologiques revues par Diamond montrent que, après l'adoption de l'agriculture, l'espérance de vie a brusquement chuté de 36 ans à 19 ans. Entre l'invention de l'agriculture et l'Antiquité, la taille humaine serait passée de 1,75 m à 1,60 m pour les hommes et de 1,65 m à 1,54 m pour les femmes. Ces chiffres s'expliquent par le fait que les populations sont devenues vulnérables à la famine en cas de mauvaise récolte. En outre, leur propension à se densifier, à former des ensembles surpeuplés, conjuguée à la croissance des échanges commerciaux entre ces grands regroupements, a favorisé l'apparition et le développement d'épidémies et de maladies infectieuses dans ces sociétés postagricoles.

Le passage à l'agriculture a eu d'autres effets : la division en classes, la constitution d'une élite et l'apparition des inégalités sociales entre les hommes et les femmes, du fait de la nouvelle distribution du travail. Avant l'invention de l'agriculture, observe Jared Diamond, il n'y avait « pas de roi, pas de classes de parasites sociaux qui grossissaient grâce à la nourriture pillée aux autres. Seule une population d'agriculteurs pouvait maintenir une élite improductive en bonne santé et régner sur les masses insalubres. » Ces différences et ces inégalités persistent encore aujourd'hui, à l'échelon de la planète.

La transition vers une société agricole a consacré le choix de la quantité sur la qualité. Ce choix d'une abondance éphémère, « jusqu'à ce que la croissance de la population rattrape l'augmentation de la production de nourriture », a provoqué un grand désordre. Alors que nous sommes à nouveau dans une phase de transition, il nous faut bien en comprendre les ressorts pour ne pas reproduire les mêmes erreurs.

Nouveaux seuils

L'agriculture façonne donc aussi bien la nature que la société et l'homme. La société de demain dépendra largement du type d'agriculture que nous allons inventer aujourd'hui.

L'agroécologie est-elle la réponse aux enjeux actuels ? Peut-on envisager à moyen ou à long terme une agriculture qui passerait d'une logique d'exploitation du sol à une logique de gestion d'écosystèmes cultivés ? Confondra-t-on un jour agroécologie et agriculture sous une même appellation ? Ou bien l'agroécologie restera-t-elle un concept intéressant mais mineur, réservé à de petites productions locales ? Pour beaucoup, elle ne serait pas à la hauteur du défi : trop coûteuse, pas assez productive, trop exigeante en main-d'œuvre. Et elle arriverait trop tard, l'organisation de la production alimentaire mondiale, la dynamique des marchés et la domination des grandes firmes agroalimentaires ne permettant guère de retour en arrière.

Le terme « agroécologie » serait apparu vers les années 1930, mais c'est à partir des années 1970 qu'il prend son sens actuel. En France, les figures emblématiques comme l'écologiste René Dumont, comme Pierre Rabhi, « le paysan philosophe » ou comme l'agronome Marc Dufumier, sont tous trois les ardents défenseurs de techniques simples, appuyées sur les savoir-faire traditionnels, qui ont longtemps fait leurs preuves mais ont pourtant été oubliées : fertiliser avec du compost, utiliser des traitements phytosanitaires naturels, éviter le labour ou respecter les micro-organismes du sol et le bétail. En clair, il faut chercher à composer avec la nature, sans la dominer ni la contraindre. C'est peu de dire qu'ils n'ont pas été entendus à l'époque, bénéficiant au mieux d'une attention polie, si ce n'est condescendante.

Perturbation du cycle de l'azote

Mais les choses ont changé, car le système actuel de production agricole mondiale est à bout de souffle. La compétition extrême imposée aux productions et la globalisation des échanges ont poussé les agriculteurs à s'endetter pour investir dans des équipements modernes afin d'obtenir des rendements plus importants, à plus grande échelle. Or, se tourner vers la technique et la mécanisation les a conduits à l'hyperspécialisation, puisque les techniques diffèrent en fonction des cultures. Avec le temps, cette spécialisation a produit de nombreux bouleversements, dont on peut aujourd'hui mesurer les effets délétères.

Elle a d'abord dissocié l'agriculture de l'élevage. Cette nouvelle rupture historique a eu des répercussions environnementales et sociales dramatiques. D'un côté, les agriculteurs n'ont plus disposé de fumier pour leurs cultures et ont eu recours à des fertilisants chimiques, de l'autre, les éleveurs n'utilisant plus l'azote produit par leurs animaux, celui-ci est allé rejoindre les eaux de surface et s'est infiltré dans les sols. C'est cette perturbation du cycle de l'azote qui engendre par exemple la prolifération des algues vertes sur certaines zones côtières.

La spécialisation, par ailleurs, rend les cultures vulnérables. Tous les agriculteurs du monde connaissent les dangers de la monoculture : un parasite suffit à détruire une récolte. Dans les années 1970, les États-Unis ont ainsi connu les effets dévastateurs pour leur production et leur économie d'une maladie, l'helminthosporiose, à laquelle étaient sensibles 80 % des maïs hybrides. Certaines parcelles ont subi jusqu'à 100 % de pertes. Est-il besoin de rappeler que la diversité des cultures et leur bonne répartition sur les surfaces agricoles permettent d'éviter ces risques et diminuent en outre l'utilisation des produits phytosanitaires contre les ravageurs de toutes sortes ?

En plus de ces problèmes majeurs, les effets négatifs induits par les excès de l'agriculture industrielle sont à présent identifiés. La santé humaine est sérieusement menacée par la présence d'intrants dans les cultures et d'adjuvants de toutes sortes dans les produits consommés. L'usage et la consommation des pesticides participent selon l'Inserm, à l'augmentation de plusieurs maladies (cancers, maladies neuro-dégénératives, etc.).

La biodiversité est elle aussi en danger : les pesticides sont particulièrement nocifs pour les pollinisateurs, eux-mêmes indispensables à la productivité agricole.

Quant aux émissions agricoles de gaz à effet de serre, responsables de 13,5 % des émissions globales (21 % en France), elles ont commencé à affecter aussi les productions en diminuant progressivement leurs rendements : entre 1980 et 2010, nous aurions déjà perdu 5,5 % de la production de blé et 3,8 % de la production de maïs.

Enfin, l'agriculture industrielle a abouti à l'appauvrissement du lien social. Le producteur a perdu le contact avec le consommateur. Les relations sont devenues anonymes. Et de nombreux emplois, du fait d'une mécanisation excessive et d'une plus faible demande en main-d'œuvre, ont été détruits.

Graines brevetées

La recherche de l'abondance et le progrès technique se trouvent ainsi intimement liés, au service de la logique industrielle. L'alliance encore renforcée par la mise au point et l'utilisation croissante d'organismes génétiquement modifiés (OGM) un peu partout dans le monde : toujours plus de technique – ici la génétique – pour espérer toujours plus de rendement. Il s'agit de garantir que, dans les décennies à venir, la population mondiale aura accès à l'alimentation. Les opposants à ces pratiques ont beau objecter que l'urgence est surtout la résolution de l'accès inégal à la nourriture et que le coût énergétique, déjà exorbitant, va peser toujours plus sur les économies, tant que la croissance quantitative de la production d'aliments restera le principal, sinon l'unique, objectif, le recours aux OGM apparaîtra indispensable.

Le problème est que la grande majorité des plantes transgéniques sont brevetées. Les seules à tirer réellement profit de leur utilisation sont les puissantes entreprises agro-industrielles, détentrices de ces brevets. Elles revendent chaque année les graines brevetées aux agriculteurs qui n'ont pas le droit d'utiliser les semences de leurs propres récoltes.

Par ailleurs, l'utilisation d'OGM à grande échelle, comme on peut l'observer actuellement au Brésil ou dans d'autres régions d'Amérique latine, réduit dangereusement le nombre des variétés végétales, menaçant un peu plus la biodiversité et produit dans la nature des phénomènes qui paraissent d'ores et déjà irréversibles : résistances aux maladies et aux insectes, diffusion des gènes vers les plantes environnantes, etc.

Changer de modèle

À tous ces enjeux environnementaux et sanitaires, cruciaux pour le siècle à venir, aux questions soulevées par la domination de l'agriculture industrielle, l'agroécologie répond par des techniques inédites et des systèmes de production diversifiés. Elle entend démontrer que d'autres méthodes permettent d'obtenir de bons rendements caloriques et protéiques à l'hectare. Quant aux besoins en main-d'œuvre, plus importants en effet que ceux de l'agriculture industrielle, ils pourraient constituer, dans de nombreuses régions, des gisements d'emplois importants, ce qui stimulerait le développement de l'économie locale.

Il est vrai que la recherche des prix les plus bas domine largement le commerce mondial des denrées alimentaires; les agriculteurs des pays développés, qui ont lourdement investi dans l'hyperspécialisation, n'ont donc pas intérêt à changer de modèle d'agriculture, et ce d'autant moins que les productions issues de l'agroécologie ne sont pas valorisées à leur juste prix. Pour renverser la tendance et inciter les agriculteurs à changer de modèle, il faudrait mettre en place d'autres politiques, en jouant par exemple sur les prix ou encore sur le foncier.

Des signes encourageants dans cette direction sont apparus récemment. La Commission européenne a fait des propositions; en faisant évoluer la conditionnalité des aides compensatrices, dans le cadre de la Politique agricole commune (Pac), vers l'« écoconditionnalité », attachée à de bonnes conditions agricoles et environnementales, elle manifeste clairement son intérêt pour l'agroécologie. Elle n'est pas la seule. La FAO (Organisation mondiale pour l'alimentation et l'agriculture) la Banque mondiale et de nombreuses ONG font de même, tout comme des scientifiques, et plusieurs gouvernements. C'est le cas en France où un récent rapport remis au ministre de l'Agriculture français par Marion Guillou, ex-PDG de l'Ina, préconise des modes de production qui seraient plus économes en intrants et en énergie sans nuire à la compétitivité et insiste sur les efforts nécessaires en accompagnement et en formation agricole. Les pistes envisagées vont de l'optimisation de la consommation d'eau à la régénération des sols ou à la réhabilitation des savoir-faire traditionnels.

L'herbe des sorcières

Dans les pays en développement, l'agroécologie est un atout d'autant plus précieux qu'en s'appuyant sur l'équilibre durable du système sol-culture et sur une connaissance approfondie des caractéristiques locales, elle permet une meilleure résistance des cultures, dans des zones soumises à de sévères épisodes de sécheresse et à de fréquentes attaques par des plantes ou des insectes très destructeurs.

Ainsi, au Kenya, un entomologiste indien a mis au point une technique agroécologique efficace. Les agriculteurs auxquels il s'est intéressé se trouvaient couramment confrontés à deux fléaux : «l'herbe des sorcières», une plante parasite qui se nourrit de maïs et «la pyrale du maïs», un papillon nocturne qui pond ses œufs sur les feuilles du maïs et les détruit ; ce papillon est le principal ennemi de la plante ; dans de nombreux pays il est combattu par l'utilisation d'OGM.

Le chercheur, en collaborant étroitement avec les paysans, a tenté de cerner les interactions entre les plantes et les insectes. Il a mis en évidence l'utilité de deux plantes pour faire face à ces problèmes : le desmodium et l'herbe à éléphant. Le desmodium détruit les racines de l'herbe des sorcières, apporte de l'azote et recouvre le sol, le protégeant de l'érosion. Cette plante constitue également un répulsif à la pyrale du maïs qui s'en écarte pour se diriger vers l'herbe à éléphant, plantée non loin de là… auprès de laquelle ses œufs ne survivent pas. Avantage supplémentaire, ces deux plantes peuvent être utilisées pour nourrir le bétail.

Transport irraisonné

Même si la prise de conscience de la nécessité d'une révolution agroécologique est bien là, même si ses avantages pour la santé et pour l'environnement ne font plus guère de doutes, beaucoup de questions restent en suspens, sur les coûts d'une transition vers ce modèle, sur les répercussions de l'abandon de l'agriculture chimique dans les pays où les rendements sont élevés, en Europe, aux États-Unis, et ailleurs.

Pour les tenants de l'agroécologie, une chose est sûre : si elle doit se développer, cela ne peut se faire qu'en dehors des grands circuits soumis à la concurrence internationale, et donc en dehors des règles de l'OMC. Ils plaident pour un «protectionnisme» gagnant pour tout le monde : protéger les pays pauvres des surproductions en provenance des pays développés en leur permettant de retrouver leur souveraineté alimentaire ; protéger les pays du Nord des sous-produits dont ils ne veulent plus ; protéger le climat du transport irrationnel de tous ces échanges agricoles, par exemple en instaurant un droit de douane pour les protéagineux...

Enfants de la nature

Prendre le parti d'un changement de cette ampleur peut sembler idéaliste. Au nom d'un réalisme pragmatique, les dissidents du modèle agricole conventionnel sont souvent taxés d'utopisme. Pourtant, il faut bien le reconnaître, l'industrialisation et le productivisme massif ont montré leurs limites. Dans le processus, l'homme a perdu l'essence de son rapport à la nature. Or, « nous sommes enfants de la nature, l'agroécologie est une façon de donner à l'humanité la capacité de coopérer avec les puissances de la vie » rappelle Pierre Rahbi.

« MA MATIÈRE GRISE PLUS FORTE QUE TON PÉTROLE ! »

L'économie de la connaissance

En juin 2014, le classement des capitalisations boursières mondiales fait apparaître une nette domination du secteur des techniques. Apple est à nouveau l'entreprise la plus valorisée, Exxon Mobil, le roi du pétrole et du gaz réussit à occuper la deuxième place mais il est talonné par Google et par Microsoft, aux deux places suivantes. Notons au passage le montant de la capitalisation boursière totale des 100 plus grandes entreprises, qui a fait un bond spectaculaire, 6 000 milliards de dollars de plus qu'en 2009. Apple avec 469 milliards de dollars à lui seul, chiffre nettement supérieur au PIB cumulé des vingt pays les plus pauvres du monde, soit 243 milliards de dollars, les dépasse toutes. Et retenons le symbole : la victoire des entreprises qui misent sur le « capitalisme cognitif », au détriment des firmes industrielles centrées sur l'exploitation des ressources.

« Capitalisme cognitif », de quoi parle-t-on exactement ? On l'appelle aussi « économie du savoir », ou « de l'information », plus couramment « économie de la connaissance », nouvelle mutation de l'économie comme l'histoire de la pensée économique en a connu à d'autres périodes : à la Renaissance, au XVIIe siècle avec le mercantilisme ou au XIXe siècle avec la révolution industrielle et la naissance du capitalisme. Cette nouvelle phase, décisive à la fin du siècle dernier, autour des années 1990, est portée à la fois par le développement du secteur tertiaire et par les formidables progrès techniques. Information, communication, créativité, culture, il s'agit bien d'une économie postindustrielle. Mieux que les denrées, les matières premières ou les sources d'énergie, c'est la fameuse « matière grise », immatérielle, qui assurerait désormais l'avantage comparatif, avec d'autant plus d'efficacité que ceux qui la détiennent et la font fructifier bénéficient de puissants relais pour sa diffusion sur toute la planète. La dimension intellectuelle serait donc devenue dominante dans la valorisation du capital, avec le capital-savoir. En tout cas, les gisements de croissance qu'elle recèle paraissent inépuisables, la connaissance étant par définition une ressource illimitée.

Retournons en arrière, en 1962, quand l'économiste autrichien Fritz Machlup s'interroge sur le rôle et l'influence de la connaissance. Il propose alors cinq types différents de connaissance : pratique, intellectuelle, spirituelle, non désirée – celle qui se présente par accident – et la connaissance « de passe-temps ou de petit bavardage », réservée aux loisirs et à l'émotion. À chaque type son effet et son efficacité économique, selon l'utilisation qui en est faite. À cette époque, l'informatisation de la société est encore balbutiante. Mais l'industrie de la connaissance, qui regroupe les industries manufacturières de haute et moyenne technicité et tous les services, représente déjà près de 30 % du PIB aux États-Unis. Ensuite, les choses vont aller très vite : en 1977 plus de 45 % de la main-d'œuvre employée aux EU « manipule » de l'information ; à la fin de la décennie 1990, l'OCDE calcule à son tour que, pour l'ensemble des pays développés, les industries de la connaissance ont atteint 50 % du PIB, cinq points de plus qu'en 1985.

Dans la foulée, les grandes organisations internationales comme la Banque mondiale ou le Programme des Nations unies pour le développement (PNUD) font la promotion de ce modèle et l'Union européenne en 2000, à Lisbonne, en fait l'axe majeur de sa stratégie, en lançant un défi ambitieux : l'économie de la connaissance en Europe sera la plus compétitive et la plus dynamique au monde avant 2010 ! Le pari est perdu mais l'objectif reste fixé.

Pourtant, devant un tel engouement, la question mérite d'être posée : l'économie de la connaissance est-elle vraiment la condition d'une croissance durable et d'une économie dématérialisée dans l'avenir ? En réalité, rien n'est moins sûr.

Le philosophe André Gorz publiait vers la fin de sa vie deux ouvrages majeurs, *Misères du présent, richesse du possible* en 1997 et *L'Immatériel* en 2003. Il y décrivait le processus par lequel il anticipait la crise du capitalisme et la mutation que celui-ci allait opérer en se perpétuant grâce à une ressource abondante : l'intelligence humaine.

Lorsque le développement se heurte de manière systémique à la saturation de l'économie réelle, c'est-à-dire lorsque survient le moment où investir dans la construction de nouvelles infrastructures est de moins en moins rentable, nécessaire et possible, il se voit alors contraint de recourir à d'autres moyens. Le premier de ces moyens est la finance spéculative. Le deuxième est la généralisation de l'accès au crédit, afin de faciliter l'augmentation de la consommation globale, l'industrie publicitaire se chargeant de stimuler les besoins. Enfin, le troisième moyen est l'élargissement continu de la sphère du marché, par la colonisation des domaines de la société qui en étaient jusque-là exclus.

Cette thèse, description de l'expansion du capitalisme, peut s'inscrire dans la continuité des thèses développées par Rosa Luxembourg et Hannah Arendt : le capitalisme poursuit son mouvement de croissance en s'emparant sans cesse d'éléments qui ne sont pas encore sous son influence. Dans cette perspective, il n'est pas un simple système économique. Il est un fait social total.

> **Face à la finitude des ressources, on se tourne vers ce qui est illimité : la connaissance.**

Mais l'évolution du capitalisme se trouve aujourd'hui confrontée à une nouvelle limite : la biosphère, provoquant l'émergence d'un nouveau stade, qualifié de cognitif. Face à la finitude des ressources naturelles, le mouvement de croissance se tourne vers ce qui est par définition illimité : la connaissance. Abondante et gratuite, se fertilisant dans l'échange, elle se voit artificiellement transformée, pour les besoins de l'expansion économique, en ressource rare ; il s'agit de créer de la rareté pour créer de la valeur.

« Marchandises fictives »

C'est ce qui se passe par exemple avec les brevets. Le processus est parfaitement décrit par l'économiste Geneviève Azam : « Créer un marché de la connaissance suppose d'instaurer une rareté dans ce domaine à l'aide de droits d'entrée. Les nouveaux DPI [droit de la propriété intellectuelle] vont accomplir ce passage en clôturant le champ de la connaissance par un régime de propriété qui aliène ce bien commun et en privatise les droits d'accès et d'usage. » En conséquence, si la connaissance n'est plus une activité au service du bien commun, mais au contraire une activité soumise aux besoins de l'économie et de son développement, c'est toute la production sociale de cette connaissance qui est réorientée afin de répondre aux intérêts du marché.

Le capitalisme cognitif contourne les limites que l'écologie impose à son développement en s'appropriant un bien commun (en l'occurrence le savoir, la connaissance, l'intelligence ou l'éducation) et en détournant ses objectifs. L'économiste hongrois Karl Polanyi a décrit pour le dénoncer ce processus de création de «marchandises fictives» : la dynamique de croissance passe d'une économie industrielle, basée sur l'exploitation des ressources naturelles, à une économie de la connaissance, basée sur l'exploitation du capital immatériel.

Métaux et déchets

Pour André Gorz, cette dématérialisation de l'économie par le biais du capitalisme cognitif est un mythe. En réalité, ce type d'économie, bien que fondé sur l'immatériel, a pour conséquence l'augmentation des flux de matière et d'énergie globaux ainsi que le maintien des inégalités mondiales. Pourquoi ? Une économie de la connaissance est certes davantage composée d'ingénieurs et de professeurs que d'ouvriers, mais les agents de cette économie, les habitants des pays où elle est présente, ne désirent aucunement abaisser leur niveau de consommation : s'ils cessent de fabriquer eux-mêmes les produits de consommation, ils les importeront de l'autre bout du monde. Cela aura pour effet d'augmenter les échanges internationaux et les transports pour ces marchandises produites à bas coût, dans des conditions sociales et environnementales souvent très discutables. Ils ne consommeront pas moins de matériel électronique, ils délocaliseront simplement leur production.

De plus, ces techniques de l'information et de la communication nécessitent l'utilisation toujours plus importante de métaux (un ordinateur portable est composé de plus de trente métaux différents). Les métaux sont des ressources minérales naturelles non renouvelables dont l'exploitation va engendrer dans un avenir proche des situations de pénurie. Enfin, ces techniques font appel à de lourdes infrastructures, elles consomment une forte quantité d'énergie et elles génèrent d'importants déchets.

Épargne redirigée

En ce qui concerne le réchauffement climatique, les études montrent de fortes corrélations entre la part des services dans l'emploi et les émissions de CO_2 par habitant. Contrairement à une idée reçue, les économies de services émettent davantage de gaz à effet de serre que les économies industrielles. On en trouve la preuve dans le mauvais bilan du secteur bancaire en matière d'émissions de gaz à effet de serre. À lui seul, le secteur bancaire en France émet six fois plus de carbone que la consommation cumulée de toute la population. À l'instar des administrations, les grands groupes bancaires sont très informatisés, ils disposent d'importantes surfaces à chauffer et à éclairer, et d'équipements – climatisation, caméras de vidéo surveillance, etc. – très énergivores.

Mais l'essentiel est ailleurs. Il faut aussi prendre en compte la destination finale des investissements réalisés. De nombreuses études, dont celles de l'agence de notation Vigeo ou du cabinet Utopie, en France, ont mis en lumière que si le secteur bancaire est le premier émetteur de gaz à effet de serre, c'est avant tout parce que l'argent de l'épargne est redirigé, sous forme d'allocations de crédits, vers le financement d'activités polluantes…

En clair, il ne suffit pas d'acheter un vélo plutôt qu'une voiture : si les économies ainsi réalisées sont confiées à une grande banque, cet argent risque d'être réinvesti dans les activités polluantes de grands groupes multinationaux. Si la décroissance de la consommation doit se traduire par une mauvaise utilisation de l'épargne, le bilan risque tout simplement d'être négatif en matière d'émissions de carbone et de réchauffement climatique !

« NEUF ATOLLS DE CORAIL DANS L'OCÉAN ET PUIS PLUS RIEN ! »

Les migrations écologiques

En principe, si on parvient à les convaincre, les 2 500 habitants de Carteret auront tous quitté leur atoll en 2017 pour se réfugier à Bougainville, la grande île de Papouasie-Nouvelle-Guinée, à 80 km au Nord, autant dire pour eux, le «continent». Ceux des Tuvalu, la plus petite nation au monde après le Vatican, neuf atolls de corail entre Hawaï et l'Australie, s'inquiètent aussi : leur point le plus haut ne dépasse pas trois mètres au-dessus du niveau de la mer. Le président des îles Kiribati s'est rendu à plusieurs reprises devant la communauté internationale pour faire part de son inquiétude : «Nous devons nous préparer pour le jour où notre pays n'existera plus, c'est très douloureux.»

Dans cette région d'Asie-Pacifique, les populations se voient en effet, ou se verront, contraintes d'abandonner leurs lieux de vie. À la montée des eaux, à l'érosion et à la salinisation des sols s'ajoutent inondations, raz de marée et ouragans. Sur d'autres côtes très exposées et bien plus peuplées, au Bangladesh, ou en Égypte dans le delta du Nil, les écosystèmes sont encore plus fragilisés par une situation économique désastreuse et une forte densité de population. Ailleurs, dans plusieurs pays d'Afrique, ce sont au contraire la sécheresse, le manque d'accès à l'eau et l'extension des déserts qui chassent les agriculteurs, tandis qu'en Alaska le recul des glaces menace les communautés inuit et amérindienne.

Ce qui rend si difficile aujourd'hui l'adaptation des populations aux pertes agricoles, aux pénuries et aux famines qu'elles ont pu surmonter à d'autres époques, c'est que ces changements climatiques, les effets du réchauffement ne se sont jamais fait ressentir aussi brutalement dans une période aussi brève. Alors, pour survivre, elles n'ont d'autre solution que de partir, de tenter de se réinstaller ailleurs, dans leur propre pays, dans des régions voisines, ou plus loin.

Les travaux de projection sur le nombre de déplacés potentiels dans le monde à cause du changement climatique sont nombreux mais tous se heurtent à des incertitudes qui, en réalité, rendent ces estimations fantaisistes. La première de ces inconnues est l'importance qu'aura atteinte le réchauffement, puisque celui-ci va dépendre entièrement des efforts déployés dans la prochaine décennie pour réduire les émissions de gaz à effet de serre.

Si les flux migratoires doivent augmenter à l'avenir, il est certain qu'ils poseront la question de la responsabilité de la communauté internationale. Comment qualifiera-t-on alors ces victimes du changement climatique ? Faudra-t-il leur attribuer un statut de réfugiés «climatiques», similaire à celui des réfugiés politiques ? En tout état de cause, il paraît évident qu'un renforcement de la coopération internationale sera indispensable pour partager les solutions d'entraide et la gestion des flux.

Les migrations liées aux conditions environnementales ont toujours existé. On peut en retrouver partout la trace, elles font partie de l'histoire des hommes, avec leurs drames et leurs succès. La désertification et la déforestation, la salinisation et l'érosion des sols ou encore des problèmes soudains de contamination de l'air et de l'eau sont des causes « classiques » de déplacement de populations et d'installation dans d'autres régions.

Mais, à partir des années 1980, des phénomènes climatiques sont apparus puis se sont intensifiés, provoquant de tels drames humains qu'il a fallu se rendre à l'évidence : le réchauffement du climat observé en différents points de la planète était bien à l'origine des mouvements migratoires. Il produisait ses premiers effets visibles.

Montée des eaux

Ainsi, les grandes sécheresses en Afrique qui ont poussé à l'exode les éleveurs peuls du Mali et du Burkina Faso ont pu être clairement associées à la dégradation environnementale et climatique dans ces régions. Pour le Giec, le groupe onusien d'experts sur l'évolution du climat, il est devenu hautement probable que, à moins d'une réaction forte

Les États continuent d'affronter le problème de façon réactive

de la communauté internationale, les départs forcés allaient se poursuivre dans les décennies et les siècles à venir quand, parmi d'autres effets, surviendrait par exemple une montée des eaux des océans.

Il est difficile par contre de prévoir dans quelles proportions se feront ces mouvements. Aucun déterminisme ne peut être invoqué. En réalité, tout dépendra du degré de réchauffement qu'atteindra la planète autour de 2050, c'est-à-dire de la capacité de la communauté internationale à réduire les émissions de gaz à effets de serre dans les prochaines décennies : 2 °C, 4 °C ou 6 °C? Des scénarios très différents sont envisagés, qui aboutiront tous à des mondes imprévisibles.

Menace globale

On ne peut guère prédire non plus les réactions politiques et géopolitiques que le réchauffement climatique et ses déséquilibres, dans les régions du monde les plus vulnérables, sont susceptibles de provoquer. Des modifications rapides de l'environnement, entraînant des difficultés d'approvisionnement en eau et en énergie et donc des risques sérieux de famine et d'épidémies, représentent une menace globale, mais nul ne peut en prévoir les conséquences.

En décernant le prix Nobel de la paix au Giec, en 2007, le comité Nobel a précisément voulu souligner les risques du réchauffement climatique pour la paix et la sécurité dans le monde.

La corrélation entre climat et sécurité est bien établie, même si la question migratoire est parfois invoquée à mauvais escient; face à l'inaction de la communauté internationale en matière de réduction des émissions de CO_2, il est possible en effet que le risque sécuritaire lié aux migrations soit exagéré, dans l'intention de mobiliser les gouvernements et les opinions publiques. Or, s'il y a toujours eu des conflits écologiques, au sujet par exemple de l'accès aux ressources naturelles, et s'il est à craindre que ces derniers soient intensifiés par le réchauffement du climat, cela ne veut pas dire pour autant qu'il y aura une forte augmentation des mouvements de population.

Idées reçues

Il est important de rappeler aussi que la plupart des migrants contraints de se déplacer à cause des changements environnementaux le font à l'intérieur de leur propre pays, sur de courtes distances et avec de faibles moyens financiers. Les populations touchées cherchent d'abord à quitter la zone affectée par la dégradation environnementale en s'en éloignant le moins possible. Il s'agit pour l'essentiel de déplacements vers des zones périurbaines ou vers d'autres régions mais sur un même continent, c'est-à-dire principalement dans l'hémisphère Sud. En dépit des idées reçues, ces pays restent bien les principales victimes des changements climatiques... et les pays du Nord restent pour leur part largement inaccessibles aux populations déplacées.

Comme le rappelle François Gemenne, politologue à Sciences Po, certains pays, comme la Chine, le Mozambique ou le Vietnam, anticipant ou réagissant à des dégradations accrues, ont commencé à organiser le déplacement de leurs populations. Au Mozambique, depuis déjà plusieurs années, le réchauffement entraîne la multiplication des événements climatiques extrêmes. L'intensification des précipitations a causé de grandes difficultés aux populations frappées par les crues du fleuve en l'an 2000, et par les inondations dans la région du

Centre les années suivantes. Ces inondations ont provoqué le départ de milliers de gens qui vivaient en aval du fleuve.

Hors d'atteinte

D'autres risques naturels affectent par ailleurs ces régions : la sécheresse, l'érosion des sols côtiers et l'élévation attendue du niveau de la mer, amenant celle-ci à pénétrer plus loin dans les terres, vers l'arrière-pays. Cette exposition au risque conduit à la perte des moyens de subsistance, et donc à une forte vulnérabilité sociale des habitants.

Au-delà de l'urgence, le gouvernement a donc fourni des fonds pour des centres de réinstallation permanents, construits dans des zones hors d'atteinte des crues, et à proximité d'écoles, de centres médicaux et de champs fertiles ; certes beaucoup de problèmes subsistent, ces zones non inondables souffrent de pénurie d'eau et de sécheresse et les populations souhaitent avant tout repartir chez elles. Mais si de tels déplacements doivent se poursuivre à l'avenir, et si l'on veut éviter de nouveaux drames, il faudra se préparer à ce type de réponses.

Comment la communauté internationale anticipe-t-elle l'éventualité de ces migrations ? L'ONU appelle à la reconnaissance d'un statut juridique pour les réfugiés environnementaux, statut qui pourrait également inclure les réfugiés de catastrophes naturelles autres que climatiques, comme les victimes de séismes ou de cyclones, mais pour l'instant, les États continuent d'affronter le problème de façon réactive, c'est-à-dire qu'ils interviennent seulement après la survenue d'une catastrophe et qu'ils sont le plus souvent guidés par la crainte d'une arrivée massive de migrants sur leurs territoires ; les réfugiés climatiques, comme les autres, sont surtout indésirables.

Gouvernance globale

Pour mieux appréhender le problème, il est pourtant impératif que le phénomène des migrations devienne un enjeu de coopération internationale : les pays développés doivent reconnaître leur responsabilité et financer les stratégies d'adaptation au changement climatique des pays concernés. Un premier pas a été esquissé en 2010 au sommet de Cancún, avec la création du Fonds vert pour aider les pays en développement à faire face au réchauffement. Mais il reste encore à mettre en place un régime de gouvernance globale des migrations, sous l'égide des organisations internationales.

Avec la montée des océans, la disparition annoncée de certains États-nations insulaires va créer une situation inédite en droit international : une nouvelle forme d'apatridie, les habitants de ces territoires se retrouvant sans pays. Aucun texte international ne prévoit une telle situation. Fin 2012, le président des Kiribati, inlassable avocat de ces îles menacées de disparition dans l'océan Pacifique, a indiqué que son gouvernement avait acheté aux îles Fidji 2 000 hectares de terre agricole, au cas où les infiltrations d'eau salée rendraient toute culture impossible sur son fragile archipel. Il est question aussi d'élever des digues, de planter des mangroves et même de construire à proximité des îles artificielles… Par contre les autorités australiennes et néo-zélandaises refusent pour l'instant d'ouvrir leurs frontières à d'éventuels « réfugiés climatiques ».

Trop souvent présentées comme une menace pour la sécurité internationale, les migrations environnementales pourraient être évitées grâce à des stratégies efficaces de changement de modèle économique et de réduction des émissions de gaz à effet de serre. C'est la première condition. De solides mécanismes de prévention pourraient être mis en place. Les États doivent réfléchir aux moyens d'encourager les populations à vivre dans des zones moins risquées. Pour permettre aux agriculteurs de venir travailler dans les villes et de diversifier leurs revenus, il faut aider les villes à s'adapter aux flux migratoires auxquels elles seront de plus en plus confrontées. En diversifiant les sources de revenus pour les familles, on améliorerait la gestion des terres et on réduirait les tensions et la compétition pour l'accès aux ressources.

Si elle est préparée, la migration peut trouver les voies d'une adaptation rationnelle au lieu d'apparaître comme un échec : il doit être possible d'éviter les départs au dernier moment, de réduire le nombre de morts et de crises humanitaires.

« PLUS LE BROCOLI EST AMER, MIEUX C'EST ! »

Santé et environnement

Pour ceux qui aiment ce légume, voici une très bonne nouvelle : une demi-tasse par jour d'un thé à base de brocoli est un moyen rapide et durable de purger le corps des fortes concentrations de benzène qu'il contient. Quant aux autres, ils devraient bien se forcer un peu car le benzène est un produit dangereux, reconnu cancérigène par la réglementation européenne, et il est régulièrement inhalé avec les vapeurs d'essence. Ces résultats, très concluants, ont été publiés par des chercheurs américains et chinois en juin 2014, accompagnés d'une précision utile pour ceux qui souhaitent suivre le conseil : « Plus le brocoli est amer, mieux c'est ! »

L'air pollué, sous diverses formes, est devenu un phénomène mondial qui ne touche pas que les milieux urbains. En plus de ses effets connus sur l'environnement, il constitue une sérieuse atteinte à la qualité de vie et à la santé.

L'Agence européenne pour l'environnement (AEE) est tout à fait claire sur le sujet : elle estime à 90 % le nombre de citadins de l'Union exposés à l'un des polluants atmosphériques les plus nocifs. À se demander où vivent les 10 % restants ! Et elle désigne deux polluants, très répandus, plus dangereux que les autres : les particules fines et l'ozone au niveau du sol, l'un et l'autre responsables de maladies respiratoires ou cardiovasculaires et de décès précoces.

À vrai dire, ces informations ne sont pas une surprise pour la plupart des citoyens, bien conscients des risques environnementaux. Ils les placent au même rang que les risques individuels, tabagisme, alcoolisme ou accidents de la route. Ils s'inquiètent aussi des dangers pour les enfants, qui absorbent en proportion plus de polluants que les adultes et des conséquences possibles *in utero* pour les embryons.

C'est sur cette prise de conscience, sur les alertes de plus en plus nombreuses lancées par des médecins, des associations et, heureusement, des responsables politiques, qu'il faut s'appuyer pour faire reculer toutes les formes de pollution. Des succès notables ont déjà été enregistrés dans l'industrie, dans les transports, dans l'habitat.

Mais dans bien des régions du monde les moyens manquent et la communauté internationale, dans son ensemble, tarde à s'organiser. En 2012, la pollution de l'air ambiant a causé plus de 3,5 millions de décès ; elle figure toujours parmi les risques les plus importants pour la santé humaine. Hélas, le brocoli ne devrait pas suffire.

Depuis l'Antiquité, les maladies infectieuses, et plus encore les épidémies meurtrières qui décimaient les populations, ont marqué l'histoire et l'imaginaire des sociétés humaines, et ce, avec d'autant plus de force qu'elles n'étaient pas comprises, jusqu'à une période récente. Elles suscitaient donc des peurs et des réactions irrationnelles, tour à tour considérées comme des punitions divines ou des manifestations diaboliques contre lesquelles il fallait trouver des boucs émissaires pour conjurer le mauvais sort. Nos sociétés contemporaines restent marquées par cet héritage, il est inscrit dans notre culture.

Les graves épidémies apparues ces dernières décennies (Sida, Ebola) ont réveillé ces peurs, provoquant parfois des comportements de rejet, de stigmatisation et concentrant sur elles toute l'attention. Les maladies infectieuses, qu'elles soient provoquées par l'apparition d'un virus, d'un parasite ou d'une bactérie, restent redoutables pour notre santé.

> **Des objets et appareils sournoisement occupés à détruire nos organismes.**

Véritable pandémie

Pourtant dans nos sociétés modernes les maladies chroniques, maladies cardio-vasculaires ou respiratoires, obésité, cancers, diabète, sont devenues les plus meurtrières.

Le tableau clinique est même très impressionnant si l'on considère l'accélération intervenue ces dernières années dans la prévalence de ces maladies. En vingt ans seulement, le nombre de diabétiques a presque doublé dans le monde. Et près d'un humain sur trois souffre aujourd'hui d'obésité ou de surpoids. Cette véritable pandémie continue de s'aggraver dans les pays pauvres comme dans les pays riches ; une étude publiée par une équipe internationale de chercheurs dans la revue médicale *The Lancet* vient de rassembler les données disponibles dans 188 pays. On trouve à présent, aux côtés des États-Unis – toujours en tête – et de l'Allemagne, des géants démographiques : Chine, Inde, Russie, Brésil, Mexique, Égypte, Pakistan et Indonésie. «À la différence d'autres risques sanitaires majeurs, comme le tabac ou la malnutrition infantile, l'obésité ne recule pas dans le monde», souligne l'étude, qui note seulement un léger ralentissement du rythme dans certains pays riches. Le coût du traitement de l'obésité est désormais supérieur à celui de la lutte antitabac.

Exposition au risque

Le rôle de l'environnement dans l'apparition de certains cancers est également reconnu, même si sa part exacte reste un sujet de controverse. La stricte définition médicale de l'environnement inclut tous les facteurs de risque qui ne sont pas génétiques. Il s'agit principalement de l'exposition à des agents physiques, biologiques, chimiques présents dans les lieux de vie et de travail.

De nombreuses études scientifiques sur l'influence de ces agents sont conduites ; il est très difficile d'isoler le déterminant environnemental et d'en mesurer la part alors qu'un cancer peut résulter d'expositions simultanées ou successives à plusieurs facteurs. De plus, le temps écoulé entre l'exposition au risque et l'apparition de la maladie peut durer plusieurs dizaines d'années. Enfin, on sait encore mal estimer le risque de cancers associés à des niveaux de pollution relativement faibles mais chroniques. Ceci explique l'existence de résultats parfois contradictoires.

Scandale invisible

Le mode de vie «occidental» adopté par de nombreuses populations est clairement en cause dans la fréquence des maladies chroniques et trois facteurs sont identifiés par les Nations unies, qui ont l'objectif, ambitieux de leur propre aveu, de mettre un terme à cette progression d'ici à 2025 : l'apport excessif de calories, l'inactivité physique et la promotion des produits alimentaires par l'industrie. D'autres facteurs comme le stress ou les polluants, les prises de médicaments, sont aussi invoqués, ainsi que des prédispositions génétiques.

Le doute n'est guère permis : notre environnement moderne est bien le principal responsable des maladies chroniques dont souffrent les populations en même temps que des coûts insupportables à terme pour les systèmes de santé.

Le chimiste et toxicologue André Cicolella dénonce «le scandale invisible des maladies chroniques». Elles ne sont ni un simple effet du vieillissement, ni une fatalité, mais les conséquences des méfaits de milliers de molécules chimiques, auxquels il faut ajouter outre une mauvaise alimentation et une existence trop sédentaire, la pollution urbaine, la dégradation des conditions de travail et ses ravages sociaux et les inégalités, au Nord comme au Sud.

150 substances

La liste des objets et appareils utilisés quotidiennement, sournoisement occupés à détruire nos organismes, est longue : du téléphone portable au shampoing en passant par les vêtements et les emballages en plastique, notre environnement est de plus en plus nocif, c'est une « contamination chimique généralisée » dont nous sommes heureusement en train de prendre conscience, qui provoque bon nombre des maladies chroniques dont nous souffrons. Plus grave encore, nous sommes en train de transmettre cet héritage toxique aux générations futures.

La mise sur le marché de ces substances chimiques, qui entrent dans la composition de nombreux objets de fabrication courante, s'est longtemps faite sans aucun contrôle. En Europe, un cadre réglementaire de gestion des substances chimiques (REACH) est entré en vigueur en 2007, son champ d'application couvre « toutes les substances, qu'elles soient fabriquées, importées, mises sur le marché ou utilisées telles quelles ou dans des mélanges ». En 2013, il a permis de classer environ 150 substances comme « extrêmement préoccupantes », c'est-à-dire devant faire l'objet d'une évaluation et susceptibles d'être interdites. Mais ce processus est très lent, les substances sont très nombreuses et seules trois mille d'entre elles auraient été évaluées à ce jour.

Rideaux de douche

Plusieurs associations s'attachent par ailleurs à évaluer les produits de consommation courante et à diffuser largement les informations. C'est le cas en France de Noteo, qui réunit des experts en nutrition, santé, environnement, toxicologie, responsabilité sociale, chargés de « noter » les multiples produits mis sur le marché, dans le but d'améliorer la consommation et la production. 45 000 ont déjà été évalués et les résultats sont aisément consultables sur une base de données.

Ces questions commencent aussi, beaucoup diront « enfin », à être traitées par les pouvoirs publics. En France, en 2014 la ministre de l'Écologie s'est prononcé pour une interdiction de « toutes les substances dangereuses » dans l'alimentation, les emballages et les produits de soin, par exemple les parabènes et les phtalates, ces derniers étant des composés chimiques dérivés de l'acide phtalique couramment utilisés dans les films plastiques, emballages, revêtements de sol, rideaux de douche mais aussi comme fixateurs dans de nombreux produits cosmétiques : vernis à ongles, laques pour cheveux ou parfums… Les perturbateurs endocriniens, dénoncés depuis longtemps par les toxicologues, sont également visés. Ce sont des substances chimiques capables de modifier le fonctionnement hormonal.

Cellules et bactéries

Par ailleurs, l'Assemblée nationale a voté en juillet 2014 des mesures restreignant l'usage de pesticides près des lieux sensibles comme les écoles ; c'est une étape avant une réduction plus générale de leur utilisation.

Malgré ces améliorations, on peut regretter que le rapport entre santé et environnement soit encore trop faible dans la conduite des politiques publiques et tarde à s'imposer dans les diagnostics de certains médecins. Pourtant, pour beaucoup de citoyens des pays développés, le diagnostic est clair : si nous sommes malades, c'est parce que nous avons intoxiqué notre environnement.

Si nous voulons faire reculer les maladies chroniques, il nous faut modifier nos façons de vivre et en premier lieu lutter contre la pollution chimique, l'alimentation de mauvaise qualité et la sédentarité. Notre santé dépend de l'environnement : notre corps est constitué de cellules et de corps « étrangers » : il contient cent fois plus de bactéries « étrangères » que de cellules humaines. Nous sommes donc majoritairement constitués par de l'ADN non humain sans lequel nous ne pourrions vivre. Par exemple, sans ces bactéries, nous serions incapables de digérer une grande partie des aliments que nous ingurgitons. En d'autres termes, nous sommes tous des écosystèmes, il n'y a pas de frontières entre nous et notre environnement mais une continuité.

« À PETITS PAS, GAGNER DU TEMPS À LE PERDRE »

Les mouvements *slow*

À New York, au printemps 2010, la performeuse Marina Abramovic s'est installée sur une chaise au dossier droit, dans une salle du musée d'Art moderne et elle a attendu, immobile et muette. Un à un, des visiteurs sont venus se poser sur la chaise vide en face d'elle et ont cherché à soutenir son regard. Les images filmées sont intenses. Leurs visages expriment la perplexité, le défi, l'amusement, parfois l'émotion, même le sanglot. Certains sont restés plusieurs heures, alors que selon les pointages des grands musées, un spectateur passe en moyenne huit secondes devant une œuvre d'art. Plus récemment, plusieurs télévisions dans le monde ont diffusé *Tokyo Reverse,* un long, très long documentaire, plus de neuf heures : un jeune homme déambule calmement dans la capitale japonaise tandis qu'autour de lui la vie défile, à l'envers. Énorme succès d'audience.

Hommages à la lenteur. Ces deux expériences artistiques sont-elles une métaphore d'une nouvelle philosophie, apparue au tournant des années 1980, en réaction à notre rapport frénétique au temps ? La vitesse est devenue synonyme de progrès, elle a envahi nos existences ; il nous faut faire toujours plus, dans le même temps, la vitesse est insatiable. Certes, les aiguilles de nos montres ne tournent pas plus vite, mais, d'après le sociologue allemand Hartmut Rosa, nous avons «le sentiment de manquer de temps, alors même que nous en gagnons toujours davantage». Pour lui, ce sentiment est caractéristique de notre époque, celle de la «postmodernité». En France, Paul Virilio a repéré depuis longtemps le phénomène et ses dangers pour le bien-être de l'homme et pour la nature. Seraient-ils enfin entendus ? Un peu partout dans le monde, des voix s'élèvent : il est grand temps de ralentir.

Il est plaisant de rappeler que les mouvements *slow* ont pris naissance en 1986 à la table de gourmets italiens, au cœur de la Rome antique. La dimension épicurienne de leur démarche explique sans doute son succès : en face de leur bistrot préféré, apparaît un jour une nouvelle enseigne, proposant des hamburgers vite faits, vite avalés. Il faut réparer l'affront ! Ils vont défendre les produits locaux, leur patiente préparation et le plaisir de les déguster ensemble… lentement. Convivialité, qualité, responsabilité, en quelques années ce message inspire une longue liste d'initiatives, de natures très différentes. Tout se passe comme si un peu partout, au même moment, on prenait conscience d'une brusque fatigue, de l'envie de se poser enfin et de vivre mieux. Il ne s'agit pas pour autant de s'arrêter, mais de redonner de la valeur au temps et, pour chacun, de retrouver son propre rythme, donc sa liberté. Le mouvement *slow* a investi aujourd'hui tous les champs de l'activité humaine. Il est même question de *slow sex*, le plaisir toujours !

C'est donc d'Italie que viennent les premiers mouvements *slow*, mais c'est un Français, le gastronome Jean Anthelme Brillat-Savarin, mort en 1826, qui les a inspirés. Ce grand épicurien est l'auteur d'une surprenante *Physiologie du goût*, devenue la bible du *slow food*. «Dis-moi ce que tu manges, je te dirai ce que tu es.» Mais dis-moi aussi comment tu manges, puisque «ceux qui s'indigèrent ou qui s'enivrent ne savent ni boire ni manger». De cette philosophie de la gastronomie, élevée en art de vivre, se revendiquent ceux qui s'opposent à l'invasion du *fast-food* et de ses avatars.

Richesse de la vie

Depuis, le mouvement slow s'est étendu à de très nombreux domaines, *slow cities*, *slow schools*, *slow books*, *slow living*, *slow money*, tous ceux où il est possible de défendre une autre façon de vivre, de s'en imprégner et de la partager. C'est un mode de vie autant qu'une philosophie. On en retrouve les origines en Europe continentale dans les écrits de Léon Tolstoï, dans *Unto This Last* (*Il n'y a de richesse que la vie*) de John Ruskin, ou encore au XXᵉ siècle dans les communautés de l'Arche, fondées en 1948 par le poète et philosophe Lanza

Une bonne part de l'angoisse moderne est provoquée par l'accélération.

del Vasto, sur le modèle des ashrams indiens de Gandhi. L'expression «simplicité volontaire» serait apparue pour la première fois en 1936, dans un article d'un autre disciple de Gandhi, l'américain Richard Gregg, philosophe social et apôtre de la non-violence. Mais c'est surtout au cours de la seconde moitié du XXᵉ siècle que ce courant se développe à partir principalement des réflexions de trois intellectuels français : Jacques Ellul, Bernard Charbonneau et Ivan Illich.

L'absurde et le futile

Pour Jacques Ellul, grand penseur de la technique, la vitesse est une force qui nous précipite dans la déraison. Dans l'univers technicien, aller toujours plus vite constitue notre condition à tous; pourtant l'expansion technicienne, modèle de rigueur et de rationalité, n'induit que l'absurde et le futile. Ellul écrit en 1988 : «Chaque progrès de vitesse est célébré par les médias comme un succès et adopté comme tel par le public. Mais l'expérience montre que plus nous gagnons du temps, moins nous en avons. Plus nous allons vite, plus nous sommes harcelés. À quoi ça sert ? Fondamentalement à rien. Je sais bien que l'on me dira qu'il faut avoir tous ces moyens à disposition et aller le plus vite possible, parce que "la vie moderne est harcelante" ! Pardon, messieurs, il y a erreur : elle est harcelante parce que vous avez le téléphone, le télex, l'avion, etc. Sans ces appareils, elle ne serait pas plus harcelante qu'il y a un siècle, tout le monde étant capable de marcher au même pas. "Mais alors vous niez le progrès ?" Non point, je nie que tout cela est un progrès ! » Certes, admet-il, il peut être nécessaire de gagner du temps. Mais le plus souvent, les heures gagnées sont des heures perdues.

Les mouvements *slow*, d'où qu'ils viennent, ont eux aussi pour point commun la critique de cette modernité. Ils expriment la même volonté de freiner le modèle dominant, ils veulent se libérer d'une forme d'aliénation pour choisir la voie de la « sobriété heureuse » et mieux vivre.

Pour le philosophe et sociologue allemand Hartmut Rosa, nous entrons bien dans une autre ère, c'est la fin de l'idée selon laquelle la vitesse nous libérera. Au contraire, son *Accélération* ne fait que nous aliéner davantage.

Certes, cette impression d'accélération n'est pas nouvelle, elle était répandue aussi au XIXe siècle, avec l'apparition du chemin de fer et la révolution industrielle. Pourtant tous ces penseurs la tiennent comme caractéristique de notre époque récente, celle de la postmodernité. Les mouvements *slow* forment un tissu de résistances symptomatiques de la fatigue engendrée par l'accélération qui a tout envahi, des activités proposées aux enfants – musique, sport, danse, lecture dès deux ans, gare à l'ennui ! – au management dans l'entreprise – tyrannie des mails et des réunions ! – en passant par le tourisme – un jour, une ville, combien de photos ? - Ne parlons même pas de la durée de vie des livres : trois semaines sur les tables des libraires, puis le pilon…

Vitesse paralysante

L'ambition des mouvements *slow*, en proposant de ralentir, est en réalité de nous empêcher de nous endormir. Ivan Illich, critique de la société industrielle, a ainsi introduit le concept de contre-productivité. Au-delà de certains seuils, bien des choses finissent par engendrer le contraire de ce qu'elles sont censées provoquer. Pour illustrer ce constat, Jean-Pierre Dupuy, philosophe et ingénieur a rassemblé un certain nombre de données qui lui ont permis de conclure qu'un automobiliste, par exemple, circule moins vite qu'un cycliste. En effet, à ses temps de déplacement s'ajoute le temps consacré à rendre possible ces déplacements : il doit travailler pour financer l'achat de sa voiture, pour l'entretenir, payer son assurance, faire le plein d'essence, etc.

C'est ce calcul de la « vitesse généralisée », obtenue par le ratio entre les kilomètres parcourus et la durée totale du temps consacré à la voiture, qui ont amené Dupuy à cette conclusion. Avec Illich, il démontre que, contrairement aux apparences, la technique est ici contre-productive. La vitesse peut ralentir, et même paralyser.

Mais on peut trouver d'autres illustrations du concept de contre-productivité, en dehors de la technique, par exemple du côté des institutions, l'école ou l'hôpital. En démocratie, la concertation, la délibération et la négociation requièrent du temps, de la réflexion. « La démocratie est lente », rappelle Jacques Ellul, et elle est incompatible avec l'accélération. Les politiques publiques doivent être débattues et bien souvent elles produisent leurs effets des années, voire des décennies plus tard. Mais le citoyen pressé exige des résultats immédiatement visibles. Le plus souvent, déçu par ce rythme trop lent, il se retourne contre le pouvoir politique. En France, chaque nouveau président bat le niveau d'impopularité atteint par le précédent, et chaque fois en un temps record. Ce rythme est accéléré depuis le passage au quinquennat. Là encore, l'accélération devient paralysante, puisqu'elle confisque ses pouvoirs au politique.

« Maladies de l'esprit »

Par ailleurs, puisque rien ne dure, les événements glissent et s'enchaînent les uns aux autres, sans laisser le temps de les « penser » et de les comprendre, encore moins d'agir sur eux. À peine a-t-on pris le temps de les survoler qu'ils sont déjà dépassés. L'accélération les a rendus illisibles et nous a condamnés à l'immobilisme. C'est justement pour permettre le recul nécessaire à leur interprétation que les mouvements *slow* proposent de donner un autre rythme aux événements.

Ils ont d'ailleurs fait école aussi dans le domaine scientifique en reposant les questions de la finalité de la recherche, de son rôle dans la société. Aujourd'hui, la pression du résultat, l'urgence de la publication et de la communication et le culte de la notoriété freinent plus qu'ils ne stimulent la vitalité intellectuelle et les grandes découvertes scientifiques. Ralentir pour accélérer, le paradoxe est défendu depuis une vingtaine d'années par une communauté de scientifiques qui fait ressortir l'incompatibilité entre la pratique de la recherche et l'impatience des institutions actuelles.

Une bonne part de l'angoisse moderne est provoquée par l'accélération, car elle rend visible la fuite du temps. C'est la frustration de la vie trop courte, tous les individus en font l'expérience quotidienne. Cela peut expliquer le succès des mouvements quand ils s'érigent contre ce progrès qui, ainsi que l'écrit Bernard Charbonneau, «diminue les maladies du corps et multiplie celles de l'esprit». Il s'agit de revenir à la leçon de Sénèque : «Nous n'avons point reçu une vie brêve, c'est nous qui l'avons rendue telle»

« PAS DE ÇA PRÈS DE CHEZ NOUS ! »

La justice environnementale

À force de subir les dommages des activités polluantes, l'air vicié par les fumées des usines installées près de chez eux ou l'eau de leurs rivières contaminée par les produits chimiques, aux États-Unis les groupes de défense des minorités, issus des luttes des années 60, ont fini par réagir. Aucune fatalité là-dedans : les régions, les quartiers dans les villes où vivait la population la plus pauvre, en majorité noire, indigène ou latino-américaine, étaient sciemment choisis comme sites industriels. À eux la plus large part de ce que nous appelons aujourd'hui «l'impact environnemental». C'était une distribution très intentionnelle, organisée sur l'ensemble du territoire des États-Unis, qui épargnait les classes plus aisées, largement responsables et bénéficiaires de ces dégâts.

Bientôt des travaux scientifiques vinrent confirmer les soupçons : les dépôts de matières dangereuses et les sites de déchets contaminés se retrouvaient bien à proximité des groupes minoritaires, en particulier des communautés noires dont les enfants couraient quatre fois plus de risques que les enfants blancs d'avoir un niveau élevé de particules toxiques dans le sang. Les résultats sont similaires pour la qualité de l'air et pour l'accès à une eau de bonne qualité. Le rapport entre inégalités sociales et environnementales était établi.

La justice environnementale vise à l'égalité, au partage équitable de l'espace écologique, et aussi, quand il y a lieu, à la compensation ou à la réparation des dommages. Les inégalités écologiques ne sont pas des données naturelles et doivent être corrigées socialement. Et cette poursuite de l'égalité n'a pas de frontière. L'enjeu est énorme.

Aux niveaux nationaux comme au niveau mondial les nuisances environnementales et l'accès aux ressources naturelles sont très inégalement répartis, entre riches et pauvres, entre majorité et minorités culturelles, entre le Nord et le Sud de la planète. Le réchauffement climatique auquel nous assistons ne fait qu'accentuer le problème, il suffit de regarder d'un pôle à l'autre, les preuves ne manquent pas.

Notre époque est traversée par l'idée, persistante, que les crises économique et sociale rendraient les questions écologiques secondaires. L'écologie est perçue comme un luxe, une préoccupation de riches en temps de paix. Ces assertions ne résistent pourtant pas à l'analyse démontrant que les populations pauvres souffrent de manière disproportionnée de la crise écologique et que les inégalités environnementales aggravent les inégalités sociales. Par inégalités environnementales on entend les inégalités entre les groupes sociaux dans l'accès aux ressources naturelles et les inégalités vis-à-vis de l'exposition aux nuisances et aux risques environnementaux. Elles sont présentes au sein de chaque nation, entre les riches et les pauvres, et au niveau mondial, entre le Nord et le Sud.

Les déchets de Love Canal

En 1962, la biologiste Rachel Carson publiait *Silent Spring* (*Printemps silencieux*). Elle y démontrait que le DDT, l'insecticide le plus utilisé à l'époque (le prix Nobel de médecine avait même été attribué au chimiste Paul Muller pour avoir découvert son efficacité), était cancérigène et provoquait de graves effets sur la santé de l'homme et des animaux. Grâce à ce travail, l'opinion publique découvrait

> **Répartir de manière équitable les expositions aux risques environnementaux.**

les conséquences sociales et sanitaires des problèmes environnementaux. Le succès de l'ouvrage et la mobilisation des syndicats paysans allaient aboutir à l'interdiction du pesticide.

D'autres scandales par la suite ont marqué les esprits aux États-Unis, au cours des années soixante-dix, comme celui de l'enfouissement de déchets toxiques dans le comté de Warren, en Caroline du Nord, ou le tristement célèbre Love Canal dans l'État de New York. Love Canal désigne le lieu où un lotissement et une école ont été construits sur le site d'une ancienne décharge de produits chimiques. Un journal local révéla l'affaire après avoir enquêté sur l'origine de la crise sanitaire qui touchait la population. Il fallut évacuer en catastrophe toutes les familles résidentes. Depuis, les constructions ont été rasées, le quartier est encore à ce jour un no man's land. Ces affaires sont aussi l'occasion des premiers rapprochements entre les associations de défense des minorités et les associations de défense de l'environnement. Aux États-Unis, il y a une forte corrélation entre l'approche environnementale et la question raciale : très vite il a été clairement établi que les communautés noires et hispaniques sont beaucoup plus exposées aux risques environnementaux.

Canicule et ouragan

À l'évidence, et quelle que soit la région, les populations les plus pauvres ou les plus vulnérables n'ont pas la même capacité d'agir, le même « *empowerment* », que les populations plus aisées, elles ne disposent pas du même pouvoir d'influence sur l'organisation de l'espace et l'aménagement de leur environnement résidentiel. Elles ont aussi de plus grandes difficultés à se constituer en association ou en force politique.

De nombreux exemples illustrent ces observations. Ainsi, après la canicule qui a sévi en 2003 en Europe, une étude française a mis en exergue la précarité sociale et économique d'une partie de la population âgée de la capitale. Lors de l'ouragan Katrina, en 2005 dans l'État de Louisiane aux États-Unis, on a pu constater que les populations les plus pauvres de la Nouvelle Orléans ont été les plus touchées, les riches ayant évacué les lieux au moment de la catastrophe… ou vivant dans des quartiers protégés.

En France encore, la délégation interministérielle à la ville (Div) a publié plusieurs enquêtes sur les inégalités d'exposition aux risques industriels, dont sont victimes les habitants des zones urbaines sensibles. L'explosion de l'usine AZF à Toulouse en 2001, à proximité d'un quartier populaire et d'un collège de Zep qui fut détruit, apporte une preuve de ces inégalités. Pourtant, encore aujourd'hui, en dépit de tous ces constats, les inégalités environnementales sont trop rarement prises en considération.

Cycles de l'injustice

Si les inégalités environnementales ont des conséquences sociales bien réelles, puisqu'elles modifient les équilibres sociaux ou contribuent à accentuer les déséquilibres, elles ont aussi des causes sociales : elles sont le produit de la société. Mais la corrélation entre inégalités et écologie va plus loin encore. Il est en effet incontestable que la pauvreté constitue un frein au développement d'autres modes de consommation et de production, de bonne qualité : les ménages les moins aisés n'ont accès qu'à des denrées produites à moindre coût, dans des conditions écologiques et sociales discutables. Les denrées produites dans des conditions plus respectueuses de l'environnement, comme les produits issus de l'agriculture biologique et des circuits courts, ne leur sont pas accessibles, ils restent réservés à une partie réduite de la population et en conséquence ne se développent pas. À l'autre bout de l'échelle sociale, l'empreinte écologique des plus hauts revenus, à cause de leurs modes de consommation, est excessivement lourde et contribue à alimenter un système de gaspillage.

De façon générale, on peut dire que toutes les inégalités sociales, qu'il s'agisse de logement, de conditions de travail ou de qualité de l'éducation, accentuent les inégalités environnementales dans la mesure où elles intensifient encore les difficultés d'accès aux ressources et les risques d'exposition aux nuisances. Le cercle vicieux est alors en place : l'injustice se perpétue cycliquement entre iné-galités environnementales et inégalités sociales, au point que le médecin de Harvard Paul Farmer parle de «symptômes biologiques de lignes de fracture sociale».

Partie de ping-pong

Le souci de ces injustices et de leurs conséquences est partagé aujourd'hui par de nombreuses institutions internationales ; ainsi la Banque mondiale, dans un rapport de novembre 2012, attire-t-elle l'attention sur ces dangers, redoutant les effets d'un «cataclysme» qui frapperait les pays pauvres : vagues de chaleur extrême, chute des stocks alimentaires ou montée du niveau des mers. La prise de conscience générale a donné naissance à un concept nouveau : la justice environnementale. Celle-ci se fixe pour objectif de répartir de manière équi-table les expositions aux risques environnementaux et les charges de prévention et de réparation.

Pourtant, malgré l'énormité des enjeux, les États ne parviennent pas à dépasser leurs intérêts égoïstes et immédiats. La philosophe Catherine Larrère a parfai-tement décrit la partie de ping-pong mondiale qui se joue dans le traitement des injustices environnementales. Le Nord a abondamment pollué depuis la révo-lution industrielle et c'est le Sud, notamment les pays d'Afrique ou certaines îles comme les Tuvalu du Pacifique, menacées de disparition, qui en paient le prix aujourd'hui et en subissent les premières conséquences. Cependant, le pro-blème de la répartition des responsabilités et des charges n'est pas simple. Si le Sud se considère comme la victime des actions du Nord, toute la question est de définir quel type de responsabilité peut être imputé à celui-ci. En effet, lorsque le Nord s'est développé, il ne pouvait prévoir les conséquences de ses actions. En outre, ce ne sont plus les mêmes générations qui sont présentes ; et nul ne peut être jugé responsable des actions d'autrui. En revanche, les conséquences environnementales du développement sont aujourd'hui parfaitement connues, le Sud engage donc sa responsabilité, en considérant son tour venu...

Cet insoluble imbroglio explique l'échec des sommets internationaux sur le sujet malgré la gravité de la situation et la nécessité de réagir rapidement : les schémas de justice sur lesquels nous nous appuyons sont incapables de répondre aux défis d'aujourd'hui. Avec les enjeux écologiques, les principes modernes de justice se retrouvent dans une double impasse : incapacité de penser l'homme dans l'espace (la nature est exclue) et incapacité de le penser dans le temps (les générations futures sont exclues).

La dégradation de l'environnement et l'épuisement des ressources naturelles auxquels nous sommes confrontés soulèvent le problème des biens communs et de leur partage. La nécessité impérieuse de définir les biens communs et de les partager n'apparaît qu'en situation de relative rareté. Les problèmes de juste répartition ne se posent pas dans les situations d'abondance ; chacun se sert à l'envi. Il n'y a que lorsque l'eau potable vient à manquer qu'on s'interroge sur son usage et les inégalités d'accès à cette ressource. Aujourd'hui, les limites physiques sont atteintes. La promesse de justice sociale ne peut plus reposer sur l'augmentation des flux de matières et d'énergie pour assurer la redistribution.

Cette conscience aiguë de la valeur de biens communs, comme le sont les ressources naturelles, nous oblige donc à reconsidérer nos moyens de produire la justice sociale. Dans le cadre actuel, libéralisme et socialisme sont renvoyés dos à dos, ils partagent un même préalable aux conditions de justice : se diriger vers l'abondance. Mais dans un monde où les ressources sont limitées, l'idée de justice devra se trouver une autre voie que celle de l'augmentation globale de la production.

La possibilité de répartition de la richesse passera donc par la réduction de la consommation matérielle, pour certains. L'acceptabilité sociale de cet effort dépendra de l'équité de la répartition de l'effort. L'égalité d'accès aux biens communs devra être élargie et les gaspillages limités. La justice environnementale, c'est avant tout un nouveau partage social.

« UN LOUP GUERRIER, CHASSANT EN MEUTE, A INSPIRÉ LE GRAND GENGIS KHAN »

Le loup

Le loup n'est pas un animal comme les autres. Le lion, le tigre, le lynx et l'ours sont aussi de grands prédateurs sur la Terre. Avec l'homme. Mais le loup c'est autre chose ; c'est avec lui que l'homme entretient une rivalité ancestrale, c'est pour lui qu'il a des sentiments mêlés de peur, de haine… et de respect. Bien des peuples nomades ont admiré le loup pour son intelligence remarquable, ses déplacements en meute, son flair infaillible dans la chasse, et ont cherché à l'imiter. Le puissant Gengis Khan, dont l'Empire mongol s'étendait au XIIIe siècle du Pacifique à la Méditerranée, en avait fait son emblème : il plaçait ses guerriers en position de combat d'après les pratiques observées chez les loups en meute. Pour d'autres civilisations qui l'ont côtoyé, les Nez-Percés d'Amérique, les Inuits du Grand Nord, le loup est aussi un totem : un chasseur hors pair, un modèle, et un rival lorsqu'ils convoitaient la même proie.

Or, cette rivalité, très bien vécue pendant des milliers d'années, est devenue pour l'homme intolérable lorsqu'il a décidé d'élever ses proies. À ce moment-là, le loup, gardien d'une nature libre et sauvage, est devenu l'ennemi : en s'attaquant au troupeau domestiqué, il convoitait désormais une « propriété privée ».

Il faut ajouter que dans la France des XVIIIe et XIXe siècles la population paysanne, très nombreuse, occupait l'ensemble des espaces ruraux. Plus de forêt, plus de lieu sauvage, ni sangliers, ni chevreuils ni gibier en abondance à se mettre sous la dent : le loup, dont l'homme a éliminé les proies, vit dans un espace dégradé. C'est alors que surviennent les attaques sur la population humaine. C'est une explication possible : la peur du loup commencerait par cette domination que l'homme a voulu installer sur les grands animaux prédateurs. La haine allait suivre, et son cortège de sombres histoires : loup-garou mangeur d'hommes, héros des délicieuses terreurs enfantines dans les livres de contes, la très mauvaise réputation du loup n'est plus à faire. C'est alors que son extermination est décidée. Elle sera achevée au XXe siècle, dans les années 1930.

Quelques décennies sans lui et voici qu'il réapparaît. Entre-temps, les campagnes se sont dépeuplées et la France a retrouvé des espaces verts et une faune sauvage. En 1992, un couple de loups, venu d'Italie, est aperçu dans les Alpes du Sud. Aujourd'hui ils seraient 250 sur tout le territoire, mais leur nombre est impossible à évaluer précisément. En revanche, les dégâts sont bien réels : pour la seule année 2012, plus de 6 000 bêtes tuées, d'innombrables attaques. Alors, sous la pression des éleveurs, le gouvernement autorise ponctuellement la destruction des « loups français », disposition qui soulève l'indignation de leurs défenseurs, elle va à l'encontre de la convention de Berne ; le loup est une espèce « strictement protégée ». Mais comment comprendre que l'homme et le loup ne soient plus capables de cohabiter ?

La situation du loup en France est très paradoxale. Les hommes lui ont fait la guerre au cours des siècles derniers, quand la population était en majorité paysanne et le territoire presque entièrement consacré à des activités agricoles. Mais quand il réapparaît, dans les années 1990, après avoir été éliminé vers 1930, un bon tiers du paysage français est retourné à l'état de nature ; les campagnes sont en grande partie « ré-ensauvagées », les forêts sont bien plus nombreuses que cent ans auparavant et la population rurale est très réduite. Pourtant, dans ce nouvel environnement, alors qu'il dispose d'un territoire plus vaste, les attaques du loup vont se multiplier.

C'est que les circonstances aussi ont complètement changé ; les hommes du XIXᵉ siècle avaient une connaissance intime de la campagne dans laquelle ils vivaient, alors que l'homme d'aujourd'hui ignore le monde vivant dont il s'est extrait. Il ne connaît plus le loup. Et celui-ci ne le connaît pas non plus : le monde dans lequel il revient lui est étranger. En France, les éleveurs sont d'abord victimes de cette méconnaissance mutuelle.

Il faut établir entre l'homme et le loup une culture commune.

Ils sont aussi victimes d'une mauvaise appréhension de la cohabitation avec le loup. Deux camps s'affrontent, deux positions inconciliables ; d'un côté, les écologistes sacralisent le loup et exigent que l'on respecte la convention de Berne, qui en fait une espèce protégée, de l'autre, les éleveurs veulent l'éradiquer. Entre ces deux pôles, la France a inventé un consensus qui dure depuis vingt ans et qui, finalement, se révèle dommageable pour tout le monde. Ainsi, quand la pression des bergers, excédés par les destructions au sein de leurs troupeaux, se fait trop forte, le gouvernement prend des arrêtés et autorise l'élimination des loups. L'objectif est d'en diminuer le nombre, alors même que celui-ci n'est pas connu. Cela revient à considérer le loup comme mauvais en tant qu'espèce au lieu de prendre en compte le comportement de certains individus, localement menaçants pour les élevages. Politique inefficace, que l'on n'observe pas dans d'autres pays. Curieusement en effet, cette mauvaise relation au loup est une particularité française. D'autres pays, les États-Unis, le Canada, plus près de nous l'Italie et l'Espagne, où les loups seraient plus nombreux, ne rencontrent pas les mêmes difficultés et les attaques y sont plus rares.

Le loup, lorsqu'il se trouve confronté à un nouvel environnement, sait s'adapter. L'exemple de l'Ontario est bien connu ; dans cette province du Canada, on a voulu l'exterminer, ce qui a eu pour effet de faire proliférer les coyotes. Mais lorsque le loup est revenu sur le territoire, en provenance de l'Est, en quelques années est apparu une nouvelle espèce, un hybride, auquel on a donné le nom de coyloup. Tout comme le coyote, cet animal qui ne vit pas en meute mais a les armes du loup et peut se montrer agressif, s'est parfaitement adapté à la vie dans l'espace urbain, qu'il est en train d'envahir. Il traverse les parcs et longe les autoroutes mais reste le plus souvent insaisissable. Son audace et son étonnante aptitude à exploiter le milieu ambiant fascinent les scientifiques. Cet exemple montre que si l'homme a du mal à comprendre et à s'adapter au monde qu'il a créé, les autres espèces, en évoluant, continuent de s'adapter.

Pour bien agir, il est capital de connaître le loup, de chercher à comprendre son comportement, en étudiant par exemple ses déplacements. Pour cela, il faudrait capturer et marquer un individu. La capture a d'abord pour effet de susciter chez lui un stress et une angoisse qu'il transmettra au reste de la meute. Mais elle permet également, une fois que le loup est marqué et relâché, de l'observer à distance, afin de comprendre pourquoi il entre sur le territoire de l'homme et prélève ses proies dans son bétail, ce qui permettrait d'agir pour l'en empêcher. Au lieu de cela, la France, au lendemain d'une attaque, autorise l'abattage aléatoire d'un individu en guise de représailles. Que peuvent comprendre les loups de cette attitude des hommes ? Ce qu'ils voient, c'est que l'attaque a réussi, donc ils recommencent…

La cohabitation avec le loup passera par la capture. Il faut établir, entre l'homme et le loup, une culture commune, entrer en contact physique avec lui. C'est de cette manière que les prédateurs entre eux signifient leurs intentions et se partagent les territoires. Mais cette capture doit se faire uniquement lorsque le loup est en train d'attaquer. Il peut s'avérer nécessaire de tuer un individu mais en dernier recours, si, malgré la capture, les attaques reprennent. Tuer un loup pour signifier à la meute qu'il est trop risqué de s'attaquer au bétail des hommes. En d'autres termes lui « faire passer » un message.

Communiquer avec le loup, c'est lui faire connaître les limites. Le loup est un animal social. Des études américaines ont montré les processus de prise de décisions « politiques » au sein des meutes de loups : se montrer belliqueux ou tisser des alliances avec d'autres meutes par exemple. Chaque meute a sa culture propre et fait ses propres choix.

D'ailleurs, le nombre d'individus qui composent la meute relève également d'une décision « politique ». Le loup n'attaque pas ses proies au hasard. Une meute ajustera sa taille en fonction du type de proie à laquelle elle choisit de s'attaquer (nombre d'individus, dangerosité de l'attaque, taille des proies) Une vingtaine de loups sera nécessaire à une meute qui chasse des bisons, pas plus de sept ou huit pour des cerfs, encore moins pour des biches.

Enfin, le loup, plus encore que d'autres espèces, est nécessaire à l'éco-système. Il en est une clé de voûte, car il a la faculté d'orienter la composition de l'ensemble d'un écosystème : par exemple, en forçant les animaux herbivores à se déplacer, il permet d'entretenir les prairies et leur évite les incendies que pourrait provoquer une herbe trop longue. La présence du loup engendre ce que l'on nomme une cascade trophique. Elle modifie l'ensemble de la chaîne alimentaire, le paysage, la composition et jusqu'au lit des rivières. On dit que le loup est le médecin de la forêt. Cette espèce a toujours fait évoluer le milieu et les sociétés humaines.

« MAIS QUE FONT CES FOSSILES AU SOMMET DES MONTAGNES ? »

Anthropocène et catastrophisme

Quand on y pense, le déluge, cette grande catastrophe qui aurait emporté dans le néant tant d'espèces végétales et animales, a bien pu se produire. Noé a fait ce qu'il a pu ; tous ceux qui n'avaient pas trouvé refuge sur la grande arche, ou résisté aux vagues furieuses qui la secouaient, n'ont pas survécu ; la colère de Dieu était la plus forte.

Ensuite, il a fallu tout recommencer avec d'autres espèces, oublier celles dont on retrouve aujourd'hui encore les fossiles enfouis et, plus tard, subir encore d'autres grandes catastrophes tout aussi dévastatrices, pas moins de vingt-huit en 6000 ans ! 6000 ans, l'histoire du monde d'après les calculs de l'archevêque irlandais James Ussher, qui révéla vers la fin du XVII siècle que Dieu avait créé la Terre un certain samedi, très exactement le 22 octobre 4004 avant J.-C , à midi. Le dogme fut adopté par l'Église et les savants durent s'en accommoder pour leurs recherches, qu'il s'agît de percer les secrets de la Création ou de comprendre les mécanismes de la nature, ou les deux. William Whiston, par exemple, théologien et mathématicien anglais, se trouva parfaitement en accord avec l'enseignement de la Bible : le monde avait bien été créé en six jours et les comètes, guidées par la volonté divine, étaient responsables des grandes catastrophes. Comme celle qui le 18 novembre 2349 avant notre ère, provoqua le Déluge en passant trop près de la Terre.

D'autres savants considéraient les fossiles comme des reliques du Déluge. Le Suisse Johann-Jakob Scheuchzer en possédait une vaste collection, connue de tous les spécialistes européens. D'après lui, seul un déluge recouvrant toute la planète, montagnes comprises, pouvait expliquer la présence des fossiles sur les sommets. Sinon, comment comprendre le phénomène ? Au Siècle des lumières, on est encore catastrophiste. Et on élabore des théories plus ou moins sérieuses. Celle du grand Georges Cuvier, qui arrive à Paris à 26 ans, au début de l'année 1795, fera le tour du monde. Il entreprend de travailler sur des fossiles de « quadrupèdes » et, bientôt, il en est sûr : il tient les pièces à conviction du drame gigantesque qui a affecté la Terre. Tous les quadrupèdes ont été détruits : « Ceux qui les remplacent ne leur ressemblent pas et se verront un jour également détruits et remplacés par d'autres. » Cuvier a construit *sa* théorie de la Terre, c'est le triomphe du catastrophisme, pour longtemps encore. Il faudra attendre le XXe siècle et la révélation de la théorie de l'évolution pour le voir nettement reculer. « Catastrophisme, cher aux faibles ! » s'écriera-t-on alors. Place à la raison. Les catastrophes sont des phénomènes naturels, comme toutes choses elles doivent trouver une explication.

Un matin de 1755, jour de la Toussaint, la ville de Lisbonne fut dévastée par un terrible tremblement de terre, suivi d'un raz de marée. À la suite de cette catastrophe naturelle, un débat fut engagé en France entre Voltaire et Rousseau pour savoir qui en était responsable. Pour Voltaire, qui raillait ceux qui pensaient pouvoir défier la Providence, les 50 000 morts de ce désastre étaient les victimes du hasard. Rousseau, au contraire, soutenait l'idée que l'homme en était le responsable : certes, la nature s'était mise à trembler, mais c'était bien l'homme qui avait rassemblé sur un tout petit territoire vingt mille maisons de sept étages : « Si les habitants de cette grande ville eussent été dispersés plus également, et plus légèrement logés, le dégât eût été beaucoup moindre, et peut-être nul. »

On peut dire aujourd'hui, à la lumière de ce que nous appelons l'Anthropocène, que Rousseau est sorti vainqueur de ce débat. L'Anthropocène, la nouvelle ère dans laquelle nous sommes entrés, est nommée ainsi par le prix Nobel Paul Crutzen ; elle symbolise le fait que l'homme est devenu la principale force géologique. Plus fort que la tectonique des plaques. Plus puissant que les volcans. Désormais la Terre est avant tout modelée par l'homme. De la population faunique des fonds marins jusqu'à la composition du climat, c'est lui, le principal facteur d'influence.

Il est raisonnable de penser aujourd'hui que nous courons à la catastrophe.

Si tout résulte des actions humaines, il ne reste donc plus rien de naturel. Lorsque Hannah Arendt publie *Condition de l'homme moderne*, en 1958, le réchauffement climatique est encore loin d'être une réalité établie. Pourtant, elle avait prévenu : la nature a changé, elle est devenue le résultat imprévisible de nos actions. Depuis que la puissance humaine a atteint un certain seuil au siècle dernier, nous agissons dans la nature de la même manière que nous avons agi dans l'histoire.

Voilà qui aurait dû rendre fier l'*Homo sapiens* fraîchement promu inventeur de la raison. Or, s'il a bien libéré des forces, il ne maîtrise rien. La nature est le résultat d'une chaîne d'événements que nous avons engendrés en déclenchant des processus naturels inattendus qui nous échappent complètement. De la coupure moderne entre nature et culture, il ne reste plus rien. C'est au point que nous ne pouvons plus qualifier de « naturels » les phénomènes tels que les sécheresses, précipitations, incendies, typhons ou cyclones. Si ces événements sont causés par le réchauffement du climat, lui-même causé par l'homme, alors toutes ces catastrophes sont des catastrophes d'origine humaine.

Angoisse scientifique

Hiroshima a marqué un tournant. Depuis l'utilisation de la bombe atomique, la peur de l'apocalypse a basculé de la sphère religieuse vers la sphère des sciences dures. Après la bombe, de nombreux scientifiques dont Albert Einstein se sont interrogés sur les conséquences de leurs recherches. Il s'en est suivi une prise de conscience des risques liés à l'utilisation de la science et de la technique pour l'homme et pour l'environnement. Beaucoup parmi ces scientifiques ont alors développé un discours que l'on peut qualifier à la fois d'« écologiste » – puisqu'il met l'accent sur la destruction de la vie et de l'environnement – et de catastrophiste – puisqu'il s'agit d'alertes et de l'expression de leurs angoisses.

Dès les années 1950 des scientifiques isolés avaient émis des alertes. Certains ont marqué les esprits. Ce fut le cas de la biologiste Rachel Carson, qui connut un réel succès en dénonçant le danger des pesticides, et de l'ornithologue Jean Dorst, futur directeur du Muséum national d'histoire naturelle, qui publia *Avant que Nature meure*.

Aujourd'hui, ils sont de plus en plus nombreux à tenter d'attirer l'attention sur le risque d'autodestruction de l'humanité. D'éminents chercheurs comme Sir Martin Rees, président de la Royal Society, Académie des sciences britanniques, qui publia en 2003 *Notre dernier siècle*, ou le célèbre physicien Stephen Hawking ne sont plus des lanceurs d'alerte isolés. De nombreuses institutions scientifiques, comme le Groupe d'experts intergouvernemental sur l'évolution du climat (Giec), s'inquiètent publiquement, rapports à l'appui, de l'avenir que nous préparons.

Catastrophisme de raison

Le catastrophisme aurait donc basculé du côté de la raison. C'est ce que défend le philosophe Jean-Pierre Dupuy en forgeant l'expression de « catastrophisme éclairé ». C'est une façon de répondre à ceux qui accusaient Hans Jonas, le philosophe allemand auteur du *Principe responsabilité*, d'être un « prophète de malheur ». Jean-Pierre Dupuy a tenté de démontrer qu'il est raisonnable de penser aujourd'hui que nous courons à la catastrophe. Pour illustrer son propos, il reprend une anecdote du logicien américain Willard Quine :

Imaginez un prisonnier qui vient d'être condamné à mort. On lui annonce qu'il sera pendu un matin de la semaine suivante, entre lundi et dimanche, et on ajoute une information : lorsqu'on viendra le chercher, il sera surpris. Le prisonnier cherche alors à définir, avec le peu d'éléments qu'il a, le jour de son exécution. Il tient le raisonnement suivant : il ne peut pas être exécuté le dimanche, puisque ayant attendu toute la semaine, il ne serait pas surpris lorsque le dimanche matin, on viendrait le chercher. Mais ce ne peut pas être non plus le samedi, puisque ayant éliminé le dimanche, le même raisonnement s'applique. Même chose avec le vendredi, le jeudi… l'homme élimine ainsi l'un après l'autre les jours, remonte jusqu'au lundi et en conclut *en toute logique* qu'il ne sera donc pas exécuté cette semaine-là.

Le jeudi matin lorsqu'on vient le chercher… l'homme est surpris.

Que signifie cette histoire ? Passé un certain seuil, l'excès de rationalité est contre-productif et peut nuire à l'intelligence. Voire mener à la folie. N'est-ce pas muni des lumières de la raison que le XXe siècle engendra des monstres ?

Le catastrophisme, en revanche, loin d'être irrationnel, permettrait de se maintenir en état d'alerte. On devrait être catastrophiste pour éviter la catastrophe, pour faire sauter les verrous de notre «aveuglement face à l'apocalypse», comme l'écrivait l'essayiste Günther Anders. L'écologie consisterait alors à modifier ce qui nous empêcherait de «voir» que nous allons dans le mur. C'est ce que l'on appelle «la prise de conscience». Les raisons de cet aveuglement sont débattues. Parmi ces raisons est souvent évoquée la dissonance cognitive, le fait de nier, inconsciemment, les informations qui entrent en contradiction avec notre mode de vie. Sont également mises en cause les institutions politiques, l'organisation sociale tout comme l'extrême division du travail, le cloisonnement et l'hyperspécialisation des sphères scientifiques. Tous ces éléments rendraient impossible, pour les individus, de se représenter les conséquences globales de leurs actions cumulées.

«Tyrannie bienveillante»

Dans la seconde moitié du XXe siècle, les principaux penseurs de l'écologie, en France, n'étaient pas du tout «catastrophistes». Ils allaient même jusqu'à se méfier des avertissements des scientifiques sur la destruction de l'environnement.

Ni Serge Moscovici, ni Ivan Illich, ni André Gorz, par exemple, n'ont tenté de politiser les conclusions de la science. Au contraire, ils craignaient que les études d'experts n'orientent les politiques. Ils y voyaient un danger pour la démocratie : l'instauration d'une bureaucratie et la confiscation du pouvoir par les experts. Dans un monde où les enjeux sont scientifiques, « celui qui possède la science possède aussi le pouvoir » (Serge Moscovici). Cette situation ne peut mener qu'à la mise en place d'une « expertocratie » (André Gorz) où « le citoyen abdique tout pouvoir en faveur de l'expert, seul compétent » (Ivan Illich).

Pendant que les écologistes français s'inquiétaient des risques de la déconsidération du savoir populaire, de l'autre côté du Rhin, d'autres penseurs autour de Hans Jonas, faisaient le raisonnement exactement inverse : Günther Anders, Hannah Arendt et une partie de l'école de Francfort. Hans Jonas n'hésitait pas à parler de « tyrannie bienveillante », de technocratie, de dictature de scientifiques, seule capable d'éviter l'autodestruction de l'humanité. Jonas doutait de la capacité des démocraties à faire face à la crise environnementale. Dans ce débat de théoriciens entre Français et Allemands, on peut désormais dire que les Allemands ont gagné, parce que depuis lors, la prise de conscience et l'intégration du savoir scientifique en démocratie sont devenues les principaux enjeux de l'écologie.

« DE LA LAINE DE MOUTON DANS LES COURANTS D'AIR ET DES EAUX DE PLUIE DANS NOS MACHINES À LAVER... »

Habiter la nature

Il existe des maisons et aussi des immeubles dont les fenêtres ont été posées de façon à accueillir la chaleur et la lumière. Des arbres ont été plantés tout près, devant la façade sud ; leurs feuilles font écran l'été et leurs branches nues laissent passer le soleil d'hiver. La façade nord en revanche est protégée du froid et du vent par des conifères ou des arbres au feuillage persistant.

Pour construire ces maisons, on a beaucoup réfléchi à l'isolation thermique, doublé voire triplé les vitrages, utilisé de la laine de verre, de la paille et du bois, de la laine de mouton aussi. On a fait attention aux peintures et aux colles, elles ne sont pas toxiques, et on a veillé à récupérer les eaux de pluie pour les machines à laver et l'arrosage du jardin. Parfois on a même cédé au charme d'un toit végétal.

L'écoconstruction, car c'est d'elle qu'il s'agit, s'efforce de tout prévoir pour créer une façon de vivre « durable », à une petite échelle. Son objectif affiché : l'économie d'énergie, mais elle veut aller plus loin. Faire appel à des techniques et à des pratiques anciennes ou au contraire innover, trouver des matériaux inattendus, modifier les plans traditionnels, inventer de nouveaux usages. Il s'agit de construire de la manière la plus flexible possible pour réduire les répercussions d'une construction sur les besoins des générations futures. Il faut qu'elles puissent l'adapter sans contraintes.

Parmi les chefs de file de l'architecture durable, la Française Françoise-Hélène Jourda est une pionnière. Depuis longtemps déjà elle met en avant la responsabilité de l'architecte dans la recherche de procédés qui prennent en compte non seulement ceux pour qui il construit, mais aussi tous les autres : les voisins, les habitants du quartier et au-delà, ceux de toute la planète. L'architecte doit chaque fois se poser la question : pourquoi ce matériau à cet endroit ? En France, 25 % seulement des architectes sont formés aux techniques de l'architecture durable.

Parfois, les habitants eux-mêmes participent collectivement à la conception de leur immeuble et prennent en main la gestion quotidienne des espaces partagés. Ils sont sortis de la logique spéculative et ont d'autres objectifs : la mixité sociale, les relations entre les générations, la vie du quartier.

Ce phénomène de l'habitat participatif, apparu dans le Nord de l'Europe, est encore modeste mais il commence à intéresser d'autres pays, dont la France, qui veulent l'encourager. C'est que, outre l'amélioration du cadre de vie, il permet de substantielles économies.

Peut-être est-ce une solution prometteuse, par exemple pour le logement social, à mi-chemin entre l'habitat individuel et l'habitat collectif ? Certains y croient mais, pour beaucoup encore, il ne s'agit que d'une utopie de plus.

L'architecture et l'urbanisme vont-ils connaître bientôt des évolutions sensibles, intégrant davantage les contraintes environnementales et d'autres façons de vivre ? Déjà de nombreuses réalisations dans plusieurs villes d'Europe et ailleurs montrent la voie. Mais elles restent minoritaires. Surtout, elles ne font pas toujours la preuve de leur nécessité.

L'exemple des écoquartiers est significatif. Ils sont tous construits selon des critères et avec des objectifs semblables : mixité sociale, densité urbaine, sobriété énergétique qui peut aller jusqu'à l'autoproduction d'énergie renouvelable, isolation thermique, recherche de matériaux de construction écologiques comme le bois, toitures végétalisées, etc.

Un sèche-linge, une deuxième voiture

Le problème est que ces intentions vertueuses peuvent être facilement anéanties par des effets contraires, quand par exemple les techniques de pointe ne sont pas utilisées avec bon sens : l'installation de panneaux solaires sur le toit des bâtiments ne sera pas efficace si elle n'est pas optimisée par une orientation des toits plein sud. C'est bien dès la conception du bâtiment que la durabilité doit être pensée.

Les comportements et les choix des habitants eux-mêmes sont tout aussi déterminants. Les mêmes effets pervers peuvent faire échouer un projet d'écoquartier si les économies d'énergie deviennent des incitations à la consommation : « Puisque je consomme moins d'énergie et donc que je dépense moins d'argent, je peux acheter un sèche-linge, ou une deuxième voiture. » Ces effets rebonds expliquent d'ailleurs le bilan carbone plutôt négatif de ces quartiers.

Vivre autrement, c'est la clé de la réussite de l'architecture et de l'urbanisme durables et si, comme en Suisse, il peut être utile de voir les habitants s'engager par contrat à avoir un comportement plus sobre, c'est aussi la responsabilité des pouvoirs publics de trouver les bonnes incitations, d'optimiser de nouvelles habitudes et de les faciliter par l'aménagement urbain, transports, services collectifs et espaces verts.

> Vivre autrement, c'est la clé de la réussite de l'architecture et de l'urbanisme.

Solutions «intelligentes»

En France un rapport remis au gouvernement en octobre 2014 invite les collectivités locales à sortir d'un cadre «franco-français» pour s'inscrire davantage dans des projets européens. La Commission européenne a justement lancé en décembre de cette même année un appel à projets, pour permettre d'identifier et de développer des solutions «intelligentes», sur la base d'un partenariat entre pouvoirs locaux, universités et industries. Il s'agit de projets de grande envergure qui pourraient concerner par exemple «des quartiers à consommation d'énergie nulle ou basse; des solutions numériques pour la gestion des systèmes de transport et d'énergie, des infrastructures intégrées comme le réseau électrique, l'éclairage de rue et les réseaux numériques», ou encore la mobilité urbaine, avec des véhicules électriques et des circulations douces.

Bien sûr, dans tous ces domaines l'innovation technologique occupe une place déterminante, mais il faut se garder de «tomber dans la surenchère de techniques environnementales en oubliant les habitants et les usagers», prévient le rapport. Le risque est réel; il peut être évité par la concertation et une bonne communication, précautions d'autant plus importantes qu'au plan international, l'innovation technique a tendance à l'emporter sur les critères sociaux dans l'élection des projets phares.

Capter lumière et chaleur

Quant à l'architecture durable proprement dite, son principal objectif est de garantir une efficacité énergétique optimale pendant tout le cycle de vie d'un bâtiment. Une bonne isolation thermique est donc indispensable, mais des techniques de recyclage efficaces et innovantes sont également nécessaires : il faut par exemple éviter le gaspillage de l'énergie par l'évacuation de l'eau, de l'air et des déchets, capter l'énergie calorifique des eaux usées ou de l'air vicié pour la réinjecter dans l'air neuf ou l'eau froide, composter les déchets des logements pour des usages autres que le jardinage. Toutes ces méthodes existent déjà.

À quoi ressemble une maison «durable»? En principe elle n'est pas d'une surface très étendue, elle n'a pas d'ailes adjacentes au bâtiment principal, ni d'étage élevé, elle présente plutôt des volumes ramassés, tout ceci bien sûr dans le but de limiter les déperditions. Les fenêtres sont orientées de façon à capter lumière et chaleur, elles sont à double ou triple vitrage, munies de persiennes et de brise-soleil, plus nombreuses au sud qu'au nord. De plus, la fine observation de la direction des vents permet de construire les maisons à l'abri du vent dominant. Autant d'habitudes que suivaient les Anciens en bâtissant leurs habitats traditionnels, que ce soit dans les régions froides ou dans l'hémisphère sud.

Nouvel urbanisme

L'énergie solaire est une autre composante très importante. Elle est largement utilisée aujourd'hui sur les toits de nombreuses habitations, y compris dans des pays en développement, avec des techniques de plus en plus sophistiquées, comme lorsque, en cours de journée, les toits inclinés s'orientent d'eux-mêmes vers le soleil. Ailleurs, ce sont des systèmes éoliens domestiques aux dimensions parfois imposantes qui tentent de fournir l'énergie nécessaire.

Mais tôt ou tard toutes ces constructions, même si elles sont économes, vont se heurter à l'obstacle de l'épuisement des matières premières : il n'y aura par exemple pas assez de ressource en minerai sur terre pour doter toutes les éoliennes de l'aimant indispensable à leur fonctionnement…

Dans tous les cas, et quels que soient leur taille et l'usage auquel ils sont destinés, les bâtiments environnementaux ne peuvent se concevoir isolément des autres. C'est tout le défi auquel l'architecture durable sera confrontée dans les décennies à venir. Mais elle ne pourra y répondre seule, car il s'agit en réalité d'inventer un nouvel urbanisme, plus compact, pour lutter contre l'étalement urbain, et contre l'empilement des tours! L'enjeu exige de réorganiser la vie sociale au sein des quartiers, en donnant leurs meilleures chances de développement aux économies locales, afin de réduire les déplacements inutiles.

Maisons « bulles »

Mais réorganiser la vie sociale ne doit pas empêcher d'imaginer de nouvelles façons d'habiter hors de la ville. Habiter la nature, en créant des formes d'habitat mieux intégrées aux paysages. « Enterrer » les maisons et les recouvrir d'un voile végétal a pour objectif de les rendre bioclimatiques mais pour certains, l'attrait est autre : il est surtout de réduire le plus possible l'impact visible sur l'environnement. La maison disparaît, elle se fond dans la nature au lieu d'en émerger. C'est par exemple le sens des maisons bulles, inventées par l'architecte hongrois Antti Lovag, qui ont l'air d'arriver tout droit des années 1970. Antti Lovag, qui se disait «habitologue», a réintroduit les courbes en architecture pour mieux épouser les paysages : il n'y a pas de ligne droite dans la nature !

L'homme a toujours habité la nature de manière différente selon les époques et les régions. Nous créons dans la nature une organisation sociale, en fonction de la représentation que nous en avons. Peter Sloterdijk, le grand philosophe allemand, a revu l'histoire de la philosophie à partir des formes et des modes d'habitation. Sa trilogie s'intitule *Sphères*. Les trois tomes portent les titres de *Bulles, Globes et Écumes*. Ces termes résument joliment les trois principales représentations du monde qui se sont succédées dans l'histoire.

« ON A SURPRIS UNE LAMPE LED EN TRAIN DE COPIER L'ÉCLAT DE LA LUCIOLE »

Le biomimétisme

Voici quelques milliards d'années, disons pas loin de 4 milliards, avec l'apparition de la première bactérie, que la vie sur terre expérimente toutes sortes de stratégies, assemble et rejette, invente, commet des erreurs, trouve et adopte ce qui marche et ce qui doit durer. C'est un formidable laboratoire pour l'homme, depuis toujours fasciné par d'aussi nombreuses et incontestables réussites, qu'il envie souvent. L'oiseau vole, il faut tenter de faire mieux, plus vite, plus loin. Léonard de Vinci a longuement observé le vol des libellules, les décollages et les atterrissages des oiseaux avant d'esquisser ses fameux projets de machines volantes.

C'est cela le biomimétisme. *Bios mimêsis* : imitation du vivant. Le mot sera forgé bien plus tard, à la fin du XXe siècle, mais la démarche reste la même : il s'agit de prendre à la nature ses meilleures «idées». On observe l'extraordinaire inventivité des plantes et des animaux. On tâche de bien comprendre leurs propriétés essentielles, leurs formes et leurs modes d'organisation, puis de trouver le moyen de les copier et de nous en servir pour résoudre des problèmes quotidiens, ou d'autres, infiniment plus complexes. Le biomimétisme est affaire de curiosité et d'humilité. Cela tombe bien, ce sont les premières qualités d'un bon chercheur.

Par exemple, la piqûre du moustique, tant redoutée. Deux sociétés japonaises ont mis au point des aiguilles médicales, non plus cylindriques mais en forme de cône, exactement comme la trompe du moustique. Ce sont donc des aiguilles parfaitement indolores. Mises sur le marché en 2005, elles se vendent à des millions d'exemplaires.

Les lucioles, quant à elles, brillent dans la nuit, c'est beau l'été. Leur minuscule abdomen est couvert d'écailles en dents de scie, ce qui permet à cette région du corps de laisser passer encore plus de lumière. Voilà le secret de leur éclat! C'est une bonne piste pour améliorer l'efficacité des lampes LED. Une équipe de chercheurs de différentes nationalités travaille sur cette idée : en plaçant au-dessus d'une lampe une surface imitant parfaitement l'abdomen de l'«insecte lanterne», ils pensent augmenter la quantité de lumière de plus de 50 %.

Aux feuilles de lotus et de nymphéa on a déjà emprunté les propriétés hydrophobes, pour des parois de douche ou des revêtements de verre destinés à l'industrie aéronautique ; l'eau, à leur contact, perle aussitôt et glisse sans mouiller. La moule, de son côté, inspire les fabricants de colle en raison de sa capacité à synthétiser des filaments adhésifs dans l'eau de mer. L'araignée épate par la résistance de ses fils de soie et le corail par sa solidité. Il y a tant à observer et nous n'en sommes qu'au début…

Le biomimétisme, imitateur de la nature, vecteur de transition vers des techniques propres et sobres? Les chercheurs, les industriels, les prospectivistes… et les politiques sont de plus en plus nombreux à le penser. Mais tout le monde ne partage pas cet enthousiasme.

« **V**éritable chance pour le futur » aux yeux de ses partisans, le biomimétisme consiste à faire de la recherche autrement. Les chercheurs tentent de se rapprocher le plus possible de la nature pour mettre au point des techniques de fabrication d'objets très innovantes, économes en énergie et en matières premières, peu polluantes. Le secteur est en forte croissance. De nombreuses entreprises ont déjà choisi ces stratégies répondant aux critères d'une nouvelle ère industrielle et financent des laboratoires de développement de projets dans les domaines les plus variés.

« Génie de la nature »

La notion de biomimétisme a été définie et conceptualisée par la naturaliste américaine Janine M. Benyus, dès 1997. Dans son premier livre sur le sujet, *Le Biomimétisme : Quand la nature inspire des innovations durables*, paru en France en 2011 elle invitait à considérer la nature comme « modèle, mesure et mentor », pour son comportement exemplaire, entendez écologiquement exemplaire ; la nature, observait-elle, fait appel à l'énergie solaire, elle ne gaspille pas, elle ne jette rien, mieux, elle recycle. Surtout, depuis des millénaires, elle sait s'adapter aux contraintes en innovant sans cesse. Janine Benyus en est convaincue : quel que soit le défi à relever par un ingénieur, une collectivité ou une entreprise, « il y a de fortes chances que l'une ou plusieurs des 30 millions d'espèces vivant dans le monde aient dû faire face au même problème » et, surtout, qu'elles soient parvenues à le résoudre. Pourquoi les hommes ne s'inspireraient-ils pas du « génie de la nature » ? Architectes, urbanistes, ingénieurs, chercheurs sont invités à observer avec attention ces modèles et à les « copier » pour concevoir des biens, des produits et aussi des services respectueux de la vie sur terre, c'est-à-dire capables de protéger et, mieux encore, de favoriser « toutes les formes de vie ». La technique « adaptative » qu'elle préconise est celle-là même de l'évolution du vivant, pratiquée depuis 4 milliards d'années.

Le chant du crapaud améliore la wifi

« Humilité et curiosité »

Dans la foulée, en 2005, pour répondre à l'intérêt suscité par ses travaux, Janine Benyus crée aux États-Unis le Biomimicry Institute (Institut de biomimétique), qui permet de diffuser ces idées et trouve rapidement son pendant en Europe avec le Biomimicry Europa. Le mouvement est lancé, d'autres pôles de recherche et associations naissent autour de ce concept, souvent soutenus par les gouvernements, aux États-Unis, au Japon, en Europe. Ainsi, le réseau Biokon International, dès 2001, regroupe une trentaine de laboratoires, d'instituts ou de centres de recherche et d'universités en France, en Allemagne et ailleurs.

L'objectif est de fédérer les efforts en la matière et de démontrer le potentiel au monde industriel. Le Ceebios, Centre européen d'excellence en biomimétisme, installé dans la ville de Senlis, en France, est résolument tourné vers cette discipline, dont il se veut un lieu référent et reconnu. Pour le Centre, « au-delà d'être une science ou une discipline, le biomimétisme, c'est surtout de l'humilité et de la curiosité ». Les titres donnés aux nombreux travaux en cours ou réalisés au cœur du parc écologique de Senlis ne manquent pas de poésie et incitent à la découverte : « Le chant du crapaud améliore la wifi » ; « Des nids antiparasites » ; « Vive la cuticule de la libellule ! », ou encore « L'escargot colle écolo ! »

Cœur de baleine

Si le biomimétisme prend cette ampleur et suscite autant d'intérêt auprès des groupes industriels comme des pouvoirs publics, c'est bien parce que l'innovation est devenue vitale pour l'économie du XXIᵉ siècle. Inventer avec efficacité, découvrir sans cesse de nouvelles possibilités, un univers quasi infini dans un monde fini, le biomimétisme peut le permettre.

Mais son développement et plus encore son potentiel sont aussi rendus possibles par l'essor des nouvelles techniques, à commencer par les nanotechnologies, annonciatrices d'une véritable révolution scientifique et bénéficiaires de budgets d'investissement et de recherche considérables. Les laboratoires qui travaillent sur ces techniques obtiennent des résultats parfois spectaculaires en imitant les mécanismes de la nature.

Démonstration avec la feuille de lotus : elle n'est jamais sale ni mouillée, ni l'eau ni la poussière ne peuvent y adhérer. À l'observation, il est apparu que des nanocils, de tous petits poils, tapissent sa surface et empêchent toute adhésion. Restait à reproduire le phénomène grâce à la manipulation de la matière au niveau de l'atome, pour fabriquer des parois de verre, sur ce même modèle.

Le directeur d'un programme de recherche en Colombie a fait une autre découverte, dans un tout autre domaine, en travaillant sur les baleines à bosse. Il voulait comprendre comment le cœur de ce mammifère, qui peut peser jusqu'à une tonne et bat à un rythme très lent, 3 à 4 pulsations par minute, parvient à envoyer un volume considérable de sang oxygéné, «l'équivalent de six baignoires», dans son vaste système circulatoire. À l'examen, il a pu observer tout un réseau de nanofibrilles, grâce auxquelles des signaux électriques étaient capables de stimuler les battements du cœur, à travers l'épaisse masse graisseuse qui le protège du froid. Ces travaux pourraient permettre de faire fonctionner un cœur humain sans l'énergie fournie par un pacemaker et sa pile, simplement en stimulant le rythme des battements du cœur, à l'aide d'un nanocâblage inspiré du réseau de nanofibrilles de la baleine.

Pales d'éoliennes

Les baleines à bosse sont décidément une belle source d'inspiration biomimétique puisque voici un autre exemple. Les scientifiques supposaient depuis longtemps que leur incroyable agilité devait beaucoup aux «excroissances» qui se trouvent sur leurs nageoires principales. Ils ont réussi à le démontrer à travers un modèle mathématique, confirmant les caractéristiques hydrodynamiques de ces excroissances. Une fois validé, ce modèle a été appliqué à des pales d'éoliennes, pour augmenter leurs performances ; les «excroissances» ont permis de réduire sensiblement le bruit, d'accroître la stabilité et de capter davantage d'énergie apportée par le vent.

L'efficacité est bien présente dans la nature. Grâce à la stratégie de l'évolution, aux mutations et aux adaptations, elle ne cesse d'innover. Depuis des milliards d'années, le temps lui a permis de mettre en place les meilleures stratégies et de conserver les systèmes les plus efficaces, par le biais de la sélection naturelle. La nature a fait le tri, inventé d'innombrables procédés et oublié, en les rejetant, les essais malheureux. Nous n'avons aucune raison de nous priver de l'imiter ; le biomimétisme n'est pas une technique, il ne présente aucun danger. C'est une méthode, qui consiste à aller chercher les astuces là où elles sont. Il arrive d'ailleurs, et même souvent, que l'on copie la nature sans le savoir. C'est après que l'on réalise qu'elle avait déjà expérimenté et mis au point… notre découverte !

« Recyclage complet »

Mais le biomimétisme n'est pas pour autant un gage de soutenabilité. Une « invention de la nature », isolée de son contexte, peut perdre son intérêt écosystémique, et même être contre-productive si elle n'est pas inscrite dans un processus « circulaire » et que la matière utilisée n'est pas intégralement recyclée. Chaque invention dans ce domaine devrait faire l'objet d'une analyse du cycle de vie très affinée. C'est encore un point sur lequel insiste beaucoup Janine Benyus : la nature nous apprend aussi à recycler, elle ne rejette rien, ne gaspille pas et ne fait pas de déchets. Il est donc important, lors de la conception d'un produit, de se demander en même temps quelles ressources il va utiliser, quelle quantité d'énergie, comment les économiser et le cas échéant, les recycler.

Là encore, la nature peut fournir des inspirations. Des scientifiques travaillent par exemple à des panneaux solaires, moins gourmands en énergie et en matière première (le silicium) qui s'inspireraient de la photosynthèse, en utilisant des cellules solaires à pigments photosensibles. Cette solution très prometteuse permettrait de résoudre le problème actuel du recyclage pour les panneaux en fin de vie. Pourtant, il faut bien le reconnaître, en dépit des efforts accomplis, nous sommes encore loin sur ce point d'imiter complètement la nature dans son processus de « recyclage complet ». Des chercheurs de l'université de Bath, au Royaume-Uni, ont cherché à comparer la manière dont les techniques humaines et la nature résolvent un même problème : il n'y aurait que 12 % de similarités entre la démarche de l'homme et celle de la nature pour trouver la solution. C'est dire que le biomimétisme a encore devant lui une réserve presque inépuisable de progrès et d'innovations. C'est ce qui fait une bonne part de sa séduction.

« L'ALUMINIUM À LA PLACE DE L'OR, ÇA PEUT RAPPORTER GROS ! »

L'économie de fonctionnalité

Un jour de 1991, une entreprise de fabrication et de vente de photocopieurs décida de tout changer dans son modèle. Son problème : des difficultés à faire accepter le coût du progrès technique à ses clients et à vendre son nouveau matériel au juste prix.

En outre, il lui fallait jeter des appareils en bon état et se débarrasser d'équipements électroniques coûteux : elle mit donc au travail ses équipes de conception et de design, ses ingénieurs, ses experts en sécurité, ses agents commerciaux. Ils devaient chercher tous ensemble les moyens de prolonger la vie des machines et de tous les produits maison. L'objectif fut brillamment atteint : en quelques mois ils mirent au point des systèmes de fixation qui permettraient un démontage rapide et aisé; 90 % des composants furent rendus interchangeables d'une machine à l'autre; l'aluminium ou le plomb, beaucoup moins chers, vinrent remplacer l'or; enfin, on choisit des encres adaptées pour que les pièces puissent être nettoyées à l'eau et au savon. Ce changement de modèle généra un profit de plusieurs centaines de millions chaque année.

Restait à organiser le cycle de vie des appareils, ce qui donna lieu à une autre innovation : au lieu de chercher à les vendre, proposer plutôt d'en vendre l'usage, en facturant les copies à l'unité. L'entreprise Xerox, puisque c'est d'elle qu'il s'agit, venait d'inventer en France l'économie de fonctionnalité.

Vingt-cinq ans plus tard, cette économie-là, sobre et durable, séduit enfin les entreprises. La crise est passée par là; il faut diminuer à la fois l'utilisation des matières premières et les émissions de polluants. Remplacer la vente du bien lui-même par la vente de l'usage du bien, l'idée est séduisante. Plusieurs s'y essaient avec succès. Michelin, par exemple, ne vend plus ses pneus réputés inusables mais les kilomètres parcourus par les camions sous contrat avec l'entreprise. Ses équipes de maintenance récupèrent les pneus usés pour les rechaper, puis les rendent au transporteur et ainsi de suite.

À condition de s'engager sur un contrat long avec les clients… et de s'assurer d'une bonne utilisation du produit, tout le monde doit s'y retrouver. Un autre exemple est cette entreprise de produits phytosanitaires polluants qui a complètement bouleversé ses méthodes : elle propose maintenant à ses clients agriculteurs une protection facturée à l'hectare, à base de modes doux, en introduisant des insectes prédateurs pour combattre les parasites. C'est un service écologique, monétisé et durable. Les agriculteurs sont contents, l'entreprise aussi. Cet autre fabricant, spécialisé dans la production de solvants chlorés, réputés dangereux – et peu populaires ! –, pressentant une réglementation croissante et peut-être un jour l'interdiction de ces produits, a mis au point une méthode de dégraissage biologique des pièces mécaniques, tout aussi efficace. Des kilos de solvants en moins et des revenus en hausse !

Le modèle est original; encore très intuitif, il bouscule les stratégies traditionnelles de gestion et de commercialisation. C'est dire qu'il faut s'y engager avec prudence et trouver à compenser les coûts supplémentaires, surtout les besoins en main-d'œuvre. Mais il « fonctionne ».

Quand on parle d'économie de fonctionnalité, il faut d'abord préciser que celle-ci ne peut concerner que les biens manufacturés, pas les services ni les produits consommables ou alimentaires, qu'on ne saurait louer ! Il ne peut donc s'agir que d'une partie seulement de l'économie, certes non négligeable mais minoritaire.

Ensuite, s'il est vrai que l'économie de fonctionnalité a déjà fait ses preuves avec des produits aussi différents que le vélo, le livre, la photocopieuse ou le pneu, les réticences à ne pas être « propriétaire » du bien que l'on utilise sont encore fortes pour un très grand nombre de produits : vêtements, voiture ou appareils électroniques, par exemple. C'est une question culturelle et sociale autant qu'économique et il faudra du temps pour que les mentalités évoluent. Ces remarques étant faites, à l'évidence le processus est bien en marche et il mérite que l'on s'y intéresse.

Renoncer à la possession du bien désiré ne va pas de soi

L'entreprise qui décide le passage à l'économie de fonctionnalité accepte le principe d'une stratégie complètement innovante, en rupture avec son ancien modèle – le plus souvent d'ailleurs elle fait coexister les deux pendant un temps. Elle a constaté les limites de son modèle à plus ou moins long terme : dans le cas célèbre de Xerox, le coût trop important de la gestion de ses produits en fin de vie, ou dans le cas d'un fabricant de produits phytosanitaires solvants dangereux, la menace d'une interdiction pure et simple de leur commercialisation. Elle va donc « substituer à la vente d'un bien la vente d'un service ou d'une solution intégrée remplissant les mêmes fonctions que le bien. »

De plus, par ce transfert, elle entrera dans un cercle vertueux puisqu'elle adoptera un comportement moins polluant et moins gourmand en ressources, matière et énergie. Cette approche environnementale distingue clairement l'économie de fonctionnalité d'autres formes de consommation courantes ; le passage de la vente à la location ne signifie pas toujours, tant s'en faut, la prise en compte du développement durable.

Obsolescence programmée

Dès l'instant où c'est l'usage du bien qui est vendu et non plus le bien lui-même, le producteur a tout intérêt à faire «vivre» son produit le plus long-temps possible. Il va donc le concevoir avec suffisamment de soin pour qu'il puisse durer sans se dégrader et, le cas échéant, être réparé, démonté, reconstruit sans gaspillage de ses composants et sans trop de frais. C'est le principe de l'écoconception, tout le contraire de ce que l'on observe aujourd'hui avec l'obsolescence programmée : une pratique semble-t-il largement répandue, qui consiste à calculer la durée de vie du produit dans un délai assez long pour être compétitif… mais assez bref pour être bientôt avantageusement remplacé par un autre ! Certains gouvernements commencent d'ailleurs à s'intéresser de près à ces comportements peu scrupuleux et cherchent les moyens de les prévenir.

Il y a certes des avantages, mais les obstacles à une plus large expansion du modèle ne manquent pas : en premier lieu, le coût élevé de l'investissement initial sur les produits mais aussi les changements profonds qu'il implique dans l'organisation interne, dans les modes de gestion, le marketing ou les ressources humaines. Pour réussir une rupture aussi radicale, les entreprises vont chercher les moyens de compenser leurs coûts d'investissements et de fonctionnement. Même si elles considèrent leurs produits comme une forme de capital, puisqu'ils restent leur propriété, le pari n'est pas toujours gagné.

Les pouvoirs publics pourraient les y aider à l'avenir et même les y inciter, s'ils prennent en compte non seulement l'intérêt environnemental, qui est évident, mais aussi l'intérêt économique et social, en particulier la relocalisation des emplois, indispensables pour assurer dans l'entreprise la maintenance et les services directs au client.

Mobilité innovante

Mais l'économie de fonctionnalité peut prendre encore d'autres formes. Par exemple l'entreprise peut s'associer à un ou des partenaires pour développer des projets de location de son bien. Ou mieux encore, elle peut s'associer à une collectivité locale, pour inventer des formules innovantes dans différents domaines de la vie collective. Une bonne illustration est apportée par le système Autolib', à Paris, qui propose aux habitants et aux touristes une solution inédite pour leurs déplacements. Il associe des industriels, des concepteurs, en l'occurrence issus de l'écologie industrielle, et des décideurs politiques. La démarche, pour réussir, doit cependant être intégrée dans un plan beaucoup plus large de circulation sur le territoire.

En l'absence de vente du produit ou du service quel qu'il soit, la question du contrat devient d'autant plus importante qu'elle doit s'inscrire dans le temps long ; il est capital pour l'entreprise de s'assurer de la fidélité de son client. « Double garantie, de qualité pour le consommateur et de pérennité pour l'entreprise. » Plus le terme du contrat sera éloigné dans le temps, plus l'offreur sera assuré d'amortir son investissement, et plus l'investissement sera durable, plus son modèle d'affaires sera rentable.

Pour conserver au bien toute sa valeur dans la durée, il faut bien sûr le protéger d'éventuelles dégradations, car l'utilisateur peut être tenté de ne pas respecter l'objet qu'il ne possède pas. Le risque est réel mais il peut être efficacement combattu par des campagnes de sensibilisation et d'information, comme ce fut le cas à Paris avec Vélib', système de vélos en libre-service mis à disposition en 2007 par la mairie de Paris, en partenariat avec une grande entreprise de mobilier urbain : dans un premier temps, les vélos fournis avaient été maltraités, mais assez rapidement ce vandalisme a chuté de près de 50 % par rapport aux premiers mois.

Marqueur social

Cependant, il ne faut pas négliger ce point, il fait partie des obstacles possibles à la réussite et à une installation durable de l'économie de fonctionnalité dans le paysage général. Comme on l'a dit, les ruptures induites par cette innovation ne sont pas seulement techniques ou organisationnelles, elles sont aussi sociales et culturelles ; renoncer à la possession du bien désiré ne va pas de soi. Certes, cela peut permettre de réduire des dépenses, mais cela peut aussi déstabiliser le consommateur dans une société où il est habitué à montrer et faire valoir les produits qu'il convoite, à en changer souvent pour d'autres acquisitions plus coûteuses : « Les biens possédés sont autant de signes extérieurs de richesse, de réussite et de reconnaissance. Ils sont un véritable marqueur social. » On peut craindre de renoncer au statut qu'ils confèrent. De manière plus générale, c'est la société de consommation toute entière, héritière de l'euphorie économique des Trente Glorieuses, habituée à la surabondance de l'offre, qui devra faire l'apprentissage d'autres modes de consommation, avec des produits conçus pour durer et être partagés avec d'autres…

Week-end à New York

Bien que nécessaire, l'économie de fonctionnalité ne suffit pas à apporter une réponse aux défis environnementaux. Il est clair que si elle ne réussit pas à terme la « conversion » vers plus de sobriété et que la consommation maintient son rythme de croissance, une grande part des efforts consentis sera diluée. Par exemple, il est souhaitable que les voitures ou les photocopieurs soient partagés de manière durable mais si, en même temps, l'utilisateur augmente le nombre de kilomètres parcourus ou qu'il imprime beaucoup plus de pages qu'avant, le bilan de la pression sur l'environnement restera très lourd !

C'est tout le problème de l'effet rebond : lorsqu'il n'y a plus de voiture à acheter, donc plus de dépenses d'entretien ni d'assurance à contracter, cela permet de faire des économies. Mais quand l'argent épargné est dépensé pour partir en week-end à New York, l'environnement n'en sort pas gagnant. Rien n'est simple !

« TORTURE, PLAISIR OU REPOS CONTRE L'ENNUI, IL FAUT CHOISIR »

Les métamorphoses du travail

Laissons de côté pour une fois l'origine du mot travail, le fameux *tripalium* latin, trois pieux enfoncés dans le sol pour emprisonner et contraindre, instrument de torture donc ; le rapprochement avec le travail est tentant et bien des définitions s'en emparent, laissant de côté son premier usage : ce *tripalium* servait plus simplement à immobiliser les chevaux rétifs, le temps du ferrage ou des soins. L'ancien français a lui aussi associé le mot « travail » au tourment et à la souffrance.

C'est que dès l'Antiquité, chez les Grecs comme chez les Romains, le dur labeur est le lot presque exclusif des esclaves ; à eux les travaux agricoles et domestiques, les tâches serviles utiles à la communauté. Les hommes libres avaient mieux à faire et ne s'abaissaient pas à des activités qui pouvaient servir à autre chose qu'à leur propre satisfaction. Leurs occupations de citoyens ne devaient céder en rien à la contrainte. Mieux encore, celles du philosophe occupé à disserter sur le monde ou de l'astronome voué à la contemplation des astres faisaient d'eux les figures emblématiques de l'homme libre.

Platon, cependant, dans le dialogue célèbre de *La République* qui oppose Socrate à Adimante, paraît nuancer ces certitudes en défendant la division du travail, qui est selon lui l'élément indispensable à la bonne marche de la cité car, dit Socrate, « on produit toutes choses en plus grand nombre, mieux et plus facilement, lorsque chacun selon ses aptitudes et dans le temps convenable, se livre à un seul travail, étant dispensé de tous les autres ». L'artisan, l'agriculteur, le tisserand sont ainsi salués, mais c'est pour mieux exalter l'activité noble du philosophe et celle du gouvernant, l'un et l'autre libérés de toutes tâches contraignantes pour mieux se consacrer à la réflexion.

Tout change quand s'impose, avec les religions judéo-chrétiennes, une autre logique. Dieu, créateur de toutes choses, a fait l'homme à son image ; c'est à celui-ci qu'incombe la charge de poursuivre l'œuvre de Dieu, par l'engendrement – « Ta femme enfantera dans la douleur » – comme par le travail – « Tu gagneras ton pain à la sueur de ton front ». Plus aucune distinction n'est faite entre le labeur utile et l'activité libre. Tout travail, même le plus servile, rapproche l'homme de Dieu.

Avec la fin du Moyen Âge, le monde féodal s'effondre pour laisser place au système marchand et le travail y a toute sa place. Plus tard, la pensée des Lumières le célèbre aussi, il est un sûr rempart contre « l'ennui, le vice et le besoin, trois grands maux qui nous menacent », assure le Candide de Voltaire. Et Diderot lui fait écho : « Le travail nous repose de l'ennui. »

Au XIXe siècle, en critiquant le travail aliéné, au cœur de la société industrielle, le marxisme ne remet pas en cause cette valeur du travail mais plutôt le système qui opprime le travailleur et le prive de la richesse qu'il produit en s'en appropriant la meilleure part. Le problème n'est pas le travail, c'est le capitalisme. Il convient pour en finir avec l'oppression de transformer le mode de distribution entre les travailleurs et les capitalistes. On connaît les réponses qu'ont apportées le XXe siècle et le XXIe siècle naissant à ces propositions.

C'est un fait, nous appartenons bien à des sociétés fondées sur le travail. Il occupe une large part de notre vie, il nous fait accéder à des revenus, parfois à la richesse, il fonde nos rapports sociaux, il détermine aussi notre relation à la nature, qu'il nous incite à transformer. En sera-t-il toujours ainsi ?

En 1980, dans un livre fameux qui suscita bien des débats chez les intellectuels français, le philosophe André Gorz faisait ses *Adieux au prolétariat*. Constatant que le prolétariat n'était plus la grande force capable de renverser la société capitaliste, il incitait à rompre avec la conception marxiste selon laquelle la classe ouvrière devait se réapproprier le travail pour s'en libérer.

Conséquence du développement de la sphère économique et de sa logique, de la place centrale occupée par le marché, le salariat est devenu l'objet même du travail, jusqu'à le remplacer. L'individu se structure autour du salariat et, paradoxalement, le salariat est un lien social source de liberté, au point que sa destruction était devenue la crainte de Robert Castel, le célèbre auteur des *Métamorphoses de la question sociale*.

« Intelligence collective »

Détournant la théorie de l'aliénation capitaliste et du travail comme moyen de la libération, André Gorz proposait donc de libérer l'homme du travail lui-même. Par la suite, il s'est employé à porter encore plus avant cette vision radicale, convaincu que le capitalisme, grâce au progrès technique, devait être combattu et dépassé, au profit d'un système économique où les forces productives ne seraient plus le travail salarié mais l'« intelligence collective » des hommes, leur aptitude à innover, à développer des liens sociaux, des compétences cognitives. Le système économique dans ces conditions serait au service de l'intelligence et non de la course à la production, il serait un moyen et non une fin.

Cette pensée originale annonçait une réflexion qui depuis a pris de l'ampleur dans les pays industrialisés : la fin des sociétés basées sur le travail. Pour André Gorz, l'omniprésence du travail dans nos sociétés n'est pas acceptable car cette situation est fondée sur un mythe : le travail serait le moyen d'accéder à toujours plus d'abondance, il libérerait l'homme de la rareté, rendant toutes les autres activités superflues. L'objectif d'André Gorz est de combattre ce mythe et de redonner du sens à l'existence. Pour cela il faut s'affranchir du travail salarié, du travail aliéné.

> **Le temps de travail était de 11 h par jour en 1900, sans repos hebdomadaire**

En voie de disparition

Au détour d'une phrase de son *Discours philosophique de la modernité*, paru en 1988, le théoricien en sciences sociales Jürgen Habermas, représentant de l'école de Francfort, a annoncé lui aussi « la fin de la société fondée sur le travail », propos qu'il reprendra dix ans plus tard dans ses *Écrits politiques* : « C'est une certaine utopie qui est arrivée à sa fin, celle qui dans le passé s'était cristallisée autour du potentiel qui résidait dans la société du travail. » Le travail ne devient le lien social par excellence que lorsque la raison économique a triomphé de toutes parts. Habermas rappelle que c'est en tant que consommateur que le citoyen se voit dédommagé de la pénibilité attachée à son statut de salarié et qu'il reçoit en échange un « pouvoir d'achat ».

C'est également l'idée défendue par la philosophe Dominique Méda dont l'ouvrage *Le travail : une valeur en voie de disparition*, publié en 1995, a provoqué un vif débat. Ses travaux ont contribué à faire prendre conscience que le travail, s'il est incontestablement facteur de production et créateur de richesse et s'il permet d'obtenir des revenus, ne peut être le socle unique sur lequel repose la société. C'est le temps libre et non le travail qui peut être porteur de libération. Plutôt que de perpétuer la subordination de la société à l'intérêt économique (ce qui au passage revient à considérer les exclus et les chômeurs comme des personnes inutiles), il est impératif d'inventer le moyen de contenir celui-ci. Il faut, en d'autres termes, « désenchanter le travail ». Ce qui ne signifie pas l'éliminer mais réduire la place qu'il s'est octroyé, afin de redonner du sens à la vie sociale. Une condition toutefois : que cette réduction de la place du travail dans la société concerne tous ses membres et qu'ils puissent s'entendre sur un nouveau partage.

21 heures par semaine

Toutes ces analyses conduisent bien évidemment à une réflexion sur la durée du temps de travail. Rappelons que depuis la fin du XIXe siècle, en France, elle n'a cessé de se réduire. Bien avant les accords de Matignon de 1936 et la semaine de 40 heures, le temps de travail était encore de 11 heures par jour en 1900, sans repos hebdomadaire, lequel n'a été imposé par la loi qu'en 1906, au terme de longs débats ! À la fin du XXe siècle, le sujet redevient polémique avec les lois Aubry de 1998 et 2000 sur les 35 heures, dont on continue à discuter les effets.

Peut-être aurait-il fallu, pour obtenir le choc recherché dans la lutte contre le chômage, oser les 32 heures…

En Grande-Bretagne, le think tank New Economic Foundation a récemment publié un rapport proposant la réduction du temps de travail hebdomadaire à 21 heures. Gorz, comme Keynes avant lui, avait prédit que nous parviendrions un jour à la semaine de quinze heures. Certain que cela devrait suffire, grâce aux gains de productivité, à satisfaire nos besoins, à condition de nous débarrasser du superflu.

Travailleur ou privilégié

Mais la question du temps de travail et de la place du loisir est plus complexe qu'il y paraît. Le prospectiviste Bertrand de Jouvenel a bien montré que dans l'économie moderne, à l'inverse de ce qui se passait auparavant, la promotion sociale s'obtient par la prolongation de la durée du travail. Dans le passé, les classes sociales privilégiées, quand elles disposaient de revenus suffisants, ne considéraient nullement le travail comme nécessaire. Leur temps était voué à des occupations plus « nobles » : les arts, la politique, la vie militaire. Par la suite, la révolution capitaliste, en bouleversant les façons de penser, a ouvert la possibilité de s'affranchir du travail… par le travail et la méritocratie.

Dans nos économies avancées, la distinction « travailleur ou privilégié » ne correspond plus à une donnée catégorique mais à un moment de la journée. Bertrand de Jouvenel perçoit une tendance « où la faiblesse du nombre des heures de travail caractérisera les emplois inférieurs et la grande durée du travail les rôles sociaux éminents ». La question du temps de travail et de la valeur qui lui est accordée vient ici rejoindre des critères bien différents. « Le temps cesse d'être la mesure du travail », écrivait de son côté André Gorz. C'est pourquoi il pencha à la fin de sa vie pour l'instauration d'un revenu d'existence, d'une allocation universelle, seul moyen de libérer l'homme et de sortir la société dans son ensemble de l'emprise de la raison économique.

La Fin du travail, du moins sous la forme du travail salarié et marchand, est aussi au cœur des réflexions du prospectiviste américain Jeremy Rifkin dans un livre paru en 1996, qui remporta un vif succès aux États-Unis puis en Europe. Le sous-titre était tout aussi affirmatif : *Le déclin de la force globale de travail dans le monde et l'aube de l'ère postmarché.* Dans ce livre, Rifkin constatait la disparition au cours des dernières décennies de nombreux emplois, dans l'industrie surtout, supprimés de fait par l'essor des techniques, qui les a rendus obsolètes et inutiles. Et il pronostiquait la transition de l'ère industrielle, encore dominante dans la première moitié du XXe siècle, vers l'ère, nouvelle, de l'information partagée. Elle s'imposera d'elle-même à la faveur d'une véritable révolution scientifique et technique : le travail deviendra beaucoup plus rare et devra être partagé ou compensé par le développement d'un secteur non-marchand, selon un nouveau contrat social, plus communautaire, plus collaboratif.

Employeurs préférés

À côté de ces analyses et pronostics sur la conjoncture économique, présente et à venir, il faut aussi inscrire les études conduites sur les aspirations et comportements nouveaux des citoyens face au travail, bien différents de ceux des générations précédentes. En France, par exemple, l'enquête annuelle « Universum » sur les employeurs « préférés » des étudiants en master est intéressante. L'édition 2014 montre l'évolution des critères et des priorités dans les choix des étudiants : en tête, ils placent « les caractéristiques du poste » mais, pour la première fois, la « culture d'entreprise » arrive devant « la rémunération et les possibilités d'évolution ».

Selon « Universum », ce critère fait clairement écho à la recherche de l'équilibre entre vie professionnelle et vie personnelle, à l'importance accordée au bien-être et au besoin de donner du sens au travail, tous critères devenus primordiaux aux yeux des jeunes générations. On peut ajouter que les femmes, plus nombreuses sur le marché du travail, ont certainement contribué à ces changements de perspective ; en s'installant durablement dans le monde professionnel, elles ont posé, pas toujours avec le succès espéré, les questions de la conciliation du travail avec la vie privée et du partage des temps de vie.

« IL Y A DANGER À PRÉFÉRER LE PRÉSENT »

La démocratie écologique

Marie Jean Antoine Nicolas de Caritat, marquis de Condorcet, a soutenu la Révolution française. Il y voyait les promesses de la transformation de la société. Mais dès son élection, en 1791, à la toute jeune Assemblée législative, ce grand philosophe des Lumières, qui s'est déjà prononcé pour le droit de vote des femmes et qui prépare un projet de réforme du système éducatif, attire l'attention de ses pairs sur les dangers de ce qu'il appelle la «démocratie immédiate». Il redoute en particulier une «gestion des finances publiques dominées par les errements de l'action au jour le jour».

Il fait preuve d'une remarquable lucidité, car voilà bien le problème des régimes démocratiques depuis lors : leur difficulté à intégrer le long terme dans leurs actions et leur réflexion. La pression du présent est trop forte et la fréquence des élections subordonne les engagements des politiques aux contraintes de leurs mandats.

Dans la France du XXIᵉ siècle, à l'heure des dégradations de l'environnement et du climat, nous dit l'historien Pierre Rosanvallon, cette réalité devient encore plus préoccupante, puisqu'elle nous empêche de penser à nos obligations vis-à-vis des générations futures. En réalité, c'est la société tout entière qui a du mal à se projeter dans l'avenir, société «déchirée», selon son expression, et emplie de défiance envers ses gouvernants. Or, seule la confiance peut permettre de miser sur le futur, de penser l'avenir avec les autres.

Dans ces conditions, comment faire pour inciter les démocraties à dépasser la «préférence pour le présent» ? Comment les renforcer et leur donner de meilleurs appuis pour préparer l'avenir ? Une première réponse consiste à instaurer une plus large participation des citoyens à la vie collective, une démocratie participative. Mais d'autres vont plus loin : puisque les systèmes actuels ne suffisent pas à anticiper les phénomènes scientifiques qui se profilent à l'horizon, il faut faire évoluer les institutions elles-mêmes, trouver une autre représentativité politique, élargir le thème de la discussion et impliquer davantage toutes les composantes des sociétés dans la prise de décision. Après tout, ce sont bien elles qui sont concernées.

Un soupçon pèse sur la compatibilité entre démocratie et écologie. La pensée écologique aurait une face sombre, un dessein caché, une origine totalitaire. Longtemps, en France, le débat a été considéré comme clos et l'écologie déclarée définitivement coupable. Un livre de Luc Ferry associant, au début des années 1990, toute pensée de la nature à une pensée totalitaire n'a sans doute pas pesé pour rien dans cette relative mise au ban du débat public et universitaire.

À l'étranger, les discussions sur l'articulation entre la démocratie et les nouveaux enjeux environnementaux se sont poursuivies, en particulier outre-Atlantique et outre-Rhin, avec la publication, dès 1979, de l'ouvrage de Hans Jonas, *Le Principe responsabilité*, devenu depuis un best-seller mondial de la philosophie. En Allemagne, les sociaux-démocrates s'en sont même inspirés et ont organisé des débats au Bundestag autour des thèses du livre. Philosophe allemand, naturalisé américain, Hans Jonas est souvent présenté comme le penseur à l'origine de la recherche de prudence face aux enjeux environnementaux, celui qui a inspiré le principe de précaution. Cela montre au passage, contrairement à l'idée courante, que prudence et précaution ne sont en rien des frilosités particulièrement françaises.

Faire entrer la science, la nature et les enjeux de long terme en démocratie.

À l'origine de « l'écofascisme »

Pour Jonas, il y a péril en la demeure. Des mesures impopulaires vont être nécessaires pour assurer la survie de l'humanité. C'est bien le problème que rencontrent les régimes démocratiques : sont-ils capables de se prémunir de leurs propres excès ? Tous les moyens sont-ils bons pour parvenir à la fin, l'évitement de la catastrophe ? Pour Jonas, la démocratie est purement et simplement « inapte, au moins temporairement », à maîtriser les forces naturelles et économiques que nous avons libérées. Notre système de délibération ne se soucie que de l'ici et du maintenant. L'avenir est exclu. Seule une tyrannie bienveillante, une forme autoritaire de gouvernement des experts, devrait permettre selon lui de maîtriser notre démesure et de préserver les conditions écologiques dont dépend l'humanité.

Par la suite, Hans Jonas s'est défendu d'avoir fait là une recommandation. Il s'agirait plutôt d'un avertissement. A-t-il brandi le spectre menaçant de la tyrannie ou a-t-il formulé un appel au changement de régime ? Quoi qu'il en soit, la démocratie pourrait bien être la première victime de la crise environnementale. Lorsque nous serons au pied du mur, l'urgence n'aura que faire de nos débats et processus démocratiques. Pour s'être heurtées aux limites physiques, les sociétés se trouveront livrées à la violence des hommes.

Cette crainte est précisément à l'origine du terme « écofascisme », du moins au sens que lui donne le philosophe André Gorz : la démocratie qui cèdera face à la catastrophe écologiste si nous ne l'anticipons pas.

Pour de nombreux auteurs, dont Dominique Bourg et Kerry Whiteside, ce n'est pas la démocratie en tant que telle mais les institutions de la démocratie représentative qui sont inadaptées à la gestion des problèmes environnementaux et, plus généralement, à la prise en compte de tous les enjeux à long terme. « Le défi écologique est indissociablement un défi politique : nous ne le relèverons qu'en modifiant en profondeur nos institutions », affirment-ils. Les formes libérales de gouvernements représentatifs ont pour seul objectif d'optimiser la production et la consommation, sans considération aucune de l'état des biens communs naturels. Les institutions actuelles ne sont pas armées pour concilier nos besoins de libertés individuelles et la compréhension des limites et des contraintes écologiques.

Société solide, société liquide

La démocratie représentative est toujours à réinventer. Le sociologue anglais Zygmunt Bauman a décrit la société contemporaine comme une société qui se fluidifie, une société liquide. La fluidité est partout ; nous traversons constamment des frontières, nous pouvons parcourir dans une même journée plusieurs régions, voire plusieurs pays. Toutes les limites sont transgressées, y compris dans nos vies. Changer de compagnon, de métier, de résidence, et parfois même de sexe, devient plus facile, si ce n'est banal.

Or, jusqu'à présent, nous vivions dans des sociétés solides. La classe ouvrière, les paysans et les bourgeois formaient des compartiments étanches. Chacun avait son institution sur laquelle il s'appuyait, le PC, la FNSEA, etc. Ces institutions contribuaient encore à la solidification de l'ensemble. Aujourd'hui, dans notre société fluide, notre société mouvante, les institutions solides sont inadaptées. La crise de la société vient de là : du décalage entre la fluidité nouvelle et la solidité des institutions. Les citoyens se sentent prisonniers d'institutions qui les « solidifient » dans un moment et dans une identité, alors qu'ils sont sans cesse en mouvement.

Dans une telle situation, on doit choisir entre deux attitudes : se montrer réactionnaire en voulant retourner à une société solide ou se montrer plus « progressiste » en essayant d'inventer de nouvelles institutions pour exprimer cette fluidité.

Parlement des choses et collège du futur

L'urgence se situe donc sur deux fronts : mieux représenter la société pour mettre fin aux blocages et représenter la nature pour mieux anticiper. Nos institutions actuelles bloquent la prise de décision ; dans une société liquide, les députés ne savent plus qui ils représentent. Ils ne savent plus à qui ils ont affaire et donc ne prennent pas, ou peu, de décisions. Il faut trouver des institutions qui permettront de répondre à la crise écologique et sociale.

Pour y parvenir, instaurer un parlement des choses est l'idée forte du sociologue Bruno Latour, pour lequel séparer les sciences et techniques des questions des sociétés n'a plus aucun sens. Les premières ont des répercussions bien trop importantes sur les organisations et la vie des secondes. Il est impératif de les rapprocher. Dans ce nouveau parlement, les choses seraient donc représentées par des scientifiques, au même titre que les citoyens sont représentés par des politiques.

Dans le même esprit, Dominique Bourg a proposé la création d'un collège du futur, composé de chercheurs de tous pays qui auraient pour mission d'exercer une veille sur l'état de la planète et de faire des propositions aux politiques. En amont une assemblée du long terme composée de personnes qualifiées et de citoyens aurait le pouvoir de mettre son veto aux propositions de loi jugées contraires aux intérêts de long terme.

Collège du futur, parlement des choses, assemblée du long terme, en réalité il s'agit de la même idée : faire entrer la science et les enjeux de long terme en démocratie. De nombreux experts, au sein de la fondation Nicolas-Hulot, ont aussi travaillé à la formulation de propositions qui expriment à la fois cette nouvelle fluidité et la nécessité de faire entrer la nature en démocratie.

Dans ce cadre il est proposé que le président de la République soit, par exemple, le garant du long terme et du bien commun. Le rôle du président de la République est à construire, en le détachant des horizons courts de l'action gouvernementale, des échéances électorales et du temps médiatique. Pour libérer la présidence de la République de la gestion des affaires courantes, il sera nécessaire de basculer vers un régime parlementaire.

Des citoyens tirés au sort

Par ailleurs, le Conseil économique social et environnemental pourrait accroître son pouvoir et étendre son domaine de compétence pour devenir cette assemblée du long terme. Il serait donc inutile de créer une chambre supplémentaire. Composée de membre de la société civile, elle aurait pour rôle de préserver nos conditions d'existence contre les intérêts particuliers et le court terme. Cette chambre serait dotée d'un pouvoir d'initiative législative lié aux projets de long terme et d'un droit de veto constructif (avec la possibilité de faire réexaminer les projets de lois par les autres assemblées).

Afin que les citoyens s'emparent des enjeux scientifiques, le Danemark organise des conférences de consensus ou «conventions de citoyens». Elles sont constituées de citoyens tirés au sort, qui seront appelés à réfléchir sur les grands problèmes de société pour lesquels aucun accord n'a encore été trouvé. Une fois formés par des universitaires et des scientifiques, eux-mêmes choisis par un conseil qui assure leur diversité, ils se réunissent à huis clos pour rédiger un texte. Ce texte sera transmis au Parlement. La convention de citoyens a un droit de regard sur la manière dont les parlementaires répondent à leur texte.

La démocratie est constamment à réinventer, à repenser, elle est toujours «inachevée», comme l'écrit Pierre Rosanvallon. Nos institutions aujourd'hui sont en décalage avec la sociologie actuelle, elles ont été construites au XXe siècle pour les enjeux du XXe siècle. Le XXIe siècle doit être capable d'imagination comme l'a été le XVIIIe siècle : au lieu de «sujets» on a soudainement parlé de «citoyens», au lieu de «tiers état» on a parlé de «nation» et au lieu d'«États généraux» on a parlé d'«Assemblée». Ce siècle a su inventer des institutions. C'est ce qu'il nous faut faire maintenant, en attendant une gouvernance mondiale et démocratique.

« LA NATURE EST BLEUE »

L'Océan

L'an dernier, le jeune américain Boyan Slat a eu une idée formidable pour nettoyer les océans des tonnes de déchets accumulées dans leurs eaux. Après des mois de travail acharné, il a réussi à mettre au point son projet, à temps pour le présenter à la Conférence sur l'océan organisée en juin 2014 par le Département d'État, où il a rencontré un franc succès.

Son système est aussi simple qu'ingénieux : déployer des barrages flottants à proximité des gyres, ces gigantesques points de rencontre où différents courants océaniques viennent se rejoindre, formant de puissants tourbillons. Il en existe cinq sur la planète, un par océan. Les détritus viennent s'y précipiter par milliers ; la plupart sont en matière plastique et il faudrait des centaines d'années pour voir se décomposer cette masse qui a considérablement augmenté depuis 1950, provoquant de véritables hécatombes chez les tortues, les mammifères et les oiseaux marins.

Avec l'installation imaginée par Boyan Slat, ces plastiques, emportés par la force naturelle des courants, viendraient se coller d'eux-mêmes à la paroi des barrages et s'engouffrer dans un entonnoir géant, remontant jusqu'à la surface où il ne resterait qu'à les récupérer. En somme, les océans se nettoieraient tous seuls ! C'est bien plus efficace et plus rapide que le travail des cargos chargés de repêcher le plastique dans l'eau, et beaucoup moins cher, assure son inventeur. Si tout va bien, en 2020, quelque part entre Hawaï et San Francisco, l'une des zones les plus polluées au monde, le premier barrage « nettoyeur » devrait entrer en action. Boyan Slat n'a que dix-neuf ans, mais il trouve le temps long.

De fait, l'océan va mal. Pendant des siècles, il est resté intact et c'était encore vrai il y a cinquante ans. Ce n'est plus le cas. Vers le milieu du siècle dernier, les activités humaines ont commencé à polluer sérieusement l'environnement marin et elles n'ont pas cessé depuis. Même la haute mer aujourd'hui n'est plus inaccessible ; malgré son éloignement des côtes, elle reçoit aussi des polluants organiques persistants, des hydrocarbures, des métaux lourds et des substances radioactives. Sans compter une certaine pêche qui racle ses fonds.

En surface, toujours plus nombreux, croisent les porte-conteneurs géants – jusqu'à 350 m de long – les pétroliers et les cargos « oubliant » parfois dans leur sillage de longues traces noires. 90 % du commerce mondial transite par l'océan !

Des zones mortes s'étendent sur les fonds, où l'on continue de tendre des câbles ; les minéraux rares, le gaz, le pétrole, suscitent toutes les convoitises. Les navires sont de plus en plus puissants, les forages de plus en plus profonds, les limites sans cesse repoussées. Un tiers du pétrole et un quart du gaz naturel consommés dans le monde sont désormais puisés sous la mer.

En ce qui concerne les ressources halieutiques, une comparaison parle d'elle-même : le pourcentage de poissons pris en haute mer était de 1 % en 1950, il est de 63 % au milieu des années 2000. Mais dix États seulement, pour quelques enseignes de grands distributeurs, se partagent la plus grande partie de ces stocks, capturés en eau profonde, car il faut en avoir les moyens, techniques et financiers. Tant pis pour les autres pays, tous ceux qui ne peuvent pas se le permettre. À ce jour, la haute mer ne bénéficie toujours pas d'une juridiction internationale pour la protéger.

7 0 % de la surface de la planète et un volume d'1,3 milliard de kilomètres cubes : le véritable poumon de la planète n'est pas la forêt, c'est l'océan. La nature n'est pas verte, elle est bleue.

Depuis des millions d'années, le phytoplancton, c'est-à-dire l'ensemble des végétaux qui vivent en suspension dans l'eau, piège le CO_2 pour l'enfermer dans le calcaire qui s'accumule au fond des mers. Comme toutes les plantes, ces microalgues fabriquent en effet leur substance à partir du gaz carbonique et de plusieurs composés minéraux dissous dans l'eau. Pour cela, elles captent l'énergie de la lumière grâce à la chlorophylle ; les réactions chimiques qui s'ensuivent consomment du dioxyde de carbone (CO_2) et libèrent de l'oxygène (O_2) dans l'atmosphère. C'est le phénomène de la photosynthèse.

Acidification

Or, ce processus naturel se trouve de plus en plus contrarié par la forte augmentation du CO_2 provenant de la combustion des hydrocarbures. De même qu'il modifie la composition chimique de l'atmosphère, le CO_2 transforme aussi celle des océans, qui l'absorbent en trop grande quantité. En se dissolvant dans leurs eaux, il abaisse leur potentiel hydrogène (pH) et provoque leur acidification. Le phénomène est d'ores et déjà mesurable, ainsi que l'ont démontré les spécialistes de biologie marine réunis en octobre 2014 pour la XIIe conférence des Parties sur la diversité biologique : « Par rapport à la période préindustrielle, l'acidité des océans a augmenté d'environ un quart », écrivent-ils. Selon eux, un quart du CO_2 émis par les activités humaines a été absorbé par les océans au cours des deux derniers siècles. Surtout, ils soulignent l'extraordinaire accélération qui tend à rendre les eaux de surface de plus en plus corrosives, après des millions d'années sans aucune modification. Le phénomène devrait encore « augmenter d'environ 170 % par rapport aux niveaux préindustriels », si les émissions de CO_2 sont poursuivies au rythme actuel. C'est cette photosynthèse qui « stabilise le climat ».

Trois espèces sont recherchées, toutes les autres sont rejetées à la mer !

Mollusques et coraux

L'effet de cette réduction rapide du pH des eaux de surface de l'océan est connu : on peut déjà l'observer sur les mollusques, les coraux, sur les phytoplanctons constitués d'une coquille. Tous risquent une moins bonne calcification et, à terme, une dissolution. C'est déjà le cas dans plusieurs régions du monde, en Méditerranée, par exemple, où une étude récente, dans une zone proche de Naples soumise à un pH comparable à celui attendu pour 2100, révèle une baisse de 70 % de la biodiversité des organismes calcaires. En Papouasie-Nouvelle-Guinée, on observe une forte prolifération des algues non-calcaires et une réduction de la biodiversité des coraux. De même, l'acidification des océans semble déjà avoir un effet sur l'aquaculture dans le Nord-Ouest des États-Unis, où l'on constate de « fortes mortalités » dans les exploitations ostréicoles.

Il est difficile de prévoir précisément l'évolution des écosystèmes marins et les conséquences globales de ces changements à partir de travaux ponctuels et très localisés. Les incertitudes restent grandes, par exemple sur l'augmentation réelle de la température avant la fin de ce siècle, et il n'existe pas de situation analogue dans le passé pour s'y rapporter. On peut tout de même remarquer qu'en plus d'augmenter la concentration en CO_2, les rejets agricoles, industriels et humains accentuent, du moins dans les zones côtières, l'acidification des mers et la dégradation de leur écosystème, observées depuis près de soixante-dix ans.

Câbles en eau profonde

L'extension de la pêche industrielle en haute mer est un autre danger bien identifié. Avec des moyens démultipliés, la méthode récente du chalutage en eau profonde, qui consiste à racler le sol, provoque de très importants dommages sur la biodiversité, faisant disparaître les populations de poissons et les lits des coquillages. Elle ravage en outre des trésors de coraux vieux de plusieurs millénaires. Il s'agit d'une pratique de destruction massive malheureusement invisible. Cette pêche s'est développée dans le dernier quart du XXe siècle, dans des zones longtemps inaccessibles, pour répondre à une demande en constante augmentation que les ressources halieutiques des zones de pêche traditionnelles ne pouvaient plus satisfaire. Elle nécessite l'emploi d'engins et de techniques coûteux, réservés aux pays qui en ont les moyens, des câbles et des filets particuliers, et elle consomme deux fois plus d'énergie qu'il y a soixante ans, pour une quantité égale de poissons pêchés. Il faut savoir par ailleurs que trois espèces seulement sont recherchées, toutes les autres sont rejetées à la mer ! Autrement dit, cette pêche, qui menace l'activité traditionnelle et nuit gravement à la biodiversité marine, n'est pas du tout rentable. Cette absurdité économique n'est possible que parce qu'elle est largement subventionnée.

Au mois de septembre 2014, la toute jeune commission Océan global (GOC), organisation indépendante, réclamait un système de gouvernance international pour la gestion des zones en haute mer. Elle relayait ainsi l'appel lancé par la convention des Nations unies sur le droit de la mer (UNCLOS) pour protéger la biodiversité, au-delà des juridictions nationales : « Moins d'un pour cent des zones en haute mer est actuellement protégé, il est donc crucial que ce nouvel accord inclue des dispositions pour créer des zones protégées en haute mer. » Surtout, le GOC, dans son rapport, exhorte les gouvernements à éliminer les subventions aux carburants pour les flottes pêchant en haute mer, notamment les flottes de pêche au thon, au cours des cinq prochaines années.

Carburant subventionné

Les flottes industrielles de dix-huit pays sont en train de piller la haute mer grâce aux subventions gouvernementales, en particulier les subventions versées pour leurs dépenses en carburant. Plusieurs États membres de l'Union Européenne figurent sur la liste : l'Espagne, la France, le Royaume-Uni, le Danemark et l'Italie. La Chine, le Japon, la Corée du Sud, les Philippines et les États-Unis fournissent également un certain montant de subventions à leurs flottes en haute mer. La nouvelle Politique commune de la pêche, qui a pris effet au 1er janvier 2014, a mis fin, pour sa part, aux subventions qui permettaient aux flottes d'augmenter leur capacité : « S'il est important de maximiser les captures, des limites doivent aussi être imposées. Il faut donc veiller à ce que les pratiques de pêche ne nuisent pas à la capacité de reproduction des espèces. La politique actuelle prévoit de fixer entre 2015 et 2020 des limites de captures durables et qui permettent de maintenir les stocks de poissons à long terme. » Sans le soutien financier des pays, les flottes industrielles n'auraient aucun intérêt à pêcher en haute mer.

À ce jour, il n'existe pas de juridiction internationale pour protéger la haute mer, qui couvre 64 % de la surface des mers et 45 % de la surface totale de la planète. Alors des initiatives isolées voient le jour ; comme celle des États-Unis, qui ont déclaré en 2009 « monument national » un sanctuaire marin dans le Pacifique, le plus vaste du monde. Près de 2 millions de kilomètres carrés, trois fois la superficie du Texas, protégés de toute pêche commerciale et toute exploitation énergétique. D'autres pays, dont la France, présente dans plusieurs océans du monde, pourraient prendre des décisions similaires… à condition de ne pas laisser piller, par ailleurs, les zones non protégées.

En revanche, il faut noter que le développement de parcs d'éoliennes off-shore permet la formation de pastilles de réserves marines. Parce qu'il interdit toute forme d'exploitation et d'activité humaine sur la partie du territoire où les éoliennes sont implantées, il offre un nouvel habitat à l'écosystème marin et favorise le repeuplement des populations marines.

Quant à considérer l'océan comme un nouvel Eldorado, offrant de multiples voies de transport et d'infinies possibilités de développement, une « revanche des océans » en quelque sorte, c'est un fantasme auquel il vaudrait mieux renoncer, pour s'interroger plutôt sur les moyens de réduire les déplacements superflus sur les mers.

« LES ACCIDENTS DE VOITURE, C'EST BON POUR LE PIB »

Richesse et prospérité

Si vous parlez de prospérité à un économiste ou à un décideur politique, il comprendra que vous vous félicitez, comme lui, d'une bonne période de croissance du Pib (produit intérieur brut), supposée entraîner mécaniquement une qualité de vie appréciable pour les citoyens grâce à un faible taux de chômage, une économie florissante favorisée par une belle stabilité politique, des succès à l'exportation, des revenus stables pour tous. Pourtant, ce n'est pas la définition proposée par les dictionnaires anciens, ce n'est pas non plus une bonne traduction du mot latin. La prospérité désigne à l'origine un état heureux, conforme aux attentes et aux aspirations de chacun. Elle évoque le plaisir, le bonheur personnel, elle peut même aller jusqu'à la béatitude. C'est un accomplissement de l'être, comblé dans ses espérances.

Puis un intéressant glissement sémantique se produit aux alentours du XVIIIe siècle, celui qui voit la naissance de l'économie politique : la prospérité concerne désormais un pays, une collectivité, une entreprise, plus rarement une personne, et elle devient un état d'abondance, d'augmentation des richesses, lesquelles se traduisent par l'essor économique.

Certes, un visage enjoué, un corps bien nourri, sont encore qualifiés de prospères, mais il n'y a rien à faire, dans nos dictionnaires contemporains l'usage du terme prospérité pour «état heureux d'une personne», au sens physique comme au sens moral, est impitoyablement qualifié de «vieilli» ou «littéraire». La nouvelle définition l'a emporté sur la première. L'avoir a pris le pas sur l'être. Pour trouver le bonheur, il faut donc s'assurer toujours plus de richesses!

Il en est ainsi depuis trois siècles, mais que choisira le XXIe? N'est-il pas déjà en train de s'interroger, au lendemain de l'explosion d'une crise sévère qui a révélé les faiblesses d'un système partout répandu? Nombreux sont en tout cas ceux qui l'y incitent, philosophes, sociologues, économistes et citoyens.

Aujourd'hui, des voix s'élèvent et défendent une autre idée de la prospérité, réclament une redéfinition de la croissance. Elles exigent la création d'autres indicateurs que le Pib pour mesurer la richesse d'un pays. Celle-ci ne peut plus être seulement marchande et monétaire. Elle ne peut ignorer non plus, c'est le Français Jean Gadrey qui parle, «les dégâts du progrès ni les contributions non salariées». Par exemple, la destruction de la forêt amazonienne fait progresser le Pib mondial mais elle appauvrit le patrimoine naturel et contribue au réchauffement. Le même raisonnement vaut pour les accidents de voitures : puisqu'ils entraînent l'achat de nouveaux véhicules ou la réfection des routes, ils sont comptabilisés positivement dans le Pib... À l'inverse, les multiples activités bénévoles ou encore le travail domestique représentent des volumes énormes, largement ignorés. Pourtant, quelle contribution à la société!

Venu du sous-continent indien, Amartya Sen, prix Nobel d'économie en 1998, ne dit pas autre chose lorsqu'il défend l'économie du bien-être et affirme l'importance des aspirations individuelles dans les logiques du développement, pour les pays pauvres comme pour les autres. Il est temps de le reconnaître : le facteur humain est bien indissociable de l'efficacité économique.

Imaginons une société assurée de connaître une croissance économique toujours plus forte, poursuivie à l'infini, sans contraintes d'aucune sorte. À quel moment le bonheur, dont la perception peut varier d'un homme à un autre, sera-t-il enfin atteint ? À partir de quel niveau de croissance les besoins et les désirs seront-ils satisfaits ? La société se trouvera-t-elle alors d'autres objectifs que l'augmentation constante de sa production ? En réalité, ces questions se posent à l'humanité depuis très longtemps, sans, bien sûr, qu'il soit fait référence aux problèmes environnementaux. Au IIIᵉ siècle avant J.-C., Aristote lui-même, contrairement aux sophistes, condamne avec fermeté ce qu'il nomme la chrématistique, du grec *chrèmatistikos* : le désir d'accumuler toujours plus d'argent et de richesses.

« Passion morbide »

Aristote formule une critique de la logique marchande et de la poursuite de l'intérêt égoïste qui marquera de son influence toute la période médiévale, l'Église catholique la reprenant largement à son compte. Bien plus tard, d'autres penseurs vont poursuivre l'interrogation sur les excès

Comment décider pour le peuple de ce qui va faire son bonheur ?

de l'accroissement de la richesse et ses effets néfastes pour la société. L'analyse aristotélicienne intéressera tout particulièrement Karl Marx. De même, le philosophe et économiste utilitariste John Stuart Mill développera en 1848, en pleine révolution industrielle, ses *Principes d'économie politique*. Lui aussi regrette les dangers de l'accumulation des richesses matérielles lorsqu'elle détourne l'homme du loisir et de la réflexion. Les limites à cet accroissement, estime-t-il, sont une bonne chose pour l'humanité qui pourra s'orienter vers d'autres occupations, bénéfiques au mieux-être du plus grand nombre.

John Maynard Keynes reprend lui aussi cet argument dans des termes très sévères : « L'amour de l'argent comme objet de possession – distinct de l'amour de l'argent comme moyen de goûter aux plaisirs et aux réalités de la vie – sera reconnu pour ce qu'il est, une passion morbide plutôt répugnante, une de ces inclinations à moitié criminelles, à moitié pathologiques, dont on confie le soin en frissonnant aux spécialistes des maladies mentales. » Pour l'économiste britannique, le ralentissement de la croissance économique devra être le résultat d'une volonté humaine, sage et éclairée.

« Économie de Cendrillon »

En France, la critique de la poursuite de la croissance a surtout été développée après-guerre par des penseurs tels que Serge Moscovici, Jacques Ellul, Ivan Illich ou André Gorz. Là encore, il n'était pas question de ses conséquences sur l'environnement. Il s'agissait pour ces théoriciens, qui rejoignaient en cela l'école allemande de Francfort, de donner l'alerte sur les menaces que fait peser notre mode de développement sur la liberté. Tous accusaient le productivisme d'être à l'origine de la perte de sens et de créer de nouvelles formes d'aliénation, et ce, d'autant plus qu'il est mesuré par le seul pourcentage de croissance du Pib, sur des critères qu'ils jugeaient discutables : la somme de toutes les valeurs ajoutées des biens et services marchands échangés, c'est-à-dire, en quelque sorte, le chiffre d'affaires du pays.

Au début des années 1970, l'économiste américain Richard Easterlin met en évidence le paradoxe qui porte son nom. En comparant la progression des Pib dans les pays occidentaux avec des enquêtes qualitatives sur les sentiments de satisfaction et de bien-être des populations, il parvient à une conclusion sans appel : passé un certain seuil de développement, la croissance du Pib ne se traduit plus du tout par une augmentation du bien-être des populations.

Tous ces penseurs rendent ses lettres de noblesse à l'autre prospérité, la première, celle qui va au-devant de nos attentes, pour notre bien-être. «Cette voie est nécessaire, désirable, crédible, et exige de s'en prendre aux inégalités. D'innombrables qualités ont été sacrifiées sur l'autel des quantités, sous contrainte de gains de productivité : qualité de vie, du travail, de l'emploi, des écosystèmes, du climat, des biens et des services. La prospérité sans croissance est une transformation de nature qualitative» (Jean Gadrey). Il s'agit donc de mettre en place une «économie des qualités». Le Britannique Tim Jackson parlera, lui, «d'économie de Cendrillon», pour sa modestie et ses promesses de bonheur.

« Consommation ostentatoire »

C'est en 2009 que Jackson publie *Prospérité sans croissance*, le rapport qu'il vient de remettre à son gouvernement. Il est économiste, il tient une chaire de développement durable à l'université du Surrey et il propose lui aussi d'en finir avec l'obsession de la croissance économique comme impératif de progrès. Son rapport étudie différentes pistes pour faire prospérer le bien-être de la population, hors croissance du Pib : nouveau partage du temps de travail, instauration d'un revenu de base, développement du tiers-secteur, etc. Il pose ainsi les bases d'une nouvelle macroéconomie, détachée du consumérisme.

Convaincu que les consommateurs que nous sommes ont été «fabriqués» pour que le système survive et non l'inverse, il nous voit tous enfermés dans une cage de fer, «encouragés à dépenser de l'argent que nous n'avons pas, pour acheter des choses dont nous n'avons pas besoin et créer des impressions qui ne dureront pas, sur des gens qui ne nous importent pas». Ce portrait peu engageant rejoint la thèse de l'économiste et sociologue américain Thorstein Veblen et son concept de «consommation ostentatoire». La consommation n'aurait qu'un seul et unique objectif : asseoir le statut social des individus et des classes.

La compétition pour la richesse matérielle va bien au-delà de la poursuite égoïste de la satisfaction de nos besoins matériels. Il s'agit d'une tout autre quête : le besoin d'être reconnu par les autres. Analysant les œuvres philosophiques d'Adam Smith, Jean-Pierre Dupuy montre que cette idée est déjà au cœur de la réflexion du père de l'économie moderne : «Pour Adam Smith, la richesse est ce qui attire le regard des autres, et cela parce qu'ils la désirent. Et finalement, s'ils la désirent, c'est pour être eux-mêmes regardés. Le pauvre souffre moins de son indigence matérielle que du fait que personne ne fasse attention à lui.» Bien évidemment, le désir d'imitation des modes de vie des couches supérieures est entretenu par elles, par l'intermédiaire de l'industrie publicitaire notamment, ce qui engendre de nouvelles formes d'aliénation, et de surcroît, provoque de graves dégradations environnementales.

Champ de palmiers

L'utilisation d'indicateurs pour mesurer la richesse relève de choix extrêmement politiques, culturels, voire idéologiques. L'économiste Éloi Laurent fait remarquer ainsi qu'un nouvel indicateur a quasiment détrôné le Pib en Europe : celui du déficit ! On ne s'intéresse plus qu'aux fameux 3 %, seuil du déficit budgétaire fixé par la Commission européenne. La bonne fortune de cet indicateur, explique-t-il, est due à la victoire des politiques économiques prônant l'austérité.

Les calculs actuels de la richesse et de la prospérité d'un pays ignorent donc toute une série de paramètres qui sont pourtant indispensables au bien-être d'une population : la plupart des activités du *care*, le niveau des inégalités, la santé ou la réussite scolaire. Ils ne prennent pas en compte les chiffres de la délinquance et le taux d'incarcération et, bien sûr, ne comptabilisent pas les dégâts environnementaux. Détruire une forêt tropicale pour la transformer en un champ de palmiers à huile est bénéfique à la croissance du Pib, même quand cela entraîne un désastre écologique et climatique et que les populations alentour doivent être expulsées.

On sait par ailleurs, contrairement à ce qu'affirment la plupart des gouvernements, que la croissance du Pib n'entraîne pas systématiquement une augmentation des revenus et des niveaux de vie. Aux États-Unis, depuis 2009, la courbe de croissance du Pib est repartie à la hausse alors que celle du revenu médian continue de baisser. On observe le même phénomène en Europe. L'économiste Thomas Piketty a bien montré la dynamique inégalitaire dans la répartition de la richesse : en trois ans, 95 % de la richesse américaine créée a été captée par 1 % des citoyens les plus riches.

Indicateurs de bien-être

Depuis plus d'une dizaine d'années, de multiples chercheurs, institutions internationales ou gouvernements ont proposé des indicateurs de richesse de substitution. Les indicateurs susceptibles de remplacer le Pib sont très souvent décriés au motif qu'ils rendent nécessaire l'adoption de pondérations arbitraires, d'approximations, qu'ils ne sont pas exacts… C'est oublier que le Pib lui-même a fait l'objet de débat d'experts pendant des décennies et qu'il a été très longtemps contesté pour exactement les mêmes raisons que les indicateurs de substitution le sont désormais. Des choix techniques « arbitraires » ont été réalisés pour faire du Pib ce qu'il est aujourd'hui. Ainsi, au départ, les services publics n'étaient pas inclus dans le calcul du Pib. Ils ne l'ont été qu'à partir des années 1970 : les pays ayant des services publics importants étaient trop défavorisés par rapport à ceux pour lesquels ces services étaient rendus par le secteur marchand.

Les méthodes de calcul des nouveaux indicateurs sont souvent formulées à partir du Pib lui-même, qui reste alors la référence à laquelle on additionne ou soustrait des éléments de bien-être, préalablement monétarisés, par exemple le bénévolat ou les dépenses militaires. C'est le cas de l'Ibed, l'indicateur de bien être durable, concept développé dans un rapport de 1994, qui a inspiré plusieurs pays, dont le Canada, le Royaume-Uni ou l'Australie. À l'inverse du Pib, il cherche à prendre en compte les externalités négatives de la production.

D'autres types d'indicateurs évaluent l'état du bien-être sans chercher à leur donner une valeur monétaire. C'est le cas de l'indicateur de développement humain ou de celui de l'empreinte écologique. L'indicateur de l'empreinte écologique fait l'objet de critiques, mais ces critiques soulignent justement son intérêt : il ne s'exprime pas en équivalent monétaire. Il évalue la pression que nous exerçons individuellement ou collectivement sur l'environnement par notre niveau de consommation. Il a entre autres l'avantage d'être beaucoup plus explicite pour le public. C'est ce type d'indicateurs qui permet d'affirmer, par exemple, qu'il faudrait trois planètes pour satisfaire la demande si le mode de vie des Français était étendu au reste du monde.

Bonheur national brut

En 2008 la France a mis en place la commission pour la mesure de la performance économique et du progrès social. Un rapport rédigé par deux prix Nobel, Amartya Sen et Joseph Stiglitz, et l'économiste Jean-Paul Fitoussi a été remis au président de la République. Cette initiative officialisait la prise de conscience par les pouvoirs publics des problèmes que soulève le calcul actuel de la croissance du Pib… même si celui-ci reste l'unique boussole de nos politiques publiques. D'autres initiatives de citoyens existent, comme celle du collectif Fair. Plusieurs universitaires, comme l'économiste Claudia Senik, travaillent sur l'économie du bonheur. La Fabrique Spinoza, quant à elle, défend les notions de « bonheur citoyen » et de bien-être au travail.

Mais il faut rester vigilant. Certaines de ces initiatives ne sont pas sans soulever d'importantes questions politiques, démocratiques et philosophiques. Ainsi le Bhoutan, petit pays situé entre la Chine et l'Inde, a inventé le BNB, bonheur national brut. Il est le seul à utiliser cet indicateur mis au point dans les années quatre-vingt, dans des circonstances peu démocratiques, et basé sur des critères assez flous.

C'est en effet là que se situe le risque dans la recherche de nouveaux indicateurs. Une fois acquise la prise de conscience sur les méfaits du Pib, est-ce vraiment un progrès de remplacer un indicateur par un autre ? L'utilisation d'un seul indicateur, quel qu'il soit, ne peut être que réductrice. Autre problème :

comment décider pour le peuple de ce qui va faire son « bonheur » ? Un groupe d'experts et de comptables peut-il définir pour tous ce qu'est le progrès ? L'essentiel n'est-il pas inquantifiable ?

Nombreux sont alors ceux qui demandent l'instauration d'un « tableau de bord d'indicateurs ». Mais, comme le rappelle le philosophe Patrick Viveret, « ce qui caractérise le moment historique où nous sommes, c'est le couple de la démesure et de l'obsession de la mesure ».

« DES MONNAIES QUI FRAPPENT LES ESPRITS »

Les monnaies locales

Elle a pris à peu près toutes les formes, coquillages, sel, nacre et ambre, dent de chien ou de marsouin, plumes collées, pierres polies, cuivre, fer et bronze. Elle s'est même appelée bœuf-monnaie ou monnaie de sang, en référence au bœuf de sacrifice, d'une grande valeur dans les civilisations pastorales. En 1650 av. J.-C., un sicle d'argent valait le prix d'un porc, mais deux porcs valaient un mouton. En Égypte, en Assyrie, c'étaient des objets manufacturés, disques, anneaux, marmites et chaudrons, haches à double tranchant – celles qu'Achille, dans l'*Iliade*, offre pour prix des funérailles de Patrocle –, qui servaient de monnaie. Balayant quelques idées reçues, l'ethnologie et l'archéologie modernes nous ont bien montré que la monnaie, sous sa forme métallique, n'a pas détrôné si facilement les multiples formes de crédit et de dettes contractées entre individus.

Pendant des siècles, en dépit d'une intense activité commerciale, les hommes ont su s'en passer. Ensuite, pendant une très longue période, les métaux ont pris le dessus, l'or et l'argent surtout. La monnaie, plus commode pour gouverner à distance et payer la solde, a accompagné l'extension des empires, à Rome comme en Chine. Bien plus tard, quand l'or vient à manquer, Charlemagne se résigne à frapper des deniers d'argent, offrant ainsi son nom actuel au numéraire. Les pièces d'or reviendront avec le florin de Florence et le prestigieux ducat vénitien, gloires du commerce international sous la Renaissance, et aussi notre bon écu. Mais c'est pourtant avec le thaler, une pièce d'argent à l'effigie de Marie-Thérèse de Habsbourg, en 1750, que naît la première monnaie internationale. Elle rejoint l'Amérique du Nord où les planteurs l'adoptent et, plus tard, pénètre en Afrique et dans la péninsule Arabique. Jusqu'à ce que les États-Unis la détrônent en créant leur propre monnaie, qu'ils appellent « dollar », déformation phonétique de « thaler » !

Et aujourd'hui ? On ne sait plus très bien, monnaie en métal, monnaie en papier, monnaie dématérialisée surtout, essentiellement scripturale, usant de supports électroniques, monnaie virtuelle. Et monnaie locale, c'est la surprise des années 1990. Portée par une toute autre philosophie, le besoin d'autres échanges, d'autres modes de production et de consommation, la monnaie à circulation réduite est en effet réapparue. On la connaissait déjà au XIXᵉ siècle sous la forme de bons ou de jetons, émis par les fabriques ou par les exploitations coloniales à l'intention de leurs ouvriers, pour les inciter à s'approvisionner… dans leurs boutiques. C'était alors un instrument de domination.

Ici, il s'agit au contraire de l'émergence d'une nouvelle forme de démocratie. C'est aussi le cas des systèmes d'échange locaux, en France, les Sel : je m'occupe de ton jardin, tu proposes des cours de maths ou des légumes, la voisine me conduit chaque matin à la gare. On compte en grains de sel, en piaf, en truc si on veut, mais attention, on ne parle pas de billet, la Banque de France l'interdit, et bien sûr cette « monnaie » n'est pas convertible en euros.

Quel que soit le système choisi, l'objectif reste le même : sortir des circuits traditionnels pour échapper aux contraintes de l'économie mondialisée et aussi inviter tous ceux, chômeurs, bas revenus, allocataires de minima sociaux qui en sont exclus. Les monnaies locales et les Sel n'ont pas été créés pour faire de bonnes affaires, mais pour vivre mieux.

D'où vient l'argent? L'argent se confond avec la monnaie, comme cela apparaît à la lecture du livre du sociologue Georg Simmel, *Philosophie de l'argent*. Depuis la fin de l'étalon-or, décidée par Reagan en 1971 (le dollar n'est plus indexé aux réserves d'or), la valeur des monnaies devient «flottante». Elles ne correspondent plus qu'à la confiance qu'on leur accorde.

Les banques «créent» l'argent à leur gré. Et la monnaie devient, rappelle Keynes, «tout simplement ce que la banque centrale déclare garantir». En réalité, les banques ne détiennent qu'une partie de l'argent qu'elles prêtent. L'argent est créé lorsque la banque prête contre une promesse de remboursement. La somme est effacée lorsque le crédit est remboursé. La richesse ne vient plus du travail, du labeur, l'argent est créé à partir de rien par le système bancaire. Le système étendu à toute la planète dote les banques d'un pouvoir considérable.

Galleo, boul'sol et radis

À rebours de ce système, des «monnaies locales», sur lesquelles les banques n'ont aucune prise, se développent. Leur premier objectif est de protéger les territoires de la mondialisation, de soutenir les produits et l'économie du territoire, de préférer le commerce de proximité, mis à mal par la domination des grands circuits de production et de distribution. Les super et hypermarchés en sont exclus de fait.

> **La monnaie locale est une monnaie d'échange, elle ignore l'épargne.**

Le système est mis en place par des associations de citoyens qui en assurent la gestion, avec l'aide d'un établissement financier et souvent avec le soutien de la collectivité, quand ce n'est pas celle-ci qui en prend l'initiative. Les particuliers, les commerçants et les entreprises sont invités à le rejoindre, mais sous certaines conditions éthiques indispensables : respect des hommes et de leurs conditions de travail, respect de l'environnement et de la qualité des produits et services proposés.

Les monnaies locales, reçues en échange d'euros, entrent dans les circuits courts, sous la forme de billets aux couleurs de la ville ou du périmètre défini. Chacune porte un nom, né de l'imagination de ses concepteurs : en France, Pézenas a choisi l'occitan et le pays basque l'eusko. L'Ille-et-Villaine a lancé le galleco en 2013, Boulogne-sur-Mer le boul'sol et Ungersheim, en Alsace, le radis. D'autres verront le jour en 2015, comme la gonette à Lyon. Au passage, notons qu'elles se développent volontiers sur des territoires qui ont une forte identité, Bretagne ou Pays basque (plus de 3 000 adhérents), ou qui sont fortement touchés par la crise. Environ 500 dispositifs sont présents sur le territoire français. Le mouvement, né il y a quelques années à peine, est en pleine croissance. En 2014, plus de 70 expériences avaient été tentées et 25 monnaies étaient déjà en circulation. Elles ont suscité non seulement la curiosité des habitants et l'enthousiasme des adhérents, mais aussi l'intérêt grandissant des acteurs économiques qui investissent dans des réseaux de proximité, susceptibles de dynamiser leurs activités et de protéger les emplois.

Aventure collective

Le gouvernement réfléchit de son côté à une extension de ces initiatives locales au niveau national, pour en faire un moyen de paiement à part entière.

Le rendu de monnaie locale, une fois qu'elle est mise en circulation, peut se faire en euros, mais il n'est pas possible d'utiliser les billets en dehors du périmètre défini, la commune ou la communauté de communes.

De toute façon, elle ne reste pas longtemps aux mains de son possesseur : elle est destinée à circuler rapidement d'un point à un autre, d'un utilisateur à un autre pour effectuer toutes les dépenses courantes. C'est le deuxième objectif : la monnaie locale est une monnaie d'échange, elle ignore l'épargne. Il ne s'agit pas de la thésauriser, ni de la placer pour en attendre des intérêts. D'ailleurs, chaque billet a une date de validité. Mieux vaut le dépenser dans les délais prévus, au-delà il perdra de sa valeur.

Enfin, la monnaie locale a une forte dimension sociale et solidaire. C'est ainsi qu'elle est perçue ; elle représente pour les citoyens, qui ont le sentiment de vivre « une aventure collective » dans une autre économie, un moyen de se réapproprier l'avenir de leur territoire. Tous partagent la même conviction : quand les territoires, commerces et entreprises, se trouvent en compétition avec des stratégies agressives de production et de distribution, assorties de bas salaires, même une politique de relance serait moins efficace, puisque toute augmentation du pouvoir d'achat se traduirait par une augmentation de la consommation de produits venus d'ailleurs.

Billet vert

Pour garantir la réussite de la démarche, l'engagement des villes et des régions est nécessaire, voire, à terme, indispensable. Plusieurs villes en France l'ont bien compris. Ainsi Toulouse organise chaque année un marché solidaire, où il est possible de payer les produits du terroir avec la monnaie locale, la sol-violette.

Dans une conjoncture toujours tendue par la crise de la dette et la faiblesse de la croissance, la plupart des pays européens observent le même phénomène. En Belgique, la ville de Mons, avec le ropi, entend « relocaliser l'économie, préparer l'après-croissance, et remettre le citoyen au cœur des […] prises de décisions, notamment sur la finance et les questions monétaires ». L'éco-iris, dont le slogan est… l'« autre billet vert », circule à Bruxelles.

Certes les monnaies locales ne vont pas concurrencer l'euro, ni le dollar (car elles essaiment aussi aux Etats-Unis). La question a été sérieusement posée en Allemagne dans un rapport demandé en 2007 par la Banque centrale, devant la forte progression du mouvement dans le pays. Selon l'institution, les monnaies locales en circulation en Allemagne pesaient alors l'équivalent de 200 000 euros et leurs retombées sur l'économie du pays étaient « négligeables ».

Dans la tourmente

Outre le coût et les difficultés d'instauration et de gestion, il leur faut faire face à un certain nombre de contraintes. Il faut par exemple que leur territoire d'application soit à la bonne dimension, ni trop petit, ni trop grand. En règle générale, les banques centrales – c'est le cas de la Banque de France –, ne les encouragent pas, elles les tolèrent tout juste. Il est vrai qu'elles échappent – pour l'instant – aux pressions fiscales.

Mais leur popularité n'en constitue pas moins un défi ou un avertissement pour des institutions financières qui ont largement perdu la confiance des consommateurs. Enfin, il faut se souvenir que la monnaie locale protège, elle l'a démontré en 2002, en Argentine où, comme dans toute l'Amérique latine, elle est très répandue. Dans la tourmente qui entraînait ce pays vers la faillite, elle a permis à l'économie de nombreuses localités de continuer de tourner. Pour cette raison, à la suite de la crise économique mondiale de 2008, de nombreuses monnaies locales ont été créés en Grèce, en Espagne, au Portugal. En Grèce, leur nombre est passé, entre 2008 et 2014, de 1 à 70 !

« IL EST TEMPS D'ARRACHER LA PLANÈTE AUX HOMMES ! »

L'écoféminisme

Les femmes plus vertes que les hommes ? Laissons pour l'instant la question ouverte. La prudence est de mise. Il n'empêche, l'écoféminisme, au croisement du féminisme et de l'écologie, qui met en relation, selon sa définition la plus courante, deux formes de domination, celle des hommes sur les femmes et celle des humains sur la nature, mérite l'attention. Né dans les années 1960, il s'est surtout développé dans le monde anglo-saxon mais dans des directions si variées qu'il n'est pas facile aujourd'hui de raconter son histoire, ni de bien le cerner sans risquer de le caricaturer.

Il faut d'abord évoquer la Française Françoise d'Eaubonne, la première à rapprocher ces deux concepts très modernes, écologie et féminisme, dans un livre au titre radical : *Le Féminisme ou la Mort*. Nous sommes en 1974, dans l'effervescence intellectuelle de l'après Mai 68. Pour Françoise d'Eaubonne, le drame écologique, dont on prend à peine conscience à cette époque, est lié à «l'origine du système patriarcal» qui prend forme au Néolithique, avec l'appropriation par les hommes de l'agriculture et des enfants, «deux ressources – l'agriculture et la fécondité –, qui appartenaient aux femmes». La dégradation constante des ressources et l'accroissement de la population mondiale en sont les conséquences directes. «Seule une mutation de l'humanité entière peut enrayer cette dégradation» et celle-ci ne peut venir que des féministes engagées, poursuit-elle, concluant, et avec quelle verve : «Arracher la planète au mâle d'aujourd'hui, c'est la restituer à l'humanité de demain !»

On peut s'en douter, son texte fut accueilli avec dérision et même attaqué au congrès mondial sur la population de Bucarest, la même année ; l'écoféminisme fut accusé de «déviation contribuant à affaiblir la lutte des classes» ! C'est tout le problème de ce concept, auquel on a fait porter bien des projets, pas toujours conciliables entre eux. Du point de vue moral, celui de l'éthique environnementale, l'écoféminisme rejoint les contempteurs de l'impasse anthropocentrique qui a conduit au pillage de notre environnement naturel, toute chose étant considérée par l'homme comme objet à sa disposition. Cependant, fait observer par exemple le biologiste et physiologiste Jared Diamond, on ne s'est pas demandé de quel «homme» il s'agissait ! Il est impératif de faire entendre aussi la voix des femmes, de faire la jonction entre les excès du capitalisme et la domination masculine.

Du point de vue social et politique, l'objectif est surtout de montrer comment les femmes sont à la fois les premières victimes de la dégradation de l'environnement et bien souvent des actrices clefs de la mise en œuvre des mesures de protection. Cette dernière vision, d'une grande vitalité, est portée surtout par et pour les femmes du Sud, où les injustices environnementales viennent s'ajouter aux injustices socio-économiques. Les mobilisations, dont l'indienne Vandana Shiva s'est faite une ardente porte-parole touchent à la question rurale et aux réformes agraires, à la sécurité alimentaire, à la santé environnementale, aux enjeux urbains, à l'accès à l'eau potable.

L'écoféminisme, aujourd'hui encore, reste difficile à définir, sans doute parce qu'il recouvre trop de champs très divers, parfois même contradictoires. Il n'en a pas moins inspiré au cours du xxe siècle des travaux stimulants, surtout dans les pays anglo-saxons, et suscité des engagements qui méritent largement d'être découverts ou mieux soutenus.

Une vision dite « féminine » du monde doit-elle être obligatoirement une « vision féministe du monde » ? Et peut-on être féministe et écologiste sans être « écoféministe » ? L'approche écoféministe n'a jamais vraiment eu de succès auprès de la mouvance féministe. Cela peut se comprendre si l'écoféminisme entend donner aux femmes un statut comparable à celui de la nature ; leurs destins seraient liés, en opposition à celui des hommes. Cette vision différentialiste, l'idée que les femmes seraient plus proches que les hommes de la mère Nature, est rejetée avec force par nombre de féministes qui la jugent plus propice à entretenir les inégalités entre les sexes qu'à les réduire. Elles la ressentent comme une insulte à leurs combats, en tout cas certainement pas comme la bonne réponse aux questions qui se posent sur les liens entre féminisme et environnement.

Contradictions éclatantes

Encore faudrait-il savoir ce que l'on désigne par « écoféminisme » avant de lui assigner un rôle. C'est là que les choses se compliquent. L'Américaine Janet Bielh, théoricienne et inspiratrice de l'écologie sociale, qui a longuement travaillé sur le sujet, observe : « À ma connaissance il n'existe encore aucune exposition complète de la théorie écoféministe. En cette absence, elle se définit largement par une pléthore d'essais qui […] se contredisent souvent de façon éclatante. » Et Janet Bielh d'énumérer ces contradictions, entre les auteurs décrivant « un lien inné et même biologique entre les femmes et la nature » et ceux pour qui, au contraire, ce lien est le produit d'une construction sociale ; entre ceux qui, comme la Française Françoise d'Eaubonne dans les années 1970, retrouvent les racines de la crise écologique et de la domination masculine au Néolithique et ceux qui accusent plutôt le christianisme, ou encore la révolution scientifique, coupable d'avoir laissé les hommes accaparer durablement les savoirs et les méthodes.

Faire avancer la cause féminine en sortant les femmes de la nature ?

Couches lavables ou couches jetables

En France, davantage que dans les pays anglo-saxons, il existe une longue tradition d'opposition entre féminisme et écologie. Le féminisme français, du moins depuis l'interprétation antinaturaliste de Simone de Beauvoir, a long-temps conçu la nature comme une menace : «On ne naît pas femme, on le devient.»

Ce débat a été ranimé en 2010 par la philosophe et essayiste Élisabeth Badinter lorsqu'elle a publié *Le Conflit. La Femme et la Mère*. À nouveau le féminisme est entré en conflit avec la nature. Le retour à la nature serait un frein à l'émancipation de la femme. Pour Élisabeth Badinter, en prônant l'allaitement, les couches lavables, l'accouchement à la maison ou encore le refus de la pilule, considérée comme artificielle, le naturalisme irait à l'encontre du féminisme, ramenant la femme à son statut de mère et l'image de la femme idéale à celle d'une mère parfaite. Il est regrettable, écrivait-elle, que l'«on fasse passer la nature avant les libertés féminines».

Société contre nature

C'est justement pour déconstruire ce conflit que les mouvements féministes français, vers la fin du XXᵉ siècle, ont rejoint les mouvements naturalistes dits «subversifs», autour du philosophe Serge Moscovici. «On admet que ce qui a été attribué à la nature, écrit celui-ci dans *La Société contre nature*, est une somme de projections, d'émotions, de situations internes à la société et à l'homme, dans une réalité méconnue, plutôt qu'une représentation exacte de celle-ci.» Nous sommes mal avisés de considérer la société comme la correction d'une organisation naturelle inférieure. Écologistes et féministes se sont mis d'accord sur l'idée que la nature est un concept culturel. Aujourd'hui, les travaux de l'anthropologue français Philippe Descola illustrent parfaitement cela. Il fait observer que la nature est une notion abstraite inexistante dans les langues et les cultures des peuples autochtones. Si le terme n'existe que dans notre vocabulaire, et que nous sommes les seuls à nous y référer, c'est bien qu'il est un pur produit de notre invention. Les constructions culturelles de la nature sont hétérogènes. C'est un renversement important puisque l'enjeu n'est plus alors d'émanciper la femme par le seul biais des artifices. La nature est désessentialisée.

« Cela ne doit pas changer ! »

Il existe bien des différences physiques, biologiques, entre hommes et femmes mais il n'y a pas pour autant de rôle *naturel* attribué à chacun des sexes. La répartition des rôles entre les sexes est d'ordre culturel. Le terme « naturel » dans ce contexte n'est utilisé que pour justifier ce qui relève strictement de la tradition, donc qui est socialement construit et que l'on souhaite conserver. Ce postulat n'est pas une théorie, c'est une tautologie. Il a été mis en avant dans le dernier quart du XXᵉ siècle par les *gender studies*, les études de genre, un champ d'étude pluridisciplinaire né aux États-Unis et longtemps ignoré en Europe mais qui connaît aujourd'hui une grande vitalité.

Si, en effet, par « naturel » on entend un ordre, une forme d'organisation qu'il est possible de retrouver chez d'autres espèces, alors, étant donné la grande diversité des espèces, tous les comportements sont naturels. Par ailleurs, utiliser le terme « naturel » dans le sens d'« immuable » pour justifier les conservatismes est une aberration écologique ; la nature est forcément évolutive. On ne peut pas parler de comportement non naturel ou déviant puisque la nature expérimente en permanence. Les déviations, s'il y en a, proviennent de l'ordre social, des conventions établies que l'on veut perpétuer. Dire « c'est naturel » signifie, par retournement sémantique, « c'est traditionnel », autrement dit : « Cela ne doit pas changer ! »

« Cyborg » ou déesse

Mais les frontières entre nature et culture réapparaissent lorsque la biologiste et philosophe américaine Donna Haraway rédige, en 1991, le célèbre *Manifeste cyborg*, court essai sur le féminisme publié tardivement en France (2007). Ce texte, devenu un classique des études de genre, explore le caractère hybride de l'être humain, entre machine et organisme. Le cyborg est « un mythe politique ironique… un artefact à visée utopiste » conçu pour aider « à sortir de la vieillerie humaine sexuée et enracinée dans le genre ». Armées du mythe du cyborg, les femmes (et les hommes dans la foulée) devraient enfin parvenir à se « dénaturer ». Assumant avec brio un féminisme postmoderne et protechnique, Haraway déclare qu'elle préfère être « un cyborg qu'une déesse ». Les progrès de la techno-science, l'artificialisation, le rejet de la « nature » ont le pouvoir de faire avancer la cause féminine, en sortant les femmes « de la nature ».

À l'inverse, très méfiante à l'égard du développement technique qui, selon elle entraîne partout des inégalités, l'Indienne Vandana Shiva lui réplique qu'elle préfère, elle, être une « vache sacrée plutôt qu'une vache folle » ! Vandana Shiva, physicienne et écologiste, devenue célèbre dans son pays pour son combat contre l'impérialisme économique et les multinationales productrices d'OGM, est aussi le porte-drapeau du volet social et politique de l'écoféminisme, le plus important à ses yeux. Les femmes, et en premier lieu les femmes des pays en développement, sont les premières victimes de la dégradation de l'environnement, en milieu urbain comme en zone rurale. Mais ce sont elles aussi, à condition qu'on leur en donne la capacité, qui savent le mieux se mobiliser pour améliorer les conditions de vie de leurs familles, l'accès à l'eau, la sécurité alimentaire, la santé. Elles ont pris conscience des enjeux liés à la pollution, à la combustion du bois, aux produits toxiques. Les succès obtenus dans de nombreux pays d'Asie, d'Afrique ou d'Amérique latine avec le système du microcrédit, des prêts accordés aux femmes pour monter leurs entreprises, en apportent une preuve. Le prix Nobel attribué en 2004 à la nigériane Wangari Maathai pour son engagement en faveur de l'environnement en est une autre.

Les Achuars et le *care*

L'écoféminisme, parce qu'il porte une attention particulière à la protection et à la vulnérabilité, qu'il s'agisse des pays en développement ou des populations les plus fragiles dans les pays développés, doit être rapproché de la notion récente du *care*, qui en constitue souvent la reformulation.

Le concept de *care* a été introduit par les études féministes américaines, et ce au risque d'enfermer à nouveau la femme dans les stéréotypes de genre : la protection, l'attention, ou le soin (aucun de ces termes ne traduit à lui seul la polysémie du mot en anglais, ce qui ne facilite d'ailleurs pas son exploitation en France) étant considérés comme des valeurs *essentiellement* féminines. Carol Gilligan, grande théoricienne du « care », réfute cette accusation ; il s'agirait plutôt selon elle « d'un nouveau langage, un changement de paradigme, un changement dans l'organisation ou la structure même de la conversation, qu'elle porte non seulement sur le genre mais aussi sur le soi, les relations, la morale et le développement… en somme, sur l'humain ». En d'autres termes, le *care* est une révolution culturelle dans laquelle la voix « sociale » des femmes pourra pleinement s'exprimer.

Le sociologue Dominique Boullier, s'appuyant sur les travaux de Philippe Descola, a relevé l'intérêt que pouvait avoir l'usage du concept de *care* dans les changements de notre rapport au monde et à la nature. « Les femmes, écrit-il, qui sont chargées de la culture du maïs, par exemple, dans les sociétés traditionnelles Achuar (de type animiste), assurent la protection du maïs exactement sur le même mode que la protection de leurs enfants. Elles élèvent le maïs, le protègent, lui parlent, elles font en quelque sorte un *care* étendu au cosmos. Ce point est fondamental car il nous permet de penser toute notre relation à notre cosmos et à tous les êtres qui le peuplent. » L'idée de protection contenue dans le *care* ne se limite donc pas à la protection sociale, elle va jusqu'à « la remise en cause générale du productivisme comme monopole de la relation entre les êtres ». Dans cette conception, le *care* est susceptible de constituer un nouveau socle sur lequel s'articuleraient protection et critique de la croissance et ainsi d'élaborer une théorie de l'organisation sociale que l'écoféminisme, à lui seul, peine à engendrer.

Quant à la nécessaire sobriété écologique, elle est un objectif pour les hommes autant que pour les femmes et elle passe par une meilleure répartition des tâches domestiques au sein du couple. Pour que les femmes se rendent plus disponibles, il faut aider les hommes à s'investir à égalité dans la sphère familiale ; la lutte contre les inégalités sexuelles se joue là. Les entreprises et les pouvoirs publics sont aussi des leviers indispensables pour aider à concilier vie professionnelle et vie personnelle. Toutes les initiatives qui tentent de rééquilibrer les temps de vie entre les hommes et les femmes doivent être encouragées.

« NI PYTHAGORE, NI LÉONARD DE VINCI, NI LES CATHARES N'AIMAIENT LA VIANDE »

Le végétarisme

Serons-nous tous un jour végétariens ? Ou, pour mieux poser la question, pourrons-nous faire autrement ? Au XXIᵉ siècle, la croissance des pays émergents, la Chine en tête, incite à y réfléchir. Combien y aura-t-il d'animaux pour nourrir l'humanité si l'on rejoint partout les standards de consommation occidentaux ? Combien y aura-t-il d'hectares de céréales pour nourrir ces animaux, combien y aura-t-il de litres d'eau pour arroser ces hectares ? Produire toujours plus de viande menace les équilibres agricoles. Les chiffres sont affolants, à la mesure des dégâts pour la santé et l'environnement d'un tel mode de vie. De plus, pour beaucoup, les conditions d'élevage de l'agro-industrie ont dépassé depuis longtemps les limites acceptables. D'un point de vue à la fois écologique et éthique, le recours à la viande et aux produits laitiers soulève de plus en plus de problèmes. Dès lors, le végétarisme sera-t-il l'avenir de l'homme ?

Petite histoire utile du végétarisme : en Occident, c'est Pythagore qui défend pour la première fois le végétarisme, vers 530 avant Jésus-Christ. Pour ce philosophe présocratique, les âmes se réincarnent à travers l'ensemble du vivant. Aucun être de sang ne doit servir de nourriture à un autre être de sang. L'abattage des animaux est un crime.

Platon dans *La République*, 380 avant J.-C., décrit lui une cité idéale et saine, dans laquelle les habitants, végétariens par nature, font le choix de la frugalité. Une trop forte expansion entraînant des excès menacerait la cité et la rendrait insalubre. Elle favoriserait les maladies et les guerres d'appropriation des pâturages. Mais l'époque romaine ne l'a pas écouté, elle s'est peu souciée du végétarisme, elle n'avait pas d'interdits alimentaires. L'image est connue des banquets savoureux, riches en vins et mets de toute sorte. Passons sur le Moyen Âge, les siècles rabelaisiens aux goûts « carnivores » assumés, même si quelques mouvements jugés hérétiques, comme les cathares, refusaient catégoriquement de consommer de la viande.

Le végétarisme – il ne porte pas encore ce nom – réapparaît aux Temps modernes avec Léonard de Vinci, grand observateur de la nature, qui réfléchit avec gravité à notre relation aux animaux, effrayé de constater que « la vie des hommes est faite de la mort des autres ».

D'autres penseurs célèbres, aux siècles suivants, ont aussi tenu des propos critiques, au nom du respect de la nature : Jean-Jacques Rousseau, Voltaire, ou encore Isaac Newton. La voie est tracée en tout cas pour les premières initiatives militantes, elles apparaissent avant le milieu du XIXᵉ siècle et s'amplifient au siècle suivant, alors que le grand vertige de la consommation s'est emparé de la planète.

Pour répondre à cette demande, le XXᵉ siècle a fait le choix de l'élevage industriel. Ce type d'élevage contribue déjà pour au moins 18 % au réchauffement climatique global, pourcentage plus important que celui des transports. Qu'en sera-t-il en 2050 lorsqu'il faudra nourrir 9 milliards d'habitants ? On pourrait penser, que pour des raisons tout aussi alimentaires que sanitaires et écologiques, nous devrions cesser de consommer de la viande. En réalité, adopter un régime totalement végétarien aurait des conséquences écologiques plutôt négatives. Ce contre quoi il faut lutter c'est l'industrialisation de l'élevage.

Demain, tous végétariens ? Il est courant de lire ou d'entendre que la faim et la malnutrition – 800 millions de personnes sur la planète en souffrent – sont dues à l'insuffisance de la production mondiale. On ne produirait pas assez, pas assez vite, il faudrait faire beaucoup mieux, inventer d'autres techniques pour améliorer les performances. Mais c'est un malentendu : en réalité, la faim et la malnutrition proviennent bien davantage d'un grave problème d'inégalités de répartition, d'inégalités d'accès à la nourriture et d'inégalités de revenus que de l'insuffisance des quantités produites. Il suffit pour s'en convaincre de mesurer l'ampleur du gaspillage opéré dans la grande distribution : chaque hypermarché français jette annuellement près de 200 tonnes de déchets alimentaires. En additionnant les pertes, on arrive au tiers de la production mondiale ! Si l'humanité adoptait un régime végétarien, cela ne réglerait pas nécessairement le problème mondial de la faim et de la malnutrition, sauf si on s'attaque à la racine du problème : la répartition des richesses.

Cesser toute forme d'élevage, c'est perdre le lien avec la terre.

Nature et culture

Autre argument entendu, la consommation de viande serait une nécessité pour le bon équilibre alimentaire et la santé. En réalité, du point de vue de la santé, aucun aliment n'est indispensable. Seuls les nutriments le sont. Ce qui importe dans l'alimentation, c'est la diversité. Pour compenser un régime sans viande, les acides aminés essentiels et le fer pourront facilement être trouvés dans d'autres aliments. La question est plus délicate pour le calcium ; les végétariens pourront en trouver dans le lait. Cependant, pour produire du lait, il faut cultiver le soja avec lequel les bêtes sont nourries, et c'est une culture à haute teneur protéinique qui ne pourra donc plus être utilisée pour la nourriture humaine. En outre, la production de lait suppose également la naissance, et souvent l'abattage, d'un jeune veau auquel ce lait était destiné… Rien n'est simple.

S'il n'est pas indispensable de consommer de la viande pour se maintenir en bonne santé, son goût en revanche serait irremplaçable. Or, le goût n'est pas une simple affaire de libre arbitre, de préférences individuelles, il est aussi l'expression de notre culture, de notre histoire, de notre éducation… Le goût, c'est la culture qui devient chair. C'est la culture qui devient nature.

Le lien avec la terre

Enfin, à moins de retourner à la cueillette sauvage, si nous devions tous devenir végétariens, nous rencontrerions de grandes difficultés pour assurer une bonne gestion de l'agriculture car il n'y a pas d'agriculture sans élevage. Sans élevage, les milieux se refermeraient et la biodiversité diminuerait. L'élevage a une grande utilité écologique, à condition, bien sûr, qu'il soit raisonné, que l'on soit capable d'éviter la démesure, c'est-à-dire l'extension continue vers l'élevage industriel, dont le coût environnemental devient exorbitant. À lui seul il causerait déjà 18 % du réchauffement climatique global. Ce chiffre augmente considérablement si on y ajoute les conséquences de la déforestation et du défrichage des terres utilisées pour l'élevage du bétail ainsi que la transformation et le transport des produits d'origine animale.

Entre les sols arables consacrés à l'élevage et ceux cultivés pour nourrir le bétail, la consommation de viande monopolise aujourd'hui une grande partie des terres agricoles disponibles dans le monde. Et l'on sait que celles des pays pauvres sont très largement utilisées pour nourrir des bêtes qui seront consommées dans les pays riches. Ce n'est pas l'élevage en tant que tel qui n'est pas soutenable, c'est bien l'industrialisme !

On le voit, le végétarisme, même à grande échelle, ne peut pas être la solution à nos maux écologiques et alimentaires. C'est même en réalité le contraire. Cesser toute forme d'élevage, c'est perdre le lien avec la terre. Pour faire vivre un écosystème, lui permettre de s'adapter et d'évoluer, l'homme et l'animal ont besoin d'une culture commune. La crise écologique, le vrai drame environnemental, vient du fait que l'homme moderne ne connaît plus son environnement.

Animal-machine

Le débat bascule du côté du végétarisme lorsque l'on aborde la question éthique : la souffrance d'un être sensible est injustifiable du point de vue moral. Penser l'animal comme une machine, dénuée de conscience et de sensibilité, simple horloge complexe, ainsi que le définissaient Descartes et Malebranche, a certainement été un préalable au développement de l'industrialisation de l'élevage. Descartes écrit au marquis de Newcastle : « Les bêtes font beaucoup de choses bien mieux que nous, mais je ne m'étonne pas car cela sert à prouver qu'elles agissent naturellement et par ressorts, ainsi qu'une horloge, laquelle montre mieux l'heure qu'il est, que notre jugement ne nous l'enseigne. » Il a fallu que cette pensée s'imprègne dans la culture, que la sensibilité de l'animal lui soit niée, pour que notre civilisation autorise l'exécution en chaîne dans les abattoirs. Pour les modernes aussi, l'animal n'est qu'une machine à produire : toujours plus de viande, toujours plus de lait, toujours plus d'œufs, etc.

Singes capucins

Mais cette vision de l'animal est désormais bien ébranlée. L'animal-machine est en train de disparaître. La capacité de conscience et de souffrance de l'être vivant a toujours été considérée comme le principal critère dans notre vision de la considération morale. Or, nous savons aujourd'hui qu'il existe une multitude d'autres formes de conscience que la nôtre et qu'elles ne sont pas moins respectables. Comment décider qui est capable d'éprouver de la douleur ? On sait par exemple qu'un ver marin, la bonellie, réagit à la douleur. Que sa réalité soit différente de la nôtre justifie-t-il de la classer du côté des insensibles ?

Au-delà de la capacité de conscience et de souffrance de l'animal, l'éthologie et la primatologie ont aussi récemment affaibli l'idée d'une « particularité humaine » en montrant la capacité de certaines espèces de singes à prendre des décisions morales, comme ces macaques qui, en laboratoire, refusent de se nourrir dès lors que cela implique l'administration de chocs électriques à des congénères. D'autres expériences, tout aussi extraordinaires, montrent que les singes capucins réagissent aux inégalités et à l'injustice. Dans les exercices qui leur sont proposés, certains singes sont volontairement récompensés de manière injuste, ou disproportionnée. Les singes injustement lésés manifestent alors leur mécontentement et cessent leur participation aux jeux.

L'exploitation de la souffrance animale est moralement injustifiable. Mais précisément, il s'agit d'une question morale, d'une protestation légitime contre la cruauté des hommes et les conclusions que nous pouvons en tirer ne vont pas nécessairement dans un sens plus « écologique ».

Droit animal

Aujourd'hui les éthologues, tels que Dominique Lestel, mettent en avant l'existence de « cultures animales ». La seule utilisation de cette expression suffit à attester que ce qui était autrefois un contresens est aujourd'hui une réalité observable.

À partir de toutes ces considérations, certains philosophes, comme Peter Singer et Tom Regan, pour citer les plus connus, concluent à la nécessité d'attribuer des droits aux animaux. Mais, bien qu'ils donnent à la vie animale une valeur intrinsèque, il s'agit encore d'une position typiquement anthropocentrique. Il ne faut pas vouloir faire de l'animal un homme. Si, précédemment, on jugeait les autres espèces en fonction de caractéristiques humaines, comme si, dans l'absolu, l'absence ou la présence de ces caractéristiques étaient l'alpha et l'oméga de la perfection, ici, à l'opposé, on décide de doter l'animal d'une invention purement humaine (un droit) que l'on va distribuer à des êtres qui ne sauront pas de quoi il s'agit.

Cela étant, l'objectif des militants qui réclament l'attribution de droits à certains animaux est d'abord de faire évoluer significativement les mentalités. Considérer les animaux comme des sujets peut être une stratégie politique pour faire évoluer le statut moral de l'ensemble des espèces, démarche qui profiterait à tout le monde. Le cercle de notre considération morale ne cesse de s'étendre et cela a pour effet la réduction de la cruauté et de la barbarie. Pour Peter Singer, après le racisme et le sexisme, la lutte contre le spécisme, c'est-à-dire la hiérarchie entre les espèces, serait une prochaine étape dans l'évolution de l'humanité vers une société moins violente. Le traitement « inhumain » que nous persistons à réserver à certains animaux, en particulier dans l'industrie, relèverait de « la banalité du mal », chère à Hannah Arendt. Cet argument n'est pas sans rappeler la phrase de Léon Tolstoï : « Tant qu'il y aura des abattoirs, il y aura des champs de bataille. »

Penser comme une montagne

Mais là encore, il ne s'agit pas d'un raisonnement écologique ; l'attribution de droits concerne des individus. Elle prolonge l'individualisme moderne. Or, un raisonnement écologiste ne consiste pas à penser du point de vue des individus (encore moins du point de vue des espèces d'ailleurs). L'écologie est un écosystème d'interdépendances et de symbioses. Pour Aldo Leopold, pionnier de l'éthique environnementale, raisonner de manière écologique, c'est « penser comme une montagne ».

« COMBIEN POUR MON EAU DOUCE, MES MONTAGNES, MES FORÊTS ? »

Monétiser la nature

C'était en 1992. Martin Holdgate, alors secrétaire général de la vénérable Union internationale pour la conservation de la nature, lâchait cette remarque un peu désabusée : « Au départ, nous avions une vision très morale, très esthétique de la préservation de la nature. Mais cela ne suffit pas. Pour convaincre, il faut développer des arguments utilitaires. Il faut montrer que la nature sert à quelque chose. » Autrement dit, il faut accepter de se placer sur le terrain de l'économie et de donner à la nature une valeur monétaire. C'est la condition nécessaire pour mieux la protéger, à l'avenir.

En 2006 paraît le premier rapport sur le réchauffement climatique financé par un gouvernement, britannique en l'occurrence. Il a été commandé à un économiste, Nicholas Stern, ancien vice-président de la Banque mondiale, et non à un climatologue. Son titre est explicite : *Rapport sur l'économie du changement climatique*. Appliquant la méthode coûts-avantages, Stern chiffre avec précision le coût, pour les économies mondiales, de l'inaction dans la lutte contre les effets du réchauffement climatique. Il démontre qu'1 % du Pib des budgets nationaux, soit le même pourcentage que celui qui est investi dans d'autres dépenses plus classiques, suffirait à les atténuer fortement.

Les réactions sont à la hauteur de la nouveauté de l'entreprise. Approuvé par plusieurs prix Nobel d'économie, Amartya Sen, Robert Solow ou Joseph Stiglitz, largement diffusé dans l'opinion publique, le rapport est vivement critiqué par d'autres spécialistes, surtout anglo-saxons. L'équipe Stern aurait instrumentalisé la méthodologie économique et dressé à dessein un tableau catastrophiste afin de provoquer un choc dans la communauté internationale et de susciter des prises de décision rapides chez les gouvernants.

Il n'empêche, cette approche continue de progresser. De l'effet de serre au recul de la biodiversité, en passant par la pollution sous ses formes multiples, la question du coût des dégâts causés à l'environnement pénètre le champ de la discipline économique. Dès l'année suivante, 2007, les ministres de l'environnement du G8 lancent la vaste étude Teeb, sur l'économie des écosystèmes et de la biodiversité, espérant qu'elle sera, pour la biodiversité, l'équivalent du rapport Stern. Elle aussi va conclure sur des recommandations aux États, les incitant à donner une valeur économique aux montagnes, aux torrents et à toute la nature qui nous entoure, dans le but de la sauvegarder.

La première, la Norvège s'est lancée dans la démarche : elle a créé un indice, présenté en 2010 à la convention sur la biodiversité de Nagoya, qui lui permet d'évaluer l'état de ses milieux naturels. C'est une première étape : à terme, Oslo souhaite donner une valeur économique à tous les « services gratuits » rendus par la nature. Elle en a dressé l'inventaire, de la pollinisation des insectes à l'expansion des forêts. Au terme de ces calculs, la valorisation de la nature pourrait entrer dans le calcul du produit intérieur brut du pays.

D'autres pays, les États-Unis, le Mexique, plusieurs membres de l'Union européenne, cherchent aussi à estimer la valeur comptable de la nature et à recenser les atteintes à la biodiversité. C'est un fait, les économies mondiales, à leur rythme certes, prennent la mesure du coût élevé pour l'environnement de l'exploitation des ressources naturelles. Reste à s'interroger sur les effets pervers d'un excès d'économisme.

Depuis quelques décennies, une idée fait son chemin. Elle vient de la sphère économique : si la nature se trouve en crise, à ce point menacée de destruction, c'est parce qu'on ne lui a pas attribué de valeur. Il faudrait donc, pour la protéger, lui donner un coût.

Incontestablement, le rapport Stern, en 2006, sur « l'économie du changement climatique » a marqué une date dans la prise de conscience générale des effets économiques négatifs croissants du changement climatique et du coût élevé de l'inaction. Les calculs aujourd'hui sont nombreux et bien connus. Un exemple : des actions efficaces de prévention contre le réchauffement climatique d'ici 2050 coûteraient aux États-Unis 2 % de leur Pib, contre 20 à 30 % si rien n'est fait. L'histoire récente a tragiquement démontré comment une catastrophe naturelle, celle du passage de l'ouragan Katrina, en 2005, aurait pu causer de bien moindres dégâts si elle avait été mieux anticipée. Quelques centaines de millions de dollars investis à la Nouvelle-Orléans, par exemple dans la construction et l'entretien des digues afin de protéger cette ville très exposée, située au-dessous du niveau de la mer, et un meilleur respect des normes de sécurité, auraient évité en grande partie un désastre dont les réparations se chiffrent à plusieurs milliards de dollars, sans compter les pertes humaines.

C'est bien à une économie de la privatisation de la nature que nous assistons.

Huile usagée

Mais contre l'inaction, quels types d'action ? Sur le plan microéconomique, il est vrai qu'un nombre croissant d'entreprises, parmi lesquelles de puissantes multinationales, ont pris la mesure de l'enjeu climatique au cours du dernier quart de siècle et ont engagé des programmes plus ou moins ambitieux pour économiser l'énergie, réduire les pollutions dont elles sont responsables, prévenir d'éventuelles dégradations.

Les préoccupations environnementales rejoignent le plus souvent leur intérêt bien compris. D'une part, le coût des réparations après des dommages causés à la nature peut être très élevé. D'autre part, ces attitudes vertueuses contribuent efficacement à embellir l'image de l'entreprise auprès des consommateurs et des gouvernements. Ainsi le géant américain de la distribution Walmart a-t-il réalisé de substantielles économies, outre une belle opération de communication, en investissant dans des camions alimentés par de l'huile usagée en provenance de ses propres restaurants. Les effets de ces initiatives industrielles, cependant, restent pour l'heure encore accessoires.

On peut observer par ailleurs qu'il n'est pas dans la « nature » de l'économie de penser ses propres limites. Peut-on dès lors compter sur l'économie pour penser les limites de la nature ? Une autre question doit être posée : faut-il « à tout prix » faire entrer les enjeux liés à la protection et à la préservation de la nature dans le cadre de l'économie ? Évaluer économiquement par exemple chaque élément de la biodiversité revient à « artificialiser » la nature, à rendre toutes choses équivalentes, ce qui n'a pas de sens écologiquement. En outre, cette monétisation de la nature tend à réduire la portée des enjeux à une seule dimension, qui devient dominante : celle de l'économie. Or, il n'est pas dans la logique économique de chercher à engendrer des comportements vertueux. Elle n'est pas là pour ça.

« Plus que des diamants »

Mieux vaut sans doute reconnaître que la valeur de la nature n'est pas réductible aux services et aux satisfactions qu'elle doit aux humains, car ce nouvel économisme peut engendrer des dérives inquiétantes. C'est ce qu'un récent documentaire de Sandrine Feydel et Denis Delestrac démontre : parce que les ressources naturelles se raréfient, disent-ils, un jour, « la dernière forêt sur terre, le dernier cours d'eau non pollué, le dernier endroit où respirer de l'air pur vaudront plus que des diamants ».

Considérée sous cet angle, la crise écologique devient soudain une formidable chance pour les acteurs économiques et les marchés financiers. Le *green banking* considère la nature comme un capital, c'est un investissement rentable. On peut noter au passage que le vocabulaire de l'économie s'est étendu à tous les phénomènes naturels. On parle ainsi de « services écosystémiques », comme on le ferait d'autres services dans une entreprise, pour qualifier les activités recensées dans la nature, celles des abeilles avec la pollinisation, par exemple !

Il existe déjà un « marché du carbone », instauré par le protocole de Kyoto en 1997 ; en Europe, grâce au système communautaire d'échange de quotas d'émissions, un « quota carbone », c'est-à-dire un crédit donnant un droit à polluer, est distribué aux entreprises qui ont la possibilité de le revendre à d'autres entreprises souhaitant dépasser leur propre quota. Le « crédit carbone » est une cotation de titres achetés et revendus sur les marchés. La création de ce marché avait pour objectif de réduire les émissions de gaz à effet de serre. Mais c'est un échec. Des quotas trop importants, alloués pendant une période de forte croissance, puis la crise de 2008 ont rendu le système inopérant.

Forêts d'eucalyptus

Le même protocole de Kyoto, à l'origine de ce marché du carbone, a aussi instauré le principe de compensation : si un État ou une entreprise entreprend un projet qui aura un impact négatif sur l'environnement, il doit compenser en investissant ailleurs. Les pratiques du géant minier brésilien Val, qui a largement financé le dernier sommet de la Terre à Rio, en 2012, et se présente comme écologiquement exemplaire, illustrent encore les limites et la perversion de ce système. Pour compenser son activité très polluante, cette multinationale décide de « reboiser » l'Amazonie. En réalité, elle ne fait que planter des forêts d'eucalyptus, créant, à la place de la forêt primaire, un nouveau « désert », réservé à la monoculture, laquelle appauvrit le sol et porte atteinte à la biodiversité. La société vend ensuite ses arbres sur le marché des biocarburants. Ainsi, sous couvert de compensation, elle multiplie ses profits et poursuit les destructions. Là encore, ce projet de compensation a pour le moins été dévoyé.

Désormais il existe aussi un « marché de la biodiversité ». Les espèces en voie de disparition deviennent à leur tour un secteur lucratif. Des établissements d'un nouveau type sont apparus : les biobanques. Ces banques spécialisées dans le vivant créent des actions dont la valeur vient de la « rareté » des espèces menacées. Le mécanisme est mis en lumière par l'enquête de Feydel et Delestrac : la banque achète le terrain où vit une espèce menacée, par exemple l'orang-outan ou la mouche des sables amoureuse des fleurs, du nom de la première mouche en voie d'extinction aux États-Unis. Puis elle émet des actions « orang-outan » ou « mouche des fleurs », équivalentes à une parcelle du territoire. Et elle attend. Plus l'espèce sera menacée, plus l'action grimpera. Titriser Gaïa pour la protéger et lier le destin de la biodiversité à la fluctuation aléatoire des marchés financiers, il fallait y penser.

Les produits financiers issus de la nature prolifèrent aujourd'hui. Après les marchés du carbone ou des droits à polluer et les actions sur la biodiversité, des agents financiers et des assureurs ont inventé les *cat bounds*, des « obligations catastrophes ». Des contrats d'assurance conclus sur les catastrophes naturelles sont transformés en actions qui prennent de la valeur en fonction des événements météorologiques ou sismiques. Cela représente déjà un marché mondial de 17 milliards de dollars.

L'outil fiscal

C'est bien à une économie de la privatisation de la nature que nous assistons. L'économie a réussi à se faire passer pour la solution à la crise écologique. Gagnés par cette nouvelle conviction, les États se désengagent de plus en plus et laissent au marché le soin de défendre la cause environnementale.

Mais si l'économie, quoiqu'elle en dise, ne peut rendre visible la valeur de la nature, en revanche, l'outil économique en tant que tel est très important pour aider à opérer la transition vers une autre appréhension de la nature et modifier les comportements. Il peut être utilisé par les gouvernements dans deux actions essentielles : d'une part, la suppression de tous les financements néfastes à la biodiversité et au climat, comme les subventions, les niches et autres avantages fiscaux, et, d'autre part, l'instauration d'une véritable révolution fiscale.

En France et dans la plupart des pays développés, les politiques fiscales sont les héritières de systèmes mis en place au siècle dernier, quand l'impôt était au service de grands projets collectifs comme l'éducation, la santé, la protection sociale. Au XXIe siècle, la protection de l'environnement devient un grand projet collectif. Les politiques fiscales doivent en tenir compte.

Une politique fiscale écologique pourrait être engagée, à fiscalité constante, sans engendrer de charges nouvelles pour le contribuable, en imposant par exemple moins le travail et plus la destruction du capital naturel, ce qui reviendrait à basculer les charges du positif au négatif ; les taxes porteraient sur ce que nous prélevons, les ressources naturelles, et non sur ce que nous créons, le travail. Le système aurait en outre pour avantage de provoquer la baisse du coût du travail, levier très sûr contre le chômage élevé.

Compétitivité des entreprises et fiscalité environnementale peuvent aller de pair, à condition qu'on s'en donne les moyens. Plusieurs pays d'Europe du Nord l'ont démontré. En étant plus efficace, la fiscalité écologique, notamment la fiscalité sur le prélèvement des ressources naturelles, pourrait enfin permettre de mieux financer les investissements nécessaires et ainsi de faire naître une autre économie.

« JUSQU'ICI, ÇA VA ENCORE... »

La décroissance

Déjà, vers 1930, la boutade avait fait rire : «Celui qui pense la croissance infinie dans un monde fini est soit un fou, soit un économiste.» Kenneth Boulding était économiste pourtant, mais aussi poète, philosophe plutôt mystique... et pacifiste. Mais qui, au début des années 1970, a parlé le premier de «décroissance», ce mot tellement incongru dans une économie mondialisée, enivrée par les promesses du «toujours plus» et convaincue d'en faire bénéficier à terme le plus grand nombre ? C'est un autre brillant économiste et mathématicien, Nicholas Georgescu-Roegen. Roumain exilé aux États-Unis, en rupture complète avec la théorie économique orthodoxe, il veut attirer l'attention sur ce qu'il nomme la «révolution bioéconomique».

Pour lui, l'économie est une science de la vie, ancrée dans l'écologie ; la science économique ne forme pas une sphère autonome par rapport aux sciences naturelles, elle ne peut exister sans lien avec le reste du monde. Il s'inspire donc de la thermodynamique, science des grands systèmes en équilibre, pour montrer comment les limites probables de la croissance, épuisement des ressources, pollution et dégradations, entraîneront inévitablement des inégalités, de graves crises et des conflits sociaux, et, à terme, l'effondrement des sociétés. Ainsi, assure Georgescu-Roegen, nous sommes condamnés à la décroissance ! C'est peu de dire qu'il n'est pas compris alors par ses pairs.

À cette même époque, les Trente Glorieuses prennent fin, et avec elles le plein-emploi et la foi dans le progrès. Que s'est-il passé ? En 1971, la production de pétrole aux États-Unis, premier pays producteur, a atteint un pic et amorcé son déclin. Les Américains sont passés en quelques mois d'exportateurs à importateurs de pétrole. Puis, en 1974, le premier choc pétrolier, la pénurie organisée par les pays arabes, provoqua une panique sur les marchés. Depuis en France, décennie après décennie, le taux moyen de croissance n'a cessé de baisser.

Alors, si la croissance n'est plus possible, la décroissance est-elle la solution ? Mais décroissance de quoi ? De l'économie comme sphère autonome, en combattant l'emprise du capitalisme ? Décroissance globale du PIB en organisant la récession ? Décroissance sélective en réduisant certains secteurs d'activité et en augmentant d'autres ? Décroissance des flux de matière et d'énergie en réduisant la demande ? Et s'il s'agissait simplement de réintroduire les échanges économiques dans la biosphère ?

La question de la croissance du produit intérieur brut est toujours au centre de toutes les analyses lorsqu'il s'agit d'évaluer la santé économique et le niveau de développement d'un pays ou d'une région, voire du monde. Mais un problème de taille a surgi au XXᵉ siècle : la croissance économique est grande dévoreuse de ressources et ces ressources, que l'on croyait infinies, se révèlent limitées. Le défi du développement durable, celui de la « croissance verte », c'est le découplage. Découpler deux croissances qui jusqu'à présent allaient de pair : celle du produit intérieur brut et celle de la consommation des ressources. Et ce découplage doit être absolu : la première courbe doit monter, la seconde doit descendre.

Or si le prix Nobel d'économie Paul Krugman ou Nicholas Stern assurent que ce découplage est possible, l'expérience de ces dernières décennies semble démontrer le contraire, comme le confirment par ailleurs plusieurs travaux, dont ceux du théoricien de la fin de la croissance, Tim Jackson.

La décroissance n'est pas un programme, c'est un constat : la période de croissance semble s'achever d'elle-même, bornée de toutes parts.

La décroissance n'est pas un programme, c'est un constat

Les erreurs de l'économie

Le fait que la science économique n'ait pas été en mesure de prévoir une crise aussi majeure que celle traversée par l'économie mondiale à partir de 2008 devrait suffire à montrer qu'elle s'appuie sur un certain nombre d'erreurs. En science expérimentale, lorsque les faits démontrent une déviation par rapport à la prédiction d'un modèle théorique, les scientifiques reviennent sur le modèle. En 2008, le modèle dominant n'avait pas prévu la crise. Pourtant, au lieu de revenir sur le modèle, la majorité des économistes a continué à défendre la théorie et à chercher les explications ailleurs, dans l'interprétation des faits.

Certaines de ces erreurs sont aujourd'hui bien analysées. En France, la philosophe Dominique Méda en a souligné un certain nombre : « En substituant le désir individuel subjectif au besoin – qui peut, lui, être objectif, collectif, et dont on peut donc discuter –, l'économie a en même temps rendu impossible la construction d'un bien commun. Et cela parce qu'elle a décidé souverainement que l'utilité ne pouvait être déterminée qu'à partir de la multiplication infinie de désirs, tellement incomparables et particuliers qu'il sera impossible de les agréger, voire de les comparer. » Les pères de l'économie classique et néoclassique ont procédé à des choix idéologiques sur lesquels la science économique repose toujours. Guidés par les contextes et les paradigmes de leur époque, ils ont joint la valeur à l'utilité. Ce qui a de la valeur est ce qui est utile, donc tout ce qui trouve un consommateur a de la valeur. La consommation est sacralisée et encouragée, on veut « satisfaire les besoins humains ». Et l'on ne se préoccupe pas des effets pour le bien commun.

La flèche du temps

Mais il y a autre chose : la science économique s'est construite en imitant le modèle mécaniste, c'est-à-dire celui de la science physique du XVIIIᵉ siècle. Or, depuis il y a eu Charles Darwin et Sadi Carnot. Le premier a été mal compris. On a négligé l'importance de l'environnement dans l'aspect interactif de l'évolution et on a tiré de sa théorie des métaphores absurdes sur la compétition entre les individus. Le second a introduit le paradigme de la flèche du temps, qui mène à deux principales conclusions : nous vivons dans un monde fini, et les conséquences de nos interactions avec la nature sont irréversibles.

Sadi Carnot est un physicien français à qui l'on doit la thermodynamique, la science des mouvements de température et des transformations des systèmes. Le deuxième principe de la thermodynamique, dit loi d'entropie, est en quelque sorte un principe de dégradation. L'entropie à laquelle tout est soumis ne détruit pas la matière mais son organisation (décomposition). Et cette destruction est irréversible. Lorsque nous utilisons de l'énergie par exemple, elle est transformée en mouvements ou en électricité, puis est perdue en chaleur. Cela mène à terme à un épuisement des ressources, puisque dans un système isolé, la quantité de matière-énergie accessible se dégrade continuellement et irrémédiablement jusqu'à devenir inutilisable.

Par exemple, le charbon est de la matière organique qui s'est fossilisée. Cette matière organique renferme de l'énergie solaire captée par la photosynthèse. Lorsqu'on brûle du charbon, on libère cette énergie qui se dissipe de telle sorte qu'elle ne peut être utilisée une seconde fois. Si l'on frotte sa main sur une table avec l'énergie du bras, le bois de la table va chauffer. Pourquoi ? Parce que l'énergie utilisée va se perdre en chaleur. Puis, la chaleur se déplaçant vers le froid (c'est ce déplacement de l'air chaud vers l'air froid qui crée le vent) la table va refroidir. L'énergie des calories brûlées sera donc perdue à jamais.

Toute production est soumise à la loi d'entropie. Appliquée à grande échelle, la loi d'entropie explique pourquoi aucun recyclage intégral n'est concevable, pourquoi il n'y a pas de ressources ni d'énergies « renouvelables ». Enfin, à la sortie du métabolisme économique, la composition chimique de l'environnement est modifiée, sa qualité est dégradée : par exemple, la combustion des hydrocarbures relâche dans l'atmosphère le dioxyde de carbone.

C'est tout le sens des travaux de Nicholas Georgescu-Roegen sur les limites probables de la croissance, par épuisement des ressources, pollution et dégradations et sur leurs conséquences économiques et sociales. La science économique peine toujours à reconnaître l'immense apport de ce chercheur qui a tenté de réintégrer l'économie dans la biosphère.

Le troisième choc pétrolier

La négation de ces constats est à l'origine de la cécité économique sur le rôle de l'environnement, donc sur le rôle de l'énergie – en réalité le principal facteur de production – devant le capital. Lorsqu'elle est abondante, elle est à l'origine de la croissance comme lors des Trente Glorieuses, mais, lorsqu'elle vient à manquer, elle est à l'origine des récessions, comme en 2008.

En 1999, le baril est à 9 dollars. En 2007, il monte à 60 dollars puis à 147 dollars en 2008. Quelle est alors la cause de la crise mondiale de 2008 : est-ce l'éclatement de la bulle immobilière américaine ou la hausse des cours du pétrole, comme en 1974 ? Le spécialiste de l'énergie, Jean-Marc Jancovici, a examiné les événements dans le détail : la baisse de la consommation d'énergie précède la baisse du produit intérieur brut dans les pays de l'OCDE. La récession de 2008 serait donc en réalité une sorte de troisième choc pétrolier. Les travaux des économistes Gaël Giraud et Zeynep Kahraman confirment cette hypothèse.

Il est possible que nous ayons atteint un seuil de rendements décroissants. Ce que nous n'arrivons plus à financer et obtenir parce que l'énergie est rare et coûteuse, nous le comblons par l'endettement. Il n'y a alors qu'un pas à franchir pour en conclure que l'endettement croissant a pour origine la hausse du cours du pétrole : en 2008, c'est le crédit bon marché qui a permis de compenser les effets d'un « choc pétrolier ».

Le mythe de Sisyphe

C'est bien parce qu'énergie et croissance sont intimement liées que certains, pour retrouver cette croissance, souhaitent investir dans les énergies non conventionnelles, comme les fameux gaz de schiste. Or, cette volonté nous place face à une contrainte, celle du réchauffement du climat : s'il y a réchauffement climatique à cause du carbone, alors il faut laisser ce carbone issu des hydrocarbures sous terre et ne pas investir dans cette exploitation. S'engager dans la réduction des émissions de gaz à effets de serre tout en investissant dans l'exploitation des gaz de schiste relève de la déraison climatique tout autant qu'économique. Les coûts d'exploration et de production (dont la réparation des dégâts environnementaux) ne peuvent que croître et l'augmentation de la demande provoquée par une brève relance économique fera remonter les cours, ce qui entraînera de nouvelles récessions. Analyser la crise de 2008 sans se soucier du rôle fondamental de l'énergie dans l'économie et préparer l'avenir sans prendre en compte le facteur environnement, c'est se condamner à vivre le mythe de Sisyphe.

Alors de quelle croissance ou de quelle décroissance devons-nous parler ? Il faut dépasser cette alternative et ne pas tomber dans l'obsession de la décroissance après s'être débarrassé de la croissance. Parce que nous persistons à croire que la croissance du Pib est la condition nécessaire pour vaincre les inégalités, nous en cherchons à tout prix le retour. Nous la souhaitons pour les pays émergents et pour les pays en développement, en espérant redistribuer et diminuer les inégalités créées par cette recherche de croissance. Utiliser la richesse créée pour financer la réparation des dégâts causés par la création de richesse ? Nous pouvons ne jamais sortir de ce cercle vicieux… jusqu'à ce que nous nous heurtions aux limites physiques et connaissions alors l'effondrement de nos économies.

« VOIX DE LA MER, ESPRIT DU VENT, *QUEL BEAU PAYSAGE !* »

L'écologie sonore

Dans le «Glossaire de l'écologie sonore», soigneusement mis au point par des documentaristes de radio, on trouve après «Audionaturalisme», «Anthropophonie», «Bioacoustique», «Chant et cris», et aussi «Silence».

Commençons par ce dernier. Il se dit communément que le silence est l'absence de son. Mais c'est une notion très relative, en réalité tout, autour de nous, produit du son. Interrogé en 1970 sur sa définition du silence, le compositeur John Cage répondait à son interlocuteur : «Mais tous les sons que je ne détermine pas!»

C'est ainsi, à la différence de l'œil, «l'oreille n'a pas de paupière»! Toute la question, pour nous protéger ou profiter des sons qui se présentent à nous en permanence, est d'opérer mentalement une sélection parmi eux.

L'écologie sonore, ou écologie acoustique, est l'étude de cette relation complexe entre les organismes vivants et leur environnement sonore. Le concept a été formulé par le compositeur canadien Raymond Murray Schafer. En parcourant ce qu'il appelle *Le Paysage sonore*, il invite à apprécier les sons beaux et utiles pour mieux résister aux autres, ceux qu'il identifie comme des pollutions sonores, néfastes à l'équilibre du monde.

Le paysage sonore est infini. Du côté du monde animal, chaque espèce vit dans un monde sonore différent. Un chat perçoit des sons à partir de - 5 décibels, c'est cent fois plus que le seuil d'audition d'un humain moyen : autant dire que nous n'entendons pas les mêmes choses! Les dauphins ou les chauves-souris, perçoivent, eux, des sons tout à fait inaccessibles à l'oreille humaine. Et que sait-on au juste du monde sonore des poissons ou de celui des insectes?

Rêvons encore un peu sur les sons issus des éléments naturels : les plus discrets, le craquement de la glace, le glissement du sable ou ceux, très faibles, émis paraît-il par certaines aurores boréales et australes… Il devient même possible en accélérant ou en ralentissant un enregistrement d'entendre s'ouvrir une fleur ou de distinguer bien plus que les trois notes familières dans le chant d'une mésange charbonnière.

Raymond Murray Schafer a d'abord cherché à définir les sonorités élémentaires : «Voix de la mer, esprit du vent», puis celles des animaux, oiseaux, insectes et mammifères marins. Mais c'était pour constater que toutes courent le risque de ne plus être entendues. Leur fragile équilibre, issu d'une longue évolution, est désormais soumis au bruit croissant des activités humaines.

Pourtant, insiste Schafer, toutes ces sonorités sont intimement liées à l'imaginaire de l'homme : en coupant les arbres dans lesquels le vent s'engouffre, nous abattons aussi les mythes qui se sont constitués autour des forêts et de leurs mystères. Il n'est pas seulement question de défendre la nature; de fait, les travaux de Schafer croisent plusieurs disciplines, la sociologie, la géographie, l'acoustique, la zoologie.

C'est une manière parmi d'autres de faire «entendre l'environnement sonore comme si c'était une composition musicale – une composition dont nous serions en partie les auteurs», avec les animaux et les plantes.

L a nature s'écoute, elle produit aussi du son, elle est un paysage sonore autant que visuel. Un son est une onde. Il est généralement défini par sa fréquence, son amplitude et son timbre, qui lui donnent sa « couleur ». Mais le terme « son » recouvre un univers bien plus complexe, il n'est pas seulement la description d'un phénomène acoustique, il est aussi la représentation que l'on a de ce phénomène, rappelle le compositeur Michel Chion. On parle couramment d'un beau son, pas d'une belle onde mécanique !

En outre, tous ces sons qui se propagent dans l'air permettent au monde vivant de communiquer. Ce sont des ondes mais ce sont surtout des messages, des échanges d'informations, qui créent et traversent des mondes différents. Dans le monde de la nuit, monde auditif par excellence, la communication visuelle très réduite a permis de développer l'ouïe des espèces nocturnes. Dans le monde aquatique, le son se propage beaucoup plus vite que dans l'air et joue un rôle primordial dans la vie des espèces marines puisque le son leur permet de signaler un danger, de se situer dans l'espace, d'exercer leur séduction. Ces mondes sont radicalement différents du nôtre. La nature présente une large palette de caractéristiques auditives : en fonction de son paysage sonore, chaque espèce a développé ses propres capacités et ses moyens de perception.

La pollution sonore, en éloignant les insectes, perturbe la pollinisation

L'âge du rossignol

En décrivant cette « symphonie de la vie et de la nature », le compositeur Raymond Murray Schafer cherche justement à « brouiller la ligne de démarcation entre monde humain et monde non-humain », ce qui correspond à une idée centrale de la pensée écologiste. Le « paysage sonore » est plus immédiatement sensible, explique-t-il, nous le situons moins bien qu'un paysage visuel inscrit dans l'espace, « ce qui nous rapproche d'une conception plus "englobante" et plus directe de la nature ».

Quelques exemples illustrent cette complexité. Des études de bioacoustique sur les oiseaux ont mis en évidence l'extraordinaire variété de leur gazouillis. Celui de la mésange charbonnière est si rapide que quand nous croyons entendre trois notes, toujours les mêmes, ses congénères en perçoivent dix. De plus, chacune possède sa signature vocale individuelle, elle a sa propre manière de chanter, qui lui permet d'être reconnue à distance. Expérience encore plus surprenante, l'écoute attentive du chant du rossignol permet d'évaluer l'âge de l'individu, car son vocabulaire s'accroît avec l'âge : le répertoire des plus âgés est supérieur de plus de 50 % à celui des individus jeunes. On a pu également constater chez eux l'existence de dialectes, d'accents différents, en fonction des régions où ils vivent. On observe ce phénomène aussi chez le pinson des arbres, ou dans la mer, chez la baleine à bosse qui peut même répandre pendant quelque temps autour du monde des « chants à la mode », avant de les abandonner…

Pour les humains, c'est la première leçon : ne pas se fier à nos sens pour comprendre ceux qui n'ont pas les mêmes sens que nous ! Leurs messages sont bien plus complexes qu'on ne le croit. Quand nous parlons d'un « paysage sonore » ou d'un « environnement sonore », nous ne devons pas oublier que nous avons un point de vue subjectif et des capacités de perception limitées !

Sonar perturbé

Tous ces sons produits par le monde animal voisinent avec les sons d'origine humaine, dont ceux des multiples moteurs et machines, et avec les sons issus des éléments naturels, d'origine non vivante : vagues, pluie, feu, roulements de tonnerre. À ceux-là s'ajoutent maintenant plusieurs sons infimes, à peine perceptibles, que le progrès technique, en les accélérant ou en les ralentissant, nous permet d'entendre. L'air, quant à lui, ne produit pas de son mais le vent peut être bruyant quand il souffle dans les arbres ou entre les constructions…

C'est ici que l'on retrouve Raymond Schafer. En effet, ce paysage sonore qui nous entoure, celui de la nature, est en péril à cause de la société postindustrielle et de ses sonorités propres. En d'autres termes, les bruits d'origine humaine sont en train de dominer les sonorités des éléments, des forêts, des animaux, oiseaux, insectes, mammifères marins, et celles des écosystèmes encore préservés de l'urbanisation. Toutes sont non seulement menacées de disparition au sens propre, mais également menacées de ne plus être entendues, ce qui revient à peu près au même.

En zone urbaine, les oiseaux, dont la communication acoustique est perturbée, sont les premières victimes du bruit. Les populations de moineaux déclinent de façon spectaculaire. Leur monde est bouleversé : couvert par l'excès de bruit, leur chant n'est plus audible, l'appel des petits n'est pas entendu, pas plus que l'arrivée d'un prédateur. Les études montrent aussi que leur langage s'appauvrit. Dans les campagnes, la pollution sonore, en éloignant les insectes, perturbe également la pollinisation, ce qui affecte gravement la biodiversité. Et le monde marin est loin d'être épargné. Comme les chauves-souris, les cétacés utilisent leur sonar pour se déplacer : ils émettent une impulsion sonore et en écoutent les échos pour repérer les obstacles. Leurs ennemis sont les utilisateurs de sonars, militaires et surtout commerciaux : les explorations pétrolières qui sondent les fonds marins provoquent des pollutions sonores catastrophiques pour le milieu aquatique. Dans ces zones, la baleine grise et la baleine bleue, particulièrement vulnérables, cessent de communiquer, de se reproduire, de s'alimenter et finissent parfois par s'échouer.

Les bruits de notre corps

Un monde sans bruit ne peut exister qu'en dehors de l'atmosphère terrestre. L'absence d'air dans l'espace ne permet pas aux ondes sonores de se propager. En revanche, sur terre, un tel monde est impossible. Le silence d'un paysage, c'est le souffle du vent. Le silence d'une bibliothèque, c'est le bruit étouffé des chuchotements. Le silence d'une église, ce sont les échos des pas qui résonnent. Et si nous nous bouchons les oreilles, ce sont les bruits internes de notre corps, rythmés par le battement de notre cœur et la circulation de notre sang, que nous entendons. Les lieux ont chacun leur particularité : un écosystème est aussi un système sonore. Tout dépend de l'équilibre maintenu dans le temps et dans l'espace entre les différentes sources. L'harmonie sonore entre hommes, plantes et animaux, issue d'une longue évolution, a traversé le temps mais n'en est pas moins fragile. Il est impératif de réduire et de contrôler les bruits anthrophoniques qui menacent désormais l'«immense composition musicale».

« TOUT S'ACHÈTE ET TOUT SE VEND »

La marchandisation du vivant

Cela commence mal. Pourtant l'origine du mot est tout à fait innocente, une marchandise sert à faire du commerce, quoi de plus normal, mais ce suffixe qui lui est accolé, qui la prolonge de manière excessive, disgracieuse, ne suggère rien de bon.

On appelle «marchandisation» l'extension d'activités marchandes privées à un secteur non marchand ou à un secteur public. Privatiser la distribution d'eau ou les transports collectifs, favoriser l'enseignement privé sont autant d'actions de marchandisation. Mais attention, prévient le Grand Larousse, il s'agit d'un terme péjoratif. On avait raison de se méfier, car sous les coups de boutoir de la mondialisation et de ses excès, il a vite pris une tournure polémique; la marchandisation désigne aujourd'hui la propension contemporaine à rechercher à tout prix un profit mercantile dans tous les domaines.

Il y a donc les opérations ordinaires, dont plus personne ne s'étonne, et puis il y en d'autres, qui aspirent à le devenir. Il en est ainsi du dépôt des brevets sur le vivant et sur les gènes, autorisé dès les années 1980 aux États-Unis, puis en Europe, devenu aujourd'hui une réalité mondiale.

Et là, il faut prendre le temps de bien comprendre ce qui est en train de se passer. Avec la brevetabilité du vivant, comme le relevait non sans effroi l'économiste André Orléan, «c'est une nouvelle frontière (…) qui a été franchie. Un enjeu considérable, qui touche à toutes les dimensions de l'humain : la santé, l'alimentation, l'éducation et la reproduction». En 2001, 39 multinationales pharmaceutiques avaient engagé des poursuites contre le gouvernement sud-africain au nom de la propriété des brevets parce que celui-ci autorisait l'achat de médicaments génériques antisida dans un pays ravagé par l'épidémie. «Une initiative qui fait froid dans le dos, s'alarmait André Orléan, par ce qu'elle suppose d'aveu-glement face à la situation réelle du monde. La course à la propriété passe par le dépôt de brevets qui définissent les droits acquis et par des avocats qui les défendent.» Devant l'indignation générale, les laboratoires avaient fini par reculer.

Mais la course à la propriété, elle, se poursuit à une vitesse phénoménale, attisée par l'essor des biotechnologies et les milliards de dollars qu'elles génèrent. Ainsi, presque partout dans le monde, avec des variantes en fonction des systèmes juridiques, il est pos-sible de déposer un brevet sur n'importe quel organisme vivant, ses composants ou ses gènes, qu'il soit pluricellulaire ou non. Tout un chacun peut désormais s'approprier une part de ce qui était le bien commun de l'humanité; enfin, pas tout à fait, puisque, bien sûr, dans cette guerre souvent féroce, les puissants ont les meilleures chances de l'emporter. Cette situation soulève de nombreuses questions éthiques et en particulier celle des injustices commises envers les pays les plus pauvres, dont sont responsables les grandes firmes internationales qui procèdent au pillage génétique de leur flore, les privant de la possibilité de les exploiter.

La première convention internationale sur la protection des espèces végétales s'est tenue à Paris, en 1961. Depuis, ses recommandations ont été plusieurs fois modifiées. À l'époque, elle s'était prononcée pour des certificats d'obtention végétale (COV) accordés aux sélectionneurs de semences. Les semences étant considérées comme vitales, le métier de sélectionneur, reconnu dès le XVIIᵉ siècle, était ainsi conforté, comme celui de l'agriculteur, puisqu'il gardait le droit, «le privilège» dans le texte, de prélever une partie de sa récolte pour la conserver, l'échanger, la semer à nouveau, en payant une somme minime.

À ce jour, 70 États, en Europe, en Amérique, en Afrique et en Asie, ont déjà adhéré à cette convention. Ce n'est pas le cas des États-Unis qui ont opté, dès 1930, pour le principe du brevet sur les espèces végétales. Ce système de protection, inspiré du droit industriel, ne prend pas en compte la spécificité du vivant et interdit donc toute utilisation libre du matériel génétique, même dans le cadre de la recherche. Cependant, le dépôt de brevet est resté rare.

L'homme n'est pas en dehors du champ d'application des brevets

« Crime horrible »

Tout change avec le développement des nouvelles techniques, à partir des années 1980. En rendant possibles des interventions telles que le clonage ou la production d'organismes génétiquement modifiés, elles ont fait surgir de nombreux questionnements sur le contrôle et la qualité de la production, la protection de la diversité et la propriété intellectuelle, poussant les États à modifier les lois et à s'entendre sur des objectifs communs. C'est loin d'être acquis à ce jour. Entre-temps, un grand nombre d'entreprises dans le monde se sont approprié une très large partie des semences de la planète.

Du côté du règne animal, 1996 est aussi une date importante. C'est l'année du clonage de la brebis Dolly, premier mammifère conçu sans cellules embryonnaires. L'événement déclenche de très vives réactions dans le monde et des polémiques autour des manipulations du vivant, désormais ouvertes à toutes les possibilités, dont celle du clonage humain. Scientifiques, philosophes, politiques, représentants de la société civile, et même hommes d'Église, prennent position, dénonçant l'«atteinte à la dignité humaine et à l'identité individuelle».

C'est même un « crime horrible » pour l'essayiste américain Jeremy Rifkin. Les comités d'éthique en France, en Angleterre, aux États-Unis, ainsi que ceux du Conseil de l'Europe, de l'Unesco et de l'Onu se prononcent pour l'interdiction, au moins provisoire, de toute recherche sur le clonage humain.

Mais la course à la propriété, qui passe par le dépôt de brevets, est déjà lancée. Le vivant est devenu brevetable, les découvertes aussi. Aux États-Unis, dès 1980, un arrêt de la Cour suprême a, pour la première fois, autorisé le dépôt d'un brevet sur un être vivant, en l'occurrence une bactérie transgénique. L'Europe suit, en juillet 1998, avec une directive sur les biotechnologies qui rend légale la brevetabilité des animaux, des végétaux et des éléments isolés du corps humain, comme les gènes. Le texte est précis, cela concerne « toute matière biologique même préexistant à l'état naturel du moment qu'elle est isolée de son environnement naturel ou produite à l'aide d'un procédé technique ». Les jeux sont donc faits pour le végétal et l'animal : le bien commun de l'humanité peut désormais devenir la propriété de quiconque souhaite se l'approprier !

Trois fois plus cher

L'homme n'est pas non plus en dehors du champ d'application des brevets. Depuis déjà de nombreuses années, certains gènes humains, porteurs de maladies, ont fait l'objet d'acquisitions de brevets. En 1997, une entreprise de diagnostic moléculaire a lancé sur le marché américain des tests pour le dépistage du cancer du sein et des ovaires. La société, associée à l'université de l'Utah, a obtenu plusieurs brevets portant sur deux gènes, BRCA1 et BRCA2, dont les mutations sont liées à ces cancers. Grâce à ces brevets, l'entreprise est la seule à pouvoir pratiquer des tests de dépistage outre-Atlantique depuis 1994.

Cette situation de monopole, extrêmement lucrative, entraîne de profonds déséquilibres dans la recherche. L'intérêt médical est évident et d'autres grands laboratoires, notamment en Europe, travaillent aussi sur cette recherche. Pour ces raisons, le monopole revendiqué par les premiers concepteurs lorsqu'ils entendent l'imposer à l'Europe est vivement contesté en justice. En 2001, l'institut Curie, les Hôpitaux de Paris, le Parlement européen et plusieurs États européens engagent une procédure contre la firme et obtiennent gain de cause. Le coût est au centre de l'affaire, car le test de l'entreprise américaine est trois fois plus cher que celui proposé par l'institut Curie ou par d'autres organismes publics. En clair, si l'entreprise avait pu conserver son monopole, ce surcoût aurait dû être assumé par les systèmes de sécurité sociale nationaux…

Le marché du test génétique est potentiellement énorme et riche de promesses pour la santé, mais les questions fondamentales posées à la société sur les droits à la propriété et sur l'«usage» qui peut être fait du corps humain ne peuvent être éludées ni laissées aux seules lois de la logique économique.

Finitude

Ce marché où s'échange le vivant donne naissance à la «bioéconomie». Mais ce néologisme, forgé dans les années 1970 par l'économiste franco-roumain Nicholas Georgescu-Roegen, devait replacer l'économie dans l'évolution biologique et le système physique.

Finitude des ressources naturelles et fragilité de la biosphère sont autant de limites que l'économie avait niées. La bioéconomie, c'est la prise en compte de ces limites : «le temps du monde fini commence» écrivait Paul Valéry. Et la philosophe Simone Weil, comme en écho : «c'est la limite et non la force qui est souveraine».

Malheureusement, les systèmes ne trouvent leurs limites que par les catastrophes. Le sens premier de la bioéconomie a été dévié par l'OCDE (Organisation de coopération et de développement économique, rassemblant les pays industrialisés) qui dans un rapport sur «La bioéconomie à l'horizon 2030» vante un «nouveau modèle» très porteur d'avancées socio-économiques majeures et de progrès «pour la santé, les rendements agricoles, les processus industriels et la protection de l'environnement». En d'autres termes, comme le rappelle la sociologue Céline Lafontaine, la bioéconomie n'est plus la compréhension des limites, c'est leur mise sur le marché. La bioéconomie s'est installée au cœur même du processus de globalisation et elle est «devenue un mode de production qui touche tous les secteurs, agriculture, industrie, santé, qui prend les processus vitaux au niveau de l'ADN et des cellules, pour les transformer et leur conférer une nouvelle productivité…fondée sur l'exploitation du vivant». Elle est devenue une économie dématérialisée qui transforme le rapport au corps, comme si «les ovules pouss[ai]ent dans les arbres»!

« Piraterie biologique »

Si l'on se place en effet du point de vue de la sociologie, on peut s'inquiéter des risques d'inégalités. La génétique des populations illustre bien la complexité des questions posées. Elle peut, en étudiant les variations génétiques dans des populations déterminées, repérer des migrations ou reconstituer la chaîne de transmission de maladies. À l'évidence, dans ce cas, la population concernée doit être consentante et ce consentement doit être éclairé. Mais la notion de consentement individuel, admise dans les sociétés occidentales, a-t-elle un sens dans une communauté isolée ? Et si cette recherche porte des fruits – par le biais de brevets – sans que la communauté donneuse d'échantillons en profite, n'est-on pas en présence de ce que certains qualifient de « piraterie biologique » ?

En effet, l'accès aux techniques donne aussi accès au corps de l'autre. Il existe aujourd'hui un marché du « don » d'organes et de la transplantation qui profite bien évidemment aux plus riches et entretient une rupture entre le Nord et le Sud, entre « consommateurs et producteurs » : c'est l'exploitation économique de la désespérance et de la promesse de jours meilleurs, celles des pauvres qui acceptent de vendre pour sortir de la misère, celles des malades qui achètent pour survivre.

Certes, un marché où s'échangent des parties du corps n'est pas une nouveauté. Dans *Les Misérables*, de Victor Hugo, écrit en 1811, Fantine, poussée par la misère, est contrainte de vendre tout ce qu'elle possède, jusqu'à ses dents et ses cheveux.

Au XXIe siècle, cela se passe à une toute autre échelle. Comment éviter que se développe un trafic d'organes – rein, foie, pancréas – et de tissus humains – cornée, moelle – alors qu'ils sont de plus en plus demandés ? Ce marché a pris une telle ampleur, il a si bien pénétré certaines économies qu'il a franchi aussi les frontières de la biopiraterie. On sait qu'elle est déjà largement répandue pour les plantes et les animaux. L'Indienne Vandana Shiva parle de ce marché comme « d'une nouvelle forme de colonisation et d'un processus orchestré de destruction de la biodiversité ». Il est d'ailleurs combattu par la communauté internationale ; le protocole de Nagoya, sur l'accès aux ressources génétiques et le partage des avantages liés à leur utilisation, est entré en vigueur fin 2014.

Les dons d'organes et de tissus humains ramènent au problème déjà évoqué à propos des brevets. Même si l'on parvient à supprimer le déséquilibre actuel entre l'offre et la demande d'organes, le coût restera élevé pour les pays du Sud.

Et les bénéfices des recherches – essentiellement menées dans des pays industrialisés mais avec un «matériau» provenant souvent d'autres pays – risquent fort de ne pas être suffisamment partagés. Dans ce domaine, comme dans tous les autres, il est temps de réagir. Le philosophe Michael Sandell nous y enjoint : «Il ne faut plus abandonner au marché le dur travail de la citoyenneté démocratique».

« LE PRÉFET POUBELLE NE MÉLANGEAIT PAS LES CHIFFONS ET LES PAPIERS AVEC LES COQUILLES D'HUÎTRES »

Les déchets

«Rudologie» est un mot tout neuf, forgé il y a quarante ans à peine par un géographe humaniste, Jean Gouhier. Il a consacré sa vie de chercheur à étudier la civilisation urbaine par «les marges et les périphéries, les friches industrielles dégradées et polluées, les décharges...» Le terme vient du latin *rudus* : gravois, plâtras, déblais, décombres (dictionnaire Gaffiot, 1934). «Détritus» ferait aussi l'affaire, ou «déchet». Retenons ce dernier. Le plus souvent, le déchet est laid, malodorant, encombrant et il n'est pas facile de s'en débarrasser, car le déchet, comme les plantes rudérales, celles qui poussent justement sur les décombres, est un ami de l'homme; il le suit partout, c'est même à cela qu'on le reconnaît.

Les autres espèces vivantes produisent aussi des déchets, mais les feuilles mortes, les cadavres d'insectes, les déjections animales, en s'éliminant d'eux-mêmes, contribuent à l'équilibre des écosystèmes. Ce n'est pas le cas des innombrables produits liquides ou solides et des matériaux abandonnés par l'homme ou destinés à l'abandon après leur utilisation. Mais «abandonnés» ne signifie pas qu'ils sont inutilisables. La rudologie, science du déchet, se propose donc de s'occuper d'eux.

L'histoire des déchets accompagne celle des humains. Pendant la préhistoire, les hommes se contentaient de s'éloigner de leurs immondices, constitués en majeure partie des restes de leurs repas, et les laissaient se décomposer dans la nature. Beaucoup plus tard, les Romains ont installé d'ingénieux réseaux de tout-à-l'égout dans leurs villes, dont le plus fameux, celui que Tarquin l'Ancien fit construire à Rome sur le Tibre, est encore visible.

En effet, ce sont les villes, avec leurs milliers d'habitants venus des campagnes pour y faire du commerce, qui posent un problème. À Paris, au Moyen Âge, le passant devait enjamber les ordures entassées sur la voie publique et lever souvent la tête : «Gare là-dessous!» hurlait-on avant de renverser des seaux par la fenêtre. «Le «tout-à-la-rue» a longtemps précédé le tout-à-l'égout.» D'autres villes capitales, Londres par exemple, ont inventé les trottoirs, assez hauts pour préserver le bas des robes et le cuir des bottines. Mais en France, en dépit de quelques tentatives, il a fallu attendre le XIXᵉ siècle pour le pavage des voies et des systèmes d'égouts dignes de ce nom. Il y avait bien eu sous Louis XII, vers 1506, une taxe «des boues et des lanternes», car on voulait aussi faire payer l'éclairage, mais, devant le mécontentement général, elle avait été rapidement abandonnée. La plus grande part des déchets et résidus trop encombrants était transportée aux abords des villes, dans des «voiries», avec «les vidanges, les fumiers et les débris d'animaux».

Enfin vint Eugène Poubelle, l'ingénieux préfet, concepteur en 1883 des récipients à couvercle qui portent son nom. Obligation fut faite aux propriétaires d'en équiper tous les habitants. Les consignes étaient strictes, et le tri sélectif était déjà à l'ordre du jour : on ne mélangeait pas les «résidus de ménage (avec) le verre et les coquilles d'huîtres ou de moules»! Les instructions n'étaient pas toujours respectées.

La rudologie, qui veut offrir une nouvelle vie au déchet, avec ou sans transformation, peut tirer parti de la prolifération des détritus de toutes natures. Mais elle ne saurait se substituer à une véritable réflexion sur les causes profondes du phénomène. Pour moins polluer, produire une quantité plus raisonnable de déchets et privilégier ceux qui sont réutilisables, il faut d'abord prendre le problème à la racine, comprendre pourquoi l'homme pollue, ensuite pourquoi une telle accélération s'est produite, répandant sur la planète une pollution si massive.

« Ceci est à moi ! »

La première explication est classique. Elle rejoint la critique de la civilisation industrielle, de la croissance économique telle qu'elle s'est imposée, avec ses conséquences : la quête du toujours plus, la frustration perpétuelle et l'ivresse du gaspillage.

Mais il en existe une autre, développée par Michel Serres, dans *Le Mal propre* : salir, donc polluer, est le fondement de la propriété. C'est une thèse essentielle, puisqu'elle touche à la conception moderne de la propriété et de son origine.

Les penseurs de l'ère moderne ont inventé des mythes sur l'homme à l'état de nature et sur l'origine de la société parce qu'ils avaient l'intention de fonder la souveraineté sur la raison et non plus sur le divin.

> « Marquer de son odeur ou de son empreinte, salir, souiller, polluer, c'est s'approprier ».

Pour Jean-Jacques Rousseau, l'homme a décidé de sortir de l'état de nature : cette dernière étant « inhospitalière », elle a poussé les hommes à se réunir afin de s'en protéger. La société a alors permis de chasser la nature. Le philosophe avait défini la propriété comme une invention humaine : « Le premier qui, ayant enclos un terrain, s'avisa de dire « Ceci est à moi », et trouva des gens assez simples pour le croire, fut le vrai fondateur de la société civile. »

C'est la théorie politique classique du contractualisme selon laquelle l'homme a fini par trouver raisonnable de sortir de la nature par « contrat social », c'est-à-dire en se constituant en société. Pour Thomas Hobbes, autre contractualiste que l'on oppose à Rousseau, « l'homme est un loup pour l'homme » à l'état de nature. La société est un état artificiel qui a alors pour objectif de protéger l'homme de ses propres pulsions destructrices.

« L'ombre glacée des sapins »

Cette théorie politique classique est aujourd'hui remise en cause par des philosophes de l'écologie comme Serge Moscovici, et même par l'éthologie et la botanique contemporaines : pas plus que la culture, la propriété et la pollution (cette dernière se retrouvant même chez les végétaux), la société n'est le propre de l'homme.

L'homme en réalité n'est jamais « sorti » de la nature. Il n'y a aucune séparation entre la nature et la culture. L'homme est un être de nature et l'évolution de la société un processus naturel.

L'origine de la souveraineté serait donc en réalité le sale. Le propre (donc la propriété), nous dit Michel Serres, s'acquiert et se conserve ainsi. Nous polluons le monde pour nous l'approprier. Il ne s'agit pas là d'une particularité humaine : de nombreuses espèces animales utilisent leurs déjections pour marquer leur territoire. Et même des espèces végétales s'approprient le sol : « Rien ne pousse à l'ombre glacée des sapins. »

Cet acte d'appropriation n'est pas issu d'une invention culturelle, du droit ou d'une convention, comme le soutient la théorie classique ; il serait plutôt un instinct d'origine animale. Marquer de son odeur ou de son empreinte, salir, souiller, polluer, c'est s'approprier. D'ailleurs, ce qui est propre, vierge de toute salissure, est sans propriétaire et pour cette raison accueillant ! En d'autres termes, la pollution humaine n'est pas seulement le dommage collatéral d'un capitalisme débridé. L'homme pollue la planète parce qu'il cherche à se l'approprier, à s'en rendre « maître et possesseur » (Descartes). C'est donc sur le terrain du droit qu'il faut aller pour lutter contre ce fléau :

« Pour lutter contre la pollution », écrit Michel Serres, il faut « poser au centre la question de la propriété. C'est d'ailleurs pourquoi j'ai parlé de "contrat naturel" : faire de la Terre un sujet de droit. Le droit n'a cessé d'évoluer dans l'Antiquité, les enfants, les femmes, les esclaves, les étrangers (…) étaient exclus du droit. Aujourd'hui, tout être humain est sujet de droit. Pourquoi pas dès lors élargir aux objets, aux plantes, aux autres vivants, cette notion de sujet de droit, dire qu'un environnement naturel peut porter plainte en justice ? »

« Détritivores »

Mais si tous les êtres vivants salissent et transforment leur environnement, l'homme a désormais une particularité : il est le seul, et ce depuis la révolution industrielle, à produire des déchets non organiques. D'ailleurs, l'idée même de pollution ne s'impose qu'à la fin du XIX⁰ siècle. Auparavant on ne parlait que de nuisance ou d'insalubrité.

La révolution industrielle a sorti l'économie du métabolisme de la nature. Elle a changé la «nature» des déchets, qui n'entrent plus dans aucun des grands cycles biogéochimiques : ni dans le réseau trophique, la chaîne alimentaire qui va de l'autotrophe (qui produit de la matière vivante) aux «détritivores» ou «décomposteurs» (qui se nourrissent de la matière organique morte), ni dans l'écosystème où l'énergie et les flux de matière circulent de manière cyclique entre les deux compartiments, biotique (le vivant) et abiotique (l'inerte).

Métaux, plastique, chimie, électronique, engrais pour l'agriculture ont envahi le territoire, et s'y sont installés durablement. Et le XX⁰ siècle a même produit le déchet ultime : le déchet radioactif. Une autre société s'est imposée dans les pays développés, avec d'autres modes de consommation. Et partout les décharges se sont multipliées, car tout doit être neuf et le rester, on ne répare plus, on jette : le XX⁰ siècle a inventé l'économie de l'obsolescence. Hannah Arendt résume d'une formule cinglante l'entropie de cette économie : «Dans les conditions modernes, ce n'est pas la destruction qui cause la ruine, c'est la conservation», car «la durabilité des objets conservés est en soi le plus grand obstacle au processus de remplacement dont l'accélération constante est tout ce qui reste de constant lorsqu'il a établi sa domination».

Ces habitudes se généralisent à l'ensemble du globe et deviennent inquiétantes. Mais elles passionnent aussi; des sociologues, des philosophes, des économistes entreprennent de fouiller dans les poubelles, pour comprendre. Le déchet, objet de répulsion, devient source d'enseignements, il est la trace laissée partout où vont les hommes, et même où ils ne peuvent aller : les fonds des océans en regorgent, tout comme le ciel; les satellites en orbite sont aussi des déchets. On en conclura alors que, même que si le propre c'est le sale, le propre de l'homme n'est pas d'être sale. Son propre, et encore une fois depuis une période récente, est que son sale ne devienne jamais propre.

« HARO SUR LA VIE AU BUREAU ! »

De l'utilité du travail

Normalement il faudrait traduire, mais le terme sonne si bien en anglais : les *bullshit jobs*. Il a d'ailleurs bien amusé les lecteurs du pamphlet sorti sous ce titre. L'auteur en est David Graeber, anthropologue et économiste, sympathisant actif en 2011 du mouvement Occupy Wall Street qui a campé à New York devant la célèbre place financière, avant d'être repris dans de nombreux pays. *Bullshit jobs*, donc. Restons polis et traduisons sobrement par : emplois inutiles, travail bidon ou métiers à la noix... L'auteur l'assure, ils représentent «la majorité des tâches exigées au bureau».

C'est donc qu'un très grand nombre de salariés leur consacrent tout leur temps, tout en étant parfaitement conscients de leur stupidité ! «Dites ce que vous voulez des infirmières, des éboueurs ou des mécaniciens, écrit David Graeber, mais s'ils venaient à disparaître, les conséquences seraient immédiates et catastrophiques.» La même remarque vaut pour les professeurs, les dockers, les auteurs de science-fiction ou les musiciens : à coup sûr ils nous manqueraient.

Mais peut-on en dire autant de la disparition des directeurs généraux d'entreprises, des lobbyistes, des assistants en relation presse, des huissiers de justice ou des consultants ? Bien sûr que non, assure David Graeber et il ajoute : «Beaucoup soupçonnent même que sans eux la vie s'améliorerait grandement.» La raison en est évidente : tous ces métiers ont été créés pour «continuer à nous faire travailler», quand les progrès techniques, ainsi que l'avait prédit Keynes, dès 1930, ont rendu possible la réduction du temps de travail... Les services financiers, les ressources humaines, les administrations, les relations publiques sont autant de manifestations d'un gonflement artificiel du travail. Inutiles, on vous dit.

On s'en doute, les réactions ne se sont pas fait attendre, montrant parfois un franc mécontentement. On a opposé à ces critiques la complexité croissante de l'économie mondiale ; il faut bien un management pour accompagner la nouveauté, conseiller, communiquer pour mieux vendre. On a argué du sens du travail individuel, indispensable contribution à l'œuvre collective, on a comparé avec d'autres métiers, bien moins valorisants, aux siècles précédents. Mais d'un autre côté, les réseaux sociaux ont flambé, enthousiastes pour la plupart, ironiques... et très contributifs. C'est bien la preuve, comme l'a relevé un observateur, qu'en effet la présence au bureau laisse du temps de loisir devant l'ordinateur !

Le débat autour des *bull shit jobs* rappelle s'il en était besoin que la question de la qualité et de l'utilité du travail dans nos sociétés modernes est posée. Quel type de travail voulons-nous ? Combien de temps sommes-nous prêts à lui consacrer ? Et dans quelles conditions souhaitons-nous l'exercer ?

La peur du chômage est légitime ; on ne peut rien imaginer de pire qu'une société de travailleurs sans travail, assurait Hannah Arendt. Et pour John Maynard Keynes, plus provocateur : « mieux vaut encore employer des gens à creuser des trous et à les reboucher, plutôt que plonger dans la récession et laisser le chômage s'installer ». Le chômage est redevenu, à partir du dernier quart du XXᵉ siècle, la grande préoccupation dans l'Union européenne. Le chômage de masse s'est accompagné d'une forte dégradation de l'emploi, très pernicieuse puisque le salariat devient de plus en plus précaire. Et les taux ne baissent toujours pas dans plusieurs pays, dont la France.

De nouveaux emplois dépourvus de toute raison d'être... hormis d'être un emploi !

Emploi sans croissance

Comment créer des emplois et maintenir les emplois existants sont des questions lancinantes pour les gouvernements. Cela explique le maintien de certaines filières devenues obsolètes, si ce n'est nuisibles à l'environnement, comme les usines de fabrication de sacs en plastique, de canettes en aluminium, ou encore d'engrais chimiques très polluants. Il est à craindre que les objectifs de réduction des nuisances environnementales et des excès de la consommation viennent détruire à terme les emplois correspondants, tout comme ils menacent les emplois dans l'industrie automobile ou les activités liées à l'énergie fossile.

Mais l'on sait aussi qu'une réorientation de l'économie vers la recherche de gains de qualité et de durabilité, si elle est engagée avec suffisamment de détermination, exigera un important volume de travail, lequel, bien réparti, pourrait profiter au plus grand nombre. L'économiste Jean Gadrey en est convaincu : « La réorientation de la production qui en découlerait n'exigerait pas moins d'emplois et de valeur ajoutée, mais probablement plus, en tout cas dans la majorité des secteurs et dans les prochaines décennies. »

Les chiffres actuels de la croissance passent à côté de la plupart des critères de qualité et de durabilité, ils ne les intègrent pas et nous renseignent essentiellement sur la croissance des quantités produites. La recherche effrénée de gains de productivité se fait au détriment de la qualité des produits et, dans bien des cas, porte atteinte à la qualité du travail lui-même. Or, poursuit Jean Gadrey, «on peut avoir du développement économique durable, innovant et riche en emplois, sans croissance des quantités, parce que les processus de production les plus doux avec la nature, les plus économes en énergie et en matériaux, en eau, etc. exigent plus de volume de travail, donc plus d'emplois pour une durée moyenne du travail donnée, que les productions polluantes et surexploitant les ressources naturelles». Et plus d'emplois encore pourront être créés si l'on met en place une politique équilibrée de répartition entre temps de travail annuel et temps de loisir.

Verts et «verdissants»

Quant aux emplois du secteur de l'environnement, parfois qualifiés un peu rapidement d'«emplois verts», ils souffrent d'une définition trop vague, il est difficile de les identifier. Contrairement aux idées reçues, les activités de plein air, au sein de parcs naturels par exemple, ne représentent qu'une minorité de postes. Le secteur offre beaucoup d'emplois de services, mais cela concerne surtout des métiers peu qualifiés, les ouvriers et les techniciens (par exemple les agents d'entretien et d'assainissement). Les employeurs, qu'il s'agisse de multinationales comme Veolia Environnement ou Suez Environnement, de petites entreprises privées ou de collectivités locales, recherchent surtout des spécialistes en prévention et traitement des pollutions et des nuisances, en gestion des déchets et des eaux usées, en aménagement du territoire et du cadre de vie. Les industries traditionnelles font aussi appel à des cadres, responsables qualité, sécurité, environnement, pour appliquer les normes environnementales ou à des experts en efficacité énergétique. À ces emplois potentiels, il faut ajouter les métiers «verdissants», qui existent déjà dans les entreprises, mais qui doivent évoluer, qu'il s'agisse des transports, de la logistique ou de la fonction achat.

Le secteur des écoactivités est en pleine croissance, même si, comme le reste de l'économie, il souffre des effets de la crise depuis 2008, dans le BTP par exemple, «noyau dur» de la transition énergétique, où l'offre a fortement baissé ces deux dernières années. Par ailleurs trop souvent les «emplois verts», lorsqu'ils sont créés dans des filières innovantes comme le photovoltaïque, souffrent du manque de formation adaptée à ces métiers. Ou bien, considérés comme des emplois d'ajustements, ils subissent les dégradations modernes des conditions de travail.

Deux scénarios

Il n'empêche, la demande d'emplois est forte et les perspectives à long terme sont bonnes. Quant aux répercussions sur l'emploi que pourrait avoir, en France, une politique volontariste vers la transition énergétique, c'est-à-dire un développement massif des économies d'énergie et des énergies renouvelables, elles seraient positives, de l'ordre de 240 000 emplois créés, équivalent temps plein, en 2020 et plus de 600 000 avant 2030. Le Cired (Centre international de recherche sur l'environnement et le développement), qui a publié ces estimations dans une étude parue en 2010, a comparé ce scénario à un autre scénario qui ne ferait que prolonger les évolutions récentes et appliquer les politiques déjà décidées. Par rapport à 2010, le scénario 1 aboutit à une division par deux des émissions de CO_2 d'origine énergétique en 2030 et par 16 en 2050, sans capture-stockage du CO_2, sans mise en œuvre de nouvelle centrale nucléaire et avec fermeture des centrales existantes au bout de quarante ans d'exploitation au maximum. Ainsi, en intégrant dans les calculs un certain nombre de paramètres et en y ajoutant la sensibilité des résultats au prix de l'énergie, l'évolution de la productivité du travail, la répartition du coût entre ménages et administrations publiques et enfin l'arbitrage consommation-épargne, l'effet sur l'emploi reste largement positif dans tous les cas.

Ce sont surtout les nouveaux métiers qui façonneront le monde de demain, pas seulement dans les techniques de pointe, mais aussi dans l'agroécologie, dans l'habitat, dans les déplacements. Pour cela il faudra développer de nouvelles qualifications, qui devront être proposées à tous. Pour s'adapter aux mutations économiques et se reconvertir dans des métiers plus écologiques, il faudra se former plusieurs fois au cours d'une vie. Or, en France, les inégalités restent largement déterminées à la naissance : l'éducation républicaine ne suffit plus à les réduire. La mobilité sociale a progressé pendant les Trente Glorieuses, mais la société n'est pas devenue plus égalitaire, c'est la structure sociale dans son ensemble qui a été aspirée par le haut. Les inégalités continuent de se reproduire au fil des générations : sept enfants de cadres sur dix ont un poste d'encadrement et la même proportion d'enfants d'ouvriers un poste d'exécution, nous rappelle le sociologue Camille Peugny.

La société future, celle qui vivra dans une situation de rareté (rareté des ressources, frugalité de la consommation), devra abandonner l'idée que tout est joué à l'issue de la formation initiale et tendre vers un autre système d'éducation, «un vrai dispositif de formation universelle tout au long de la vie», seul capable de permettre aux individus, quel que soit leur âge, de s'adapter aux grandes mutations économiques qui s'annoncent.

Liberté réelle

Dans la course effrénée vers la croissance exponentielle que nous connaissons aujourd'hui, le maintien de l'emploi à un niveau à peu près acceptable, exigence légitime de la société de consommation, passe désormais par des subterfuges. Ce sont les fameux *bullshit jobs* que dénonce David Graeber. On en vient à complexifier toujours plus le système pour justifier la création de nouveaux emplois «inutiles», dépourvus de toute raison d'être... hormis d'être un emploi! De même, on fait l'apologie du jetable en laissant programmer l'obsolescence des objets. Le but est d'augmenter artificiellement la consommation, donc la demande, pour créer de nouveaux emplois ou, au moins, ne pas en détruire davantage. La peur du chômage, toujours.

Face à cette impasse, la réponse de David Greaber est la création d'une allocation universelle, inconditionnellement versée à tout citoyen, de sa naissance à sa mort. Il s'accorde sur ce point avec André Gorz qui, bien avant lui, s'élevait contre la conquête du travail par le salariat.

Cette volonté de garantir un revenu de base à chacun dans la société se situe dans le prolongement du programme des Lumières, puisqu'il s'agit d'une matérialisation des droits du citoyen, de sa capacité à les exercer pleinement. Thomas Paine l'exprimait déjà au XVIIIe siècle en déclarant que «sans un minimum de ressources, le nouveau citoyen ne peut vivre pleinement les principes républicains de liberté, d'égalité et de fraternité». Pour le philosophe et économiste belge Philippe Van Parijs, qui défend cette idée depuis les années 2000, l'allocation universelle versée à tous les membres d'une communauté, sans conditions de ressources ni de travail, est la condition de la liberté réelle.

André Gorz parlait, lui, d'un «revenu d'existence», grâce auquel il pensait que l'on pourrait sortir de la société salariale. Ainsi, plus personne ne serait forcé d'accepter un emploi indigne, pénible, inutile ou polluant. Ce revenu devrait être suffisamment élevé, car, assurait-il, «plus le revenu de base sera faible, plus l'incitation à accepter n'importe quel travail sera forte». Il espérait que cela entraînerait un réajustement de l'économie : si certains métiers ne suscitent plus d'intérêt, la société n'aura d'autre choix que de se remettre en question et de s'organiser autrement.

Données personnelles

Quelles que soient les approches, l'idée fait son chemin, le débat est ouvert. Dans plusieurs pays, au Canada, aux États-Unis, ou en Namibie, des expérimentations ont été tentées localement. En Suisse, une initiative populaire a été lancée en avril 2012. La population devra se prononcer en 2016 par référendum sur l'instauration d'un revenu mensuel de base versé à tous les citoyens.

Enfin, pour d'autres, comme la philosophe Cynthia Fleury, l'allocation universelle peut se révéler nécessaire face à d'autres transformations de l'économie comme le développement du travail «dissimulé», où le consommateur, sollicité en permanence par les services marketing de sites en ligne, de grands distributeurs, de réseaux sociaux, participe à la création de valeur des entreprises en leur abandonnant toute une série d'informations et de «données personnelles». Le citoyen-consommateur travaille à son insu sans être rémunéré. De là découle la nécessité de lui verser, sans conditions, un revenu de base.

« IL SUFFIT D'ENTRER DANS LA BOUCLE »

L'économie circulaire

« Rien ne se perd, rien ne se crée, tout se transforme. » La loi de conservation de la matière, formulée par le père de la chimie moderne, Antoine de Lavoisier, le premier à identifier l'oxygène et l'azote – ce qui ne lui a pas évité la guillotine dans la confusion de la Terreur, en mai 1794 –, n'a certes pas été écrite à propos de l'économie circulaire, mais elle lui convient tellement bien. Voyez plutôt : « [...] rien ne se crée, ni dans les opérations de l'art, ni dans celles de la nature, et l'on peut en principe poser que, dans toute opération, il y a une égale quantité de matière avant et après l'opération, que la qualité et la quantité des principes est la même, et qu'il n'y a que des changements, des modifications. »

C'est tout à fait cela, c'est bien le projet de cette nouvelle approche économique qui se propose de produire des biens et des services de la manière la plus économe qui soit en matière et en énergie. Ses partisans cherchent aussi à éviter la destruction des biens et services au terme de leur utilisation et, mieux, de leur inventer une seconde vie, et une autre encore, après celle-là. Si l'on s'y prend convenablement, assurent-ils, tous les biens, tous les services peuvent prétendre à entrer dans ce cercle vertueux.

Bien sûr les produits ne sont pas tous de même nature, impossible de les traiter de la même façon. Ceux qui sont issus de matières organiques sont destinés un jour ou l'autre à réintégrer sans difficulté la biosphère. Pour les autres, composés d'intrants techniques, il faut trouver les meilleures conditions de réparation et de recyclage, si possible au meilleur coût. Envisager d'extraire certains de leurs composants pour les destiner à d'autres utilisations, puis préparer leur retrait final. On le voit, cette logique de boucles recherche la création de valeur à chaque étape du parcours et tourne le dos, résolument, au schéma traditionnel de la production linéaire. L'ennemie, c'est l'obsolescence programmée qui, au moyen d'un ensemble de techniques, très au point, il faut le reconnaître, vise à réduire la durée de vie d'un produit pour encourager son remplacement.

Et pour les services ? Ils entrent aussi dans la boucle puisqu'ils proposent la vente de l'accès à un bien plutôt que la vente du bien lui-même : c'est l'économie de la fonctionnalité. La démarche s'applique aux vélos et aux voitures en libre-service dans les villes, ils « tournent » sans cesse ; pour le consommateur, l'usage du produit a remplacé le produit lui-même.

Les réseaux sociaux, qui l'ont bien compris, peuvent aussi favoriser l'économie circulaire ; ils encouragent à revendre, échanger, réparer ou donner au lieu de jeter, ils veulent mutualiser les biens et les services. Leur vitalité et leur succès intéressent des entreprises, de nouveaux segments de marché, de nouvelles compétences : « Rien ne se perd, tout se transforme. »

Mais passer d'un modèle compétitif à un modèle collaboratif n'est pas si simple. La démarche est complexe, il faut du temps pour convaincre toutes les parties, surtout si cela coûte plus cher, ce qui peut être le cas ! Les sceptiques ne se privent pas de le démontrer. Aussi vertueux soit-il, le débat autour de l'économie circulaire menace de tourner en rond !

L'économie linéaire est aujourd'hui lancée dans un processus qui implique que tout doit passer, périr et disparaître afin de laisser la place au perpétuel recommencement, et ce, à un rythme de plus en plus effréné. C'est le produit compulsif d'un monde qui s'est «emballé». Hannah Arendt l'avait anticipé avec une grande sagacité : la condition du maintien de l'économie capitaliste est «de ne laisser intervenir ni durabilité, ni stabilité». Nous sommes dans une société du jetable, et nous sommes aussi, avant tout, dans une société de l'accumulation, indispensable à nos yeux pour asseoir notre statut social.

Solution miracle

L'économie circulaire est souvent comprise comme un simple recyclage des déchets, ce qui fait d'elle l'exact contraire de l'économie linéaire. Recycler évite le gaspillage et permet de faire de substantielles économies. Pour le cabinet McKinsey, l'Europe économiserait 380 milliards de dollars par an en matières premières si elle adoptait une économie circulaire. Ce n'est pas rien. Cela ramènerait, autre avantage et non des moindres, l'activité sur les territoires et créerait des emplois locaux. 120 000 personnes travaillent actuellement en France dans le secteur de la gestion des déchets. Il s'agit de réintégrer, de «réencastrer», comme dirait Karl Polanyi, le circuit économique dans le métabolisme de la nature, c'est-à-dire dans les grands cycles biogéochimiques.

Pour qu'une économie soit circulaire, il ne faut pas de nouvel entrant dans la boucle

Mais il n'y aura pas de solution miracle. La circularité, pour réussir, exige deux préalables : baisse de la consommation et écoconception. Il ne peut y avoir d'économie circulaire efficace avec un taux de croissance soutenue.

Entropie

D'un côté, les pouvoirs publics cherchent à augmenter l'activité industrielle, de l'autre, ils affichent leur volonté de se diriger vers une économie circulaire. Pour qu'une économie soit circulaire, il ne faut pas de nouvel entrant dans la boucle. Et pour cela, il ne faut pas d'augmentation linéaire de la consommation. Seul un taux de croissance de la consommation inférieur à 1 % pourra assurer un recyclage efficace. Quand la demande est en forte croissance, le recyclage ne peut suffire à satisfaire le volume des consommations nouvelles, il faut donc forcément puiser dans les ressources naturelles. Ce phénomène a été étudié avec précision par François Grosse, président de ForCity. Il donne l'exemple du fer : avec l'actuelle croissance de la production annuelle d'acier (le fer est indispensable à la fabrication de l'acier) qui est de 3,5 %, un taux de recyclage supérieur à 60 % ne suffit pas à préserver les ressources en fer. En d'autres termes, il ne permettra pas d'éviter l'épuisement des ressources naturelles sans baisse de la consommation : « La question de l'économie circulaire ne se pose pas encore selon l'intensité de recyclage, mais d'abord selon la sobriété. Même si 100 % des déchets sont recyclés, le taux de croissance de la consommation des ressources naturelles est simplement incompatible, et de très loin, avec une économie circulaire ». Et ce calcul ne prend même pas en compte le *downcycling*, c'est-à-dire la dégradation de la qualité de la matière, à force d'utilisation et de recyclage. C'est la loi de l'entropie.

Du berceau au berceau

C'est la fin du modèle économique traditionnel qui ponctionne de la matière première, la transforme, la rejette : du berceau à la tombe. En imitant la nature (le véritable art selon Aristote), on se dirigera au contraire vers un modèle économique du « berceau au berceau » (*cradle to cradle* conçu par William McDonough et Michael Braungart), pour tendre, comme dans un écosystème, vers un ensemble cohérent où les flux de matières et d'énergie se transforment au sein de cycles continus. Dans la biosphère, ce mouvement permet l'instabilité, lequel garantit l'évolution tout en ne détruisant jamais rien : la nature convertit. L'objectif n'est alors plus de réduire l'impact des activités humaines, mais de faire en sorte que cet impact soit positif.

L'écoconception *cradle to cradle* permet d'éviter ces écueils. Elle replace les ingénieurs au cœur de la circularité. Elle implique de ne pas se poser la question des déchets *a posteriori* et permet de limiter le *downcycling*. Il s'agit également de ne plus faire circuler les toxicités. L'équation économique du XXIᵉ siècle consistera à faire entrer l'ensemble des matières dans un cycle technique ou un cycle organique.

Cette démarche nécessite de ne plus se focaliser sur la gestion des déchets, mais plutôt sur celle des matières premières. Comme le rappelle François Grosse, dans l'économie, la production et l'utilisation des matières ont des répercussions 40 à 100 fois supérieures à celles de leur transformation en déchets. La valorisation des déchets est « un moyen et non un but de l'économie circulaire ».

Entrer dans la boucle

Aujourd'hui, c'est localement qu'ont lieu les progrès les plus significatifs. Par exemple à San Francisco, aux États-Unis : la ville s'est fixé comme objectif de parvenir à zéro déchet d'ici à 2020. C'était un slogan mais, avec beaucoup de volonté, elle a déjà obtenu des résultats : 80 % de recyclage des déchets en une dizaine d'années.

La condition pour la réussite du projet était de ne pas considérer les déchets comme une charge, mais comme une valeur. Première étape : lutter contre le gaspillage. Les hôtels et restaurants ont été incités à recycler et à composter tous leurs déchets. Les sacs en plastique ont été bannis. On a obligé les professionnels du bâtiment à recycler le béton, le métal et le bois. Quant à la ville, elle s'est engagée à n'utiliser que des matériaux recyclés pour les travaux qu'elle a engagés. Dernièrement, elle a aussi interdit la vente et la distribution de bouteilles d'eau en plastique dans les espaces publics.

Les collectivités françaises pourraient suivre cet exemple. Malheureusement, la plupart d'entre elles ont investi dans des décharges ou des incinérateurs et elles sont désormais liées à ces systèmes par des contrats. Elles n'ont donc pas intérêt à « entrer dans la boucle » du recyclage. Malgré cela, certaines villes font des progrès notables. En moins de 10 ans, Rennes a diminué de 30 % sa production de déchets. La ville a expérimenté un grand nombre de méthodes, de la suppression des sacs plastiques dans les supermarchés à la création d'une filière de réparation de vélos.

Mais, encore une fois, tous ces efforts ne seront pas suffisants si, simultanément, la consommation continue d'être encouragée et poursuit sa croissance.

« LE TROP FAMEUX VERSET 1-28 DE LA GENÈSE »

Religion et écologie

En 1979, un an après son accession au pontificat, le pape Jean-Paul II évoque «la volonté du Créateur de voir l'homme abandonner sa position d'exploiteur et de destructeur, pour retrouver une communion perdue avec la nature». Et il célèbre saint François d'Assise, le saint très populaire, l'auteur du *Cantique des Créatures* : «Nous, par conséquent, proclamons saint François d'Assise patron céleste des écologistes, avec tous les honneurs et les privilèges liturgiques inhérents. »

C'est là une double bénédiction, au saint et à l'écologie, et une dénonciation de ce qu'il devait qualifier plus tard d'«économisme» devenu fou. Jean-Paul II, qui considérait les atteintes à l'environnement comme un problème moral et une menace pour la paix, appelait les catholiques à «l'obligation grave de prendre soin de toute la création».

Benoît XVI, comparant un soir de Noël l'étable de l'enfant Jésus à la Terre maltraitée, reprend ces propos avec la même fermeté. L'écrivain chrétien Jean-Claude Guillebaud n'est pas surpris : «Face aux barbaries contemporaines – notamment économiques et technoscientifiques –, le message évangélique a beaucoup à dire, il apparaît comme une contre-culture, une précieuse dissidence. »

Mais voilà, pour de nombreux penseurs de l'écologie, ce sont justement ces fondements judéo-chrétiens de nos sociétés qu'il faut remettre en cause. Si l'on veut retrouver le contact avec la nature, repenser la croissance et réussir la transition vers moins d'abondance, il faut commencer par refuser l'injonction divine! L'argument est imparable, ils tiennent leur référence, elle est dans la Genèse, au verset 1-28 : «Soyez féconds, croissez et multipliez, remplissez la terre, et l'assujettissez. Et dominez sur les poissons de la mer, sur les oiseaux du ciel, et sur tout animal qui se meut sur la terre. »

En réalité, les choses sont plus compliquées encore. L'homme, créé à l'image de Dieu, n'est certes pas de même nature… que la nature. La Bible parfois les sépare, parfois fait de l'un et l'autre un tout, voulu ainsi par le créateur. Mais religion et écologie se divisent nettement lorsque la première rejette les enseignements de Darwin et la théorie de l'évolution au nom du créationnisme.

Les enseignements de la religion chrétienne, mal compris, seraient-ils donc à l'origine des dégradations de l'environnement? Pour avoir enjoint à l'homme de «dominer» la nature, elle porterait une part de responsabilité dans ses excès?

Pourtant, plusieurs courants de pensée font appel aujourd'hui à la religion, sous des formes plus ou moins radicales, pour protéger l'environnement, en présentant par exemple l'interdit écologique comme un tabou d'ordre religieux, que les individus auraient peur de transgresser. C'est bien plus efficace que la contrainte politique, estime le WWF, le puissant Fonds mondial pour la nature, qui y voit en tout cas un moyen sûr de «toucher un public nouveau et immense, puisque quatre à cinq milliards de personnes dans le monde sont adeptes d'une religion». L'écologiste Teddy Goldsmith quant à lui renvoie aux «religions premières», les seules, selon lui, qui soient réellement écologiques puisqu'elles sacralisaient la nature. Mais elles sont païennes! Surtout, le projet de sacraliser la nature va à l'encontre de toutes les conclusions de la science écologique.

Religion et écologie – et l'on ne parlera ici que de religion judéo-chrétienne – ont entretenu de tout temps des rapports complexes. Mais pour l'historien médiéviste Lynn Townsend White jr, qui publie en 1967 dans la revue *Science* un article devenu célèbre, «Les racines historiques de notre crise écologique», la question ne fait guère de doutes : aussitôt après la victoire du christianisme sur le paganisme, l'homme s'est mis à part du reste de la Création en se donnant un rôle différent, dominateur. Dès lors, la nature, désertée par les esprits, désenchantée, rationalisée, n'a plus été qu'un instrument au service des besoins de l'homme.

Paganisme respectueux

Lynn Townsend White jr regrette ainsi que la chrétienté ait tant insisté sur «la volonté de Dieu [de voir] l'homme exploiter la nature pour ses propres fins». Le paganisme était bien plus respectueux de la nature : «Chaque arbre, chaque source, chaque colline avait son propre *genius loci*, son gardien spirituel, protection divine contre les excès des humains.»

Les croyances sont la source de l'incroyable énergie des hommes

Et il prédit que, en désacralisant la nature, «le christianisme va désacraliser le monde et permettre l'exploitation de la nature dans un climat d'indifférence spirituelle à l'égard de la sensibilité des objets naturels». En d'autres termes, Lynne White jr se dit convaincu que cet anthropocentrisme a permis l'émergence d'une alliance toute-puissante entre la science et la technologie, l'une et l'autre «imprégnées de l'arrogance chrétienne, unies […] pour conférer à l'humanité des pouvoirs qui, à en juger par un grand nombre des effets écologiques, sont aujourd'hui incontrôlables».

Péché originel

D'autres penseurs, du côté de l'Europe, se sont aussi élevés contre l'héritage judéo-chrétien, en premier lieu Claude Lévi-Strauss, : «J'ai le sentiment que toutes les tragédies que nous avons vécues, d'abord avec le colonialisme, puis avec le fascisme, enfin les camps d'extermination, cela s'inscrit non en opposition ou en contradiction avec le prétendu humanisme sous la forme où nous le pratiquons depuis plusieurs siècles, mais, dirais-je, presque dans son prolongement naturel, puisque c'est, en quelque sorte, d'une seule et même foulée que l'homme a commencé par tracer la frontière de ses droits entre lui-même et les autres espèces vivantes, et s'est ensuite trouvé amené à reporter cette frontière au sein de l'espèce humaine, séparant certaines catégories reconnues seules véritablement humaines d'autres catégories qui subissent alors une dégradation conçue sur le même modèle qui servait à discriminer entre espèces vivantes humaines et non humaines : véritable péché originel qui pousse l'humanité à l'autodestruction. » Le processus de discrimination, à l'œuvre depuis l'instauration des hiérarchies entre l'homme et la nature, menant au non-respect des différentes entités vivantes, est au bout du compte une menace pour nos sociétés ; et, ajoute Claude Lévi-Strauss, « se préoccuper de l'homme sans se préoccuper en même temps, de façon solidaire, de toutes les autres manifestations de la vie, c'est, qu'on le veuille ou non, conduire l'humanité à s'opprimer elle-même, lui ouvrir le chemin de l'auto-oppression et de l'auto-exploitation ».

Compagnons-voyageurs

La crise écologique serait donc une crise des valeurs : c'est ce que soutient aussi un courant académique très important chez les Anglo-Saxons, le courant de l'éthique environnementale. Le christianisme aurait engendré un anthropocentrisme moral, offrant à l'homme une valeur intrinsèque et laissant au reste de la nature une valeur seulement instrumentale, celle que l'homme lui confère. C'est bien pour résister à cette vision, que, à la suite de Darwin, Aldo Leopold, pionnier de l'éthique environnementale, nous invitait joliment, dès les années 1930, à nous penser comme des « compagnon[s]-voyageur[s] des autres espèces, dans l'odyssée de l'évolution ».

Cette continuité au sein de l'ensemble du vivant est contestée par le retour du créationnisme, en dépit des affirmations de Jean-Paul II, qui rappelait en 1996 à la communauté chrétienne que l'évolution n'est pas qu'« une simple hypothèse ». Le phénomène, surtout notable en Amérique du Nord, prend de l'ampleur en Europe.

Le dessein intelligent est l'avatar le plus récent du créationnisme. En réalité il s'en démarque puisque, contrairement aux créationnistes, les tenants de ce courant, qui compte parmi ses membres de très nombreux scientifiques, dont

Francis Collins, le généticien américain directeur de la National Institutes of Health, reconnaissent l'évolution. Dieu fait son retour par le raisonnement scientifique, en opposition au darwinisme. Cette théologie de la nature soutient l'hypothèse suivante : l'évolution existe mais elle n'est pas le fruit de la sélection naturelle, comme le dit la théorie darwinienne ; sa finalité lui est dictée par une intelligence supérieure, une intervention divine.

Tabous et interdits

Existe-t-il une dimension religieuse dans l'écologie ? Oui, assure le Britannique Teddy Goldsmith, fondateur de la revue radicale *L'Écologiste* et de l'association Survival International, l'écologie est une foi. Il faut utiliser les religions et toutes les formes de spiritualités comme des moyens pour faire adopter les contraintes écologistes. Il faut dresser des tabous et des interdits d'ordre religieux, pour susciter la peur de les transgresser.

Pour Serge Moscovici, théoricien de l'écologie politique en France, l'écologie doit être une croyance. Elle doit être considérée comme telle par les écologistes, car il n'y a pas de pouvoir sans croyance. Les croyances sont le moteur de l'histoire, elles sont la source de l'incroyable énergie des hommes : « Il vous faut d'abord des chrétiens pour ensuite bâtir des églises et non l'inverse. » Créer des croyances pour créer des mouvements sociaux, politiques et culturels. Le désenchantement du monde à l'ère moderne est une grande opération de rationalisation : élimination des croyances, de la subjectivité. L'écologie doit revenir sur cette grande opération de rationalisation du monde et formuler de nouvelles croyances, ré-enchanter la nature.

C'est un fait, l'écologie peine à s'éloigner de l'idée d'harmonie dans la nature, qui lui vient de la persistance du discours religieux et de l'ancienne biologie. « Sur ce point, je me sépare de beaucoup d'écologistes, simplement parce que l'équilibre naturel, l'état stationnaire n'existe pas » (Serge Moscovici). Ordre, harmonie, équilibre : il s'agit de la même idée. « Équilibre » a une connotation plus « scientifique », plus laïque, mais l'équilibre des écosystèmes signifie en réalité « ordre de la nature » ou « harmonie naturelle ». Or, il ne peut y avoir d'équilibre au sens où cela désignerait un état d'immobilité ou de permanence. Des écologistes, comme Patrick Blandin en France, l'ont bien mis en évidence. L'existence d'un équilibre naturel n'est pas une réalité scientifique, c'est une idéologie, héritière de la vision judéo-chrétienne d'un ordre originel.

Machine à faire des dieux

La vie dans la nature suit une trajectoire en déséquilibre constant. C'est pour cette raison que l'évolution perdure. Il n'est pas possible de protéger l'environnement en mettant la nature sous cloche, comme s'il s'agissait d'un sanctuaire. Alors bien sûr il existe une forme de religiosité, bien compréhensible, dans les discours écologistes ; elle est la part d'irrationnel propre à l'homme. Pour cette raison, Serge Moscovici a repris une expression de Bergson comme titre d'un de ses livres majeurs : *La Machine à faire des Dieux*. La machine à faire des dieux, ce sont toutes les sociétés humaines. L'histoire est faite de croyances, elles sont le préalable à la communication entre les hommes et à l'action collective. Mais les croyances changent, nous en inventons sans cesse de nouvelles et nos certitudes sont constamment ébranlées.

« ON VIENT DE LOIN POUR VOIR TOTNES, DEVON, ANGLETERRE »

Les villes en transition

Avant de visiter Totnes, modèle partout encensé de ville en transition, commençons par définir la permaculture. Au premier abord les deux notions n'ont rien à voir l'une avec l'autre, le terme «permaculture» désignant une «agriculture permanente» qui veut tourner le dos aux cultures annuelles et à la monoculture au profit de systèmes agricoles beaucoup plus inventifs : par exemple l'utilisation d'arbres et de plantes pérennes, de manière à ne rien laisser perdre ni se détruire. Le concept, né dans les années 1970 avec la première crise pétrolière, a rapidement été élargi à la notion de «culture de la permanence» pour s'appliquer à beaucoup d'autres domaines : les transports, le bâtiment, l'énergie, les activités sociales ou culturelles, tout ce qui touche à la vie collective. Il consiste à proposer d'autres manières de faire et son objectif est clair : la transformation progressive de la société. Longtemps méconnue, la permaculture a commencé à se révéler au tournant des années 2000, un peu partout dans le monde, inspirant parfois des commentaires ironiques et divisant jusqu'à ses partisans. Pour les plus radicaux, se retirer purement et simplement de la société, serait le recours ultime pour assurer sa transformation.

Mais d'autres préfèrent au contraire encourager l'interaction des idées innovantes et faire appel à toutes les compétences pour mieux concevoir les moyens d'un changement profond. C'est le projet de plusieurs villes dans le monde et de Totnes en particulier. Plutôt séduisante, avec d'anciennes maisons de marchands, témoignage de sa richesse passée, des pubs fleuris, les vestiges d'un château normand, cette ville anglaise de 8 000 habitants est bâtie sur une colline qui domine une rivière, navigable jusqu'à la mer. En 2006, elle devient la première ville qui adopte et développe avec succès le modèle de la transition.

Totnes, où s'est installée une importante communauté New Age, vise à l'autonomie énergétique et à l'autarcie alimentaire. Autrement dit, elle doit le moins possible dépendre d'apports extérieurs. Pour cela elle fait le choix de la sobriété : chauffe-eau solaires, produits cultivés ou fabriqués sur place, monnaie locale incitant à consommer les produits de proximité et moyens de transport alimentés par des déchets organiques (en l'occurrence des pelures de pommes de terre). Un plan très précis de «descente» énergétique a été élaboré avec l'accord de la mairie et accepté par la population. Il prévoit chaque année moins de barils de pétrole par habitant. L'objectif est d'atteindre la résilience.

Totnes a l'ambition de montrer l'exemple pour préparer l'humanité à l'ère de l'après-pétrole. On vient de loin pour la visiter et au retour, on tente des expériences similaires, au Canada, au Chili, en Australie, en Nouvelle-Zélande ou aux États-Unis. Pour la plupart, les projets sont portés par des mouvements de citoyens qui cherchent à convaincre les autorités municipales. Souvent, ils se heurtent au scepticisme des élites locales, des entreprises… et des autres habitants. La transition sera encore longue.

Deux enseignements principaux peuvent être tirés de l'expérience de Totnes. En premier lieu, qu'il est possible pour un groupe minoritaire de parvenir à responsabiliser une communauté et à la rendre actrice de son destin. En second lieu que, dans une certaine mesure, la crise écologique et le catastrophisme peuvent être des ressorts efficaces pour ouvrir des espaces de délibération et d'action collective.

« Pic pétrolier »

L'argument mis en avant par les promoteurs des villes en transition est l'approche imminente du pic pétrolier, c'est-à-dire le moment où la production mondiale de pétrole aura atteint son maximum et qu'elle amorcera ensuite une diminution progressive jusqu'à épuisement total. Si ce pic, annoncé depuis de nombreuses années, n'est toujours pas survenu, c'est parce que sa réalité ne correspond pas à l'image que l'on s'en fait.

Au cœur du concept des « villes en transition » se trouve la notion de résilience

Le « pic pétrolier » évoque l'épuisement des ressources comme s'il s'agissait d'une consommation maximale suivie d'une chute brutale, d'un effondrement soudain. L'expression est utilisée dans les champs pétrolifères pour décrire le moment où la production diminue en effet, après avoir atteint un plateau, comme on le voit aux États-Unis, en Grande-Bretagne, en Norvège ou au Mexique. Mais lorsqu'on évoque le pic pétrolier mondial, il s'agit d'une période qui peut être beaucoup plus longue. Selon toute vraisemblance, nous serions déjà entrés dans cette période : pour l'Agence internationale de l'énergie (AIE), pourtant connue pour son optimisme, la production mondiale de pétrole brut ne dépassera plus jamais son niveau de 2006. Les conséquences du pic pétrolier sont donc graduelles et se traduisent par une série de crises, plus ou moins perceptibles. Le « pic » n'est pas une date, c'est un processus.

Programme de décroissance

Comment un petit groupe de personnes peut-il mobiliser une ville à propos d'un sujet aussi difficilement palpable ? Le politologue Luc Semal a longuement étudié la stratégie des promoteurs du mouvement à Totnes. Elle se déroulerait en trois phases. La première est une phase de pédagogie et d'éveil des consciences : il s'agirait de faire « peur » en diffusant l'information sur les effets du pic pétrolier, sur ses conséquences sur la vie quotidienne et sur les économies locale et nationale. La deuxième phase consiste à prendre des initiatives de démocratie locale, en créant par exemple des lieux de discussion ouverts à tous ; ils sont indispensables pour éviter que la peur ne se traduise en démobilisation. La phase d'information a donc été constamment couplée avec des ateliers de travail au cours desquels les citoyens ont été invités à imaginer des modèles différents pour leur ville, à « penser » les modalités d'une vie frugale. Ces nouveaux espaces délibératifs ont donné lieu à la réalisation d'un programme de décroissance énergétique. La troisième phase est celle des réalisations concrètes. Les habitants ont enclenché la transition dans leur territoire en réalisant des projets emblématiques comme la mise en place de leur monnaie, l'installation de panneaux solaires dans les bâtiments publics, la création de jardins partagés, ou encore la mise en délibération publique des choix de productions agricoles.

Indispensable résilience

Une véritable culture locale de la coopération s'est alors créée. La capacité collective à anticiper et faire face aux enjeux écologiques s'est renforcée. L'objectif : se prémunir des conséquences les plus néfastes d'une dégradation de l'environnement. Au cœur du concept des « villes en transition » se trouve en effet la notion de résilience : puisqu'il va y avoir de plus en plus de chocs et de déstabilisations économiques, il faut se préparer à mieux les supporter. À Totnes, la résilience s'est traduite par la relocalisation de tout ce qui pouvait l'être, par l'acquisition des qualifications nécessaires à la réalisation de projets locaux, en réduisant le mieux possible les émissions de gaz à effet de serre et par l'intensification des liens entre les habitants et les acteurs économiques. La transition nécessite d'inventer de nouvelles formes de solidarité : s'interroger sur la raréfaction des ressources, c'est aussi s'interroger sur leur répartition.

Le succès du mouvement des villes en transition à Totnes est indéniable. Il est cependant peu probable, à court terme, qu'il puisse être renouvelé ailleurs, dans les mêmes conditions. Totnes est une petite ville, moins de 10 000 habitants. De manière générale, on ne sait pas bien reproduire à grande échelle une expérience qui fonctionne localement. En outre, cette expérience a bénéficié d'un terrain favorable avec une forte présence sur le territoire d'habitants convaincus par les mouvements alternatifs, très ouverts à cette approche créative. Incontestablement, le point qui a déterminé la réussite est précisément celui sur lequel d'autres initiatives locales ont échoué : la participation des citoyens à l'espace démocratique ouvert par les groupes de travail. Là est le véritable enjeu.

Cadrage catastrophiste

D'autres expériences ont été conduites par les promoteurs des villes en transition en Grande-Bretagne, au Canada, au Chili, en Australie, en Nouvelle-Zélande et aux États-Unis. Le modèle leur offre à chaque fois un cadre de travail cohérent, basé sur l'adhésion, l'accompagnement et la mobilisation, mais non coercitif.

A Totnes, on l'a vu, le cadrage catastrophiste est l'un des ingrédients, il peut paralyser mais, sous certaines conditions, il peut mener à l'action. Cependant, devant l'immensité des phénomènes globaux en cours et face à la logique de rupture qu'ils engendrent, il est clair que ce type d'expériences, essentiellement limitées à de petites communautés ou des zones rurales, ne suffira pas. L'agriculture sera certes un des principaux outils de la transition, mais en 2025, 85 % de la population mondiale vivront dans les villes, contre 50 % aujourd'hui.

« POURQUOI VIEILLIR, ENLAIDIR, MOURIR ? C'EST INUTILE »

Anthropotechnie et transhumanisme

Tout a commencé il y a quelques dizaines d'années. Dans le sillage des formidables innovations rendues possibles par les progrès de la biologie est apparu ce terme : «anthropotechnie». Et cet autre, un peu effrayant, lui aussi : transhumanisme. Comment, de quelles techniques parle-t-on pour l'homme ? À quelles fins ? Et d'où vient cette idée de le «traverser» ? Pour aller au-delà ? Vers un posthumanisme alors ?

Eh bien, oui, c'est de cela qu'il s'agit : promouvoir un usage des sciences et des techniques capable de modifier les caractéristiques humaines. Pour les améliorer, précisent les partisans des vertigineuses possibilités qui sont désormais offertes.

Certaines sont déjà connues, même familières. La contraception orale, le recours à la chirurgie esthétique de confort sont des anthropotechnies, des pratiques d'automodification du corps humain. Elles marquent une rupture avec l'autoproduction, quand l'homme n'avait pas encore ces nouvelles techniques à sa disposition. C'est aussi le cas du dopage sportif ou de l'usage si répandu des psychotropes. Avec l'anthropotechnie, pas d'impérieuse nécessité. La santé n'est pas en danger. On peut ne pas agir, ne pas modifier. À chacun de décider ce qui va dans le sens de sa liberté humaine, ou au contraire l'aliène. C'est ce que souligne le philosophe Jérôme Goffette : la contraception est typiquement anthropotechnique, puisqu'une grossesse menée à terme ne peut en aucun cas être considérée comme une maladie. Mais elle a acquis une forte légitimité sociale, elle est, pour les femmes, gage de liberté et, pour beaucoup, de santé publique. À l'inverse, le dopage, en particulier le dopage sportif, est choquant : il réduit l'individu à un instrument de performance, soumis à une pression professionnelle qui le place dans une quasi-obligation de se faire modifier. C'est toute la question : les anthropotechnies vont-elles ou pas dans le sens d'une plus grande humanisation ?

Oui, assurent nombre de scientifiques et les transhumanistes, pour lesquels certains aspects de la condition humaine, le handicap, la souffrance, la maladie, le vieillissement et jusqu'à la mort subie sont inutiles et indésirables. Ce mouvement intellectuel prône partout dans le monde l'usage des techniques pour y mettre fin.

Non, répondent l'essayiste Jeremy Rifkin, le philosophe et économiste Francis Fukuyama et bien d'autres, inquiets de ce grand basculement vers une ère nouvelle qui menace de nous entraîner vers un posthumain… inhumain.

Certains pensent que l'impulsion vers le posthumain pourrait venir de la convergence entre, d'une part, les biotechnologies et les techniques de l'information et, d'autre part, les sciences du cerveau (les sciences cognitives). Cette convergence serait rendue possible grâce à la manipulation de la matière au niveau de l'atome (les nanotechnologies). C'est ce que soutient, en 2002, le fameux rapport Bainbridge de la National Science Foundation, l'équivalent américain du CNRS : «Converging Technologies for Improving Human Performance».

Celui-ci a d'ailleurs eu son pendant européen dès 2004 : le rapport Nordmann, qui prend tout de même quelques distances avec l'enthousiasme américain, est à l'origine de la création par la Commission européenne du réseau Nano2life.

Le rapport Bainbridge définit ce que l'on désigne depuis par l'acronyme NBIC (nanotechnologies, biotechnologies, techniques de l'information et sciences cognitives). Il ne promet rien de moins que «le bien-être matériel et spirituel universel, la paix mondiale, l'interaction pacifique et mutuellement avantageuse entre les humains et les machines intelligentes, la disparition complète des obstacles à la communication généralisée – en particulier ceux qui résultent de la diversité des langues –, l'accès à des sources d'énergie inépuisables, la fin des soucis liés à la dégradation de l'environnement».

Un socle pour toutes sortes de promesses, d'engouements, de fantasmes et de peurs.

«Nano», préfixe magique

Ce sont donc les nanotechnologies qui permettent l'impulsion, la fertilisation mutuelles de ces sciences et techniques. «Il y a énormément d'espace dans l'infiniment petit!» s'enthousiasmait le prix Nobel de physique Richard Feynman, en 1959. On parle ici du milliardième de l'unité de mètre. Depuis, l'idée d'investir l'infiniment petit et de manipuler la matière à cet échelon a fait son chemin, déclenchant entre les pays une véritable frénésie concurrentielle. Le préfixe «nano» est devenu magique, il est au cœur d'enjeux industriels majeurs et d'investissements considérables. Particularité des nanotechnologies? Les nanoparticules n'obéissent pas aux lois de la physique classique.

Leur manipulation offre une multitude de nouvelles propriétés et de nouveaux possibles. Les bionanotechnologies, qui manipulent la matière vivante, se voient ouvrir un champ immense : elles ne vont plus seulement transformer la nature, mais la créer. Ce sera la naissance de la biologie de synthèse.

Ces spéculations ont formé un socle pour toutes sortes de promesses, d'engouements, de fantasmes et de peurs. L'ingénieur Eric Drexler, pionnier dans le développement des nanotechnologies, a même évoqué la possibilité d'une écophagie globale, le *grey goo* : le danger existe, a-t-il averti, que des nanomachines autoreproductrices échappent à notre contrôle et se développent jusqu'à l'engloutissement du monde ! Rien que cela.

Modestes colorants et crèmes solaires

Aujourd'hui pourtant, après trente ans d'existence (nous sommes à la 3e génération), les résultats de la nanotechnologie restent bien modestes : vêtements antitaches, colorants pour dentifrice, crèmes solaires transparentes... Cela n'empêche pas les problèmes de toxicité, les nanoparticules étant extrêmement mobiles. Dans la réalité des laboratoires, la nanotechnologie ressemble plus à une sorte de « chimie avancée » qu'à la nanotechnologie décrite par Drexler.

Toutes ces révolutions scientifiques dont s'est emparé le courant transhumaniste lui ont permis d'asseoir ses promesses d'amélioration des performances humaines et d'immortalité. Le transhumanisme se situe au point de rencontre des mouvements de contre-culture et des nouvelles spéculations scientifiques offertes par les avancées de la technoscience. C'est un courant abondamment financé, notamment par Google, qui a le mérite de soulever d'infinies questions éthiques, dont celle de la définition de l'humain et de ses frontières et limites.

Les promesses qu'il véhicule restent toutefois hasardeuses. Les possibilités d'améliorer le corps humain grâce à la biologie sont très incertaines, même si on lui adjoint la manipulation quantique et d'autres techniques issues d'autres disciplines. Les transhumanistes ont des leaders charismatiques qui sont souvent des informaticiens ou des ingénieurs. Donc des spécialistes du virtuel et du logiciel – pas de la matière vivante – qui fondent leurs spéculations sur l'idée que tout ce qui est imaginable est possible.

Comment synthétiser la vie

En 2010, Craig Venter, le biologiste qui est à l'origine du séquençage du génome, a fait les grands titres de la presse internationale en annonçant la synthétisation d'une cellule, c'est-à-dire la création artificielle de la vie. Mais cette annonce est une escroquerie. En réalité, ces chercheurs n'ont fait qu'insérer une copie de génome dans une bactérie déjà existante. C'est certes une prouesse technique. Mais à aucun moment la vie n'a été synthétisée, et ce, pour une raison simple : on ne sait pas ce qu'est la vie. De ce point de vue, nous n'avons fait aucun progrès depuis Aristote. On ne sait pas pourquoi, dans certains cas, un assemblage des mêmes molécules, dans la même configuration spatiale, constitue une entité vivante (la cellule par exemple) et pourquoi dans d'autres cas, cette même entité est inerte ou morte. C'est là tout le problème du vivant : ce n'est pas comme les rouages d'une machine où il suffit que tout soit en place pour que l'ensemble fonctionne. On peut bricoler avec la vie mais pas la synthétiser.

La biologie peine à sortir du modèle mécaniste pour aller de l'avant. Elle reste enfermée dans le paradigme du «tout est dans le gène». Pourtant, bien que la molécule d'ADN joue un rôle dans le vivant, on sait désormais qu'elle ne joue pas le rôle fondamental qu'on lui a longtemps prêté. L'origine de cette croyance vient de la trop forte influence que la cybernétique a exercée sur la biologie du XXe siècle. De nombreuses métaphores de l'informatique ont été appliquées au vivant. La génétique, portée par une idéologie réductionniste, pense qu'il y a un programme, une information qui explique tout. Décoder les informations contenues dans le gène était censé, d'une part, permettre de comprendre comment fonctionne le vivant et, d'autre part, identifier les gènes responsables des maladies. La publication de la séquence complète du génome humain a eu lieu en l'an 2000. Or, force est de constater que, plus d'une décennie plus tard, aucune maladie génétique n'a encore été guérie ni aucun problème fondamental de la biologie résolu grâce à lui.

La bulle spéculative autour des sociétés de biotechnologie a d'ailleurs totalement explosé. Elles ont disparu les unes après les autres ou se sont reconverties. Mais cela n'empêche pas qu'aujourd'hui la totalité des séquences biologiques de l'homme fait l'objet d'une prise de propriété intellectuelle.

L'immortalité existe

Ces considérations mettent à mal les promesses d'immortalité véhiculées par les transhumanistes et entretenues par une minorité de chercheurs. Se trouvant en compétition pour obtenir des financements, certains scientifiques peuvent parfois céder à la tentation d'exagérer les possibilités d'applications de leurs recherches.

En effet, au titre de l'évolution, il y a une explication à la mortalité des individus. Du point de vue de la vie, l'«immortalité» existe : c'est la reproduction. Mais pour que les individus ne vieillissent pas, il faudrait qu'en permanence des enzymes réparent l'outrage du temps. Or, pour l'évolution, réparer cet outrage alors que les espèces se sont reproduites n'a aucun intérêt : cela consommerait énormément d'énergie et d'efforts qui ne seraient alors plus disponibles pour la reproduction. Pour que l'espèce s'adapte aux évolutions de l'environnement (par le jeu de la descendance avec modification et de la sélection naturelle), il est indispensable qu'elle se reproduise. En fin de compte, si l'individu ne mourait pas, ce serait extrêmement nuisible à l'espèce. La rareté de l'énergie est la raison pour laquelle les espèces qui vivent très longtemps se reproduisent très peu et, à l'inverse, les espèces qui se reproduisent beaucoup ne vivent pas longtemps.

Si nous voulions, grâce aux techniques NBIC, nous réparer, cela demanderait une telle débauche de moyens et d'énergie (sans parler de la surpopulation), que le principe d'immortalité individuelle apparaît totalement fantasmatique. Pour des raisons théoriques, ce monde ne peut pas exister. Il faut donc choisir entre immortalité des individus ou reproduction. Or, sans reproduction, pas d'adaptation, pas d'évolution… En revanche, la durée de vie peut être allongée (surtout celle des riches) par certains moyens (hygiène et alimentation principalement) mais il ne s'agira que de variations ponctuelles, limitées et réversibles.

« DES PÈLERINS MODERNES QU'AUCUNE FOI N'ANIME »

Le tourisme

Qui connaît le Zehst ? Zehst est l'acronyme de « Zéro Emission Hyper Sonic Transportation ». Présenté comme l'avion du futur, il sera capable au départ de Paris de rallier Tokyo en deux heures et demie et New York en une heure et demie.

Mais ce n'est pas pour tout de suite. Il faudra attendre 2030 pour les premiers essais, 2050 pour le premier vol. Le projet est encore récent, le prototype a été montré au Salon du Bourget en 2011. La ligne de l'avion est belle : très profilé, il a des allures de fusée. Mais il n'est pas question bien sûr de refaire un Concorde, dévoreur de carburant : tout est pensé pour réduire au maximum sa consommation d'énergie, il devra voler de manière « écologique » !

Pour le décollage, une des pistes envisagées est l'utilisation de turboréacteurs classiques, alimentés par des biocarburants, à base d'algues peut-être. À 5 000 mètres, des moteurs de fusée à l'hydrogène prendront le relais ; ils ont l'avantage de ne rejeter que de la vapeur d'eau. Et à 28 000 mètres, soit au-delà du mur du son, ce sera une combinaison des deux. Ensuite, le Zhest amorcera sa descente en douceur puisqu'il planera sur la distance la plus longue possible avant de se résoudre à utiliser ses moteurs. Cette belle réalisation encore lointaine sera réservée à un petit nombre de passagers : soixante places seulement sont prévues !

On ne sait ce qu'il en sera en 2050 mais une chose est sûre : s'il a été longtemps réservé aux affaires, le voyage en avion est devenu dans le dernier quart du XXᵉ siècle un moyen de transport banal, un symbole de l'hyperconsommation. Le tourisme moderne s'en est emparé, il l'adore, il ne veut plus le lâcher. 3,1 milliards de passagers ont voyagé à travers le monde en 2014. Ils devraient être bien davantage dans les années futures. Or, le transport aérien est déjà responsable de 2,5 % des émissions mondiales de gaz à effet de serre, des rejets dans l'atmosphère beaucoup plus nocifs que s'ils touchaient le sol.

De tout temps, les hommes ont voyagé, que ce soit pour commercer, pour émigrer, ou pour conquérir d'autres terres, souvent très éloignées des leurs. Mais le tourisme – le voyage pour le plaisir – n'a guère plus de trois siècles. Il ne portait pas encore ce nom quand les premiers, vers la fin du XVIIᵉ siècle, de riches aristocrates européens s'en allaient en villégiature découvrir la mer et la montagne, pour leur seul agrément.

Le tourisme à grande échelle n'est apparu que dans la seconde moitié du XXᵉ siècle, mais il a pris rapidement de l'ampleur et il ne cesse de s'étendre. Près d'un milliard de personnes voyagent chaque année dans le monde en toutes saisons, dans une ronde incessante, déplaçant toujours plus loin leur curiosité et leur enthousiasme.

Mais, depuis quelque temps, la critique enfle contre ce phénomène, avec la prise de conscience des dégradations de toutes natures qu'il engendre ; beaucoup s'interrogent sur les risques que font courir à l'environnement « ces pèlerins modernes qu'aucune foi n'anime », selon l'expression du sociologue Jean-Didier Urbain. Ce tourisme-là pourra-t-il longtemps se développer ? Tout peut dépendre des offres de loisir qui lui seront opposées.

Le secteur du tourisme mondial et des voyages se porte bien, même très bien, et ses perspectives de croissance à l'horizon 2024 sont enviables : 4,2 % en moyenne, c'est bien au-dessus des prévisions de croissance de l'économie mondiale, à laquelle il contribue pour près de 10 %. On pourra aussi compter sur lui pour créer de nouveaux emplois : près de 75 millions d'emplois indirects pour la période. Cette belle santé, il la doit à une augmentation constante de la demande, en provenance surtout des pays émergents, et aux largesses des touristes, de plus en plus enclins à la dépense dans les pays qu'ils visitent.

Terrains de golf

Pas de doute, les retombées du tourisme sur l'économie mondiale sont réelles. Le tourisme est encouragé et de plus en plus abordable, même pour des destinations lointaines ou difficiles d'accès. Mais que dire des répercussions des pratiques de loisir sur les régions visitées, quand les hôtels viennent s'aligner sur des plages vierges, quand des régions sont asséchées pour assurer les besoins en eau courante des villages touristiques ou l'arrosage des terrains de golf, quand des sites inviolés se trouvent brusquement envahis et aménagés selon des critères standardisés ?

L'avenir est à un transport aérien rare, optimisé : moins souvent, moins loin, moins vite.

La liste est longue des dommages «collatéraux», y compris sociaux et culturels, dont le tourisme à grande échelle sait se rendre capable. Et les critiques ne manquent pas sur les relents de colonialisme, sur le folklore dévoyé, sur l'exportation d'une vision occidentale du développement, au mépris des populations d'accueil.

Bombe à retardement

Moins souvent évoqué mais tout aussi prégnant est le rapport entre l'extension du tourisme et le changement climatique mondial. Les effets se font déjà sentir : des étés et des hivers plus chauds, des précipitations, des conditions extrêmes. La période d'enneigement est écourtée, les ressources en eau sont affectées et les forêts se dégradent. Enfin, la hausse du niveau de la mer, 3 mm par an, menace de nombreuses zones côtières.

Il faut attendre de ces phénomènes des conséquences sur les flux touristiques. Elles se traduiront par des modifications dans les destinations et les saisons choisies pour les séjours, pas forcément par une diminution des départs. Si l'on veut réduire les effets négatifs combinés du changement climatique et du tourisme sur l'environnement, il faut d'abord agir sur les déplacements.

Le transport aérien connaît un développement très rapide dans le secteur du tourisme, ce qui laisse craindre que sa part – 5 % – dans les émissions mondiales de gaz à effet de serre ne double avant trente ans. Or cela ne se peut pas.. Il y a en effet une incompatibilité fondamentale entre l'objectif, sans cesse rappelé par le Giec, de réduction des émissions de gaz à effet de serre, et le développement incontrôlé de l'aérien auquel nous assistons. Selon Ghislain Dubois, directeur d'un cabinet de conseil sur le tourisme et l'environnement, ce dernier « est une bombe à retardement climatique... Il crée de faux espoirs de développement, des irréversibilités et prépare des lendemains qui déchantent. »

Schizophrénie

Les compagnies aériennes qui offrent des voyages *low cost* toujours plus attractifs vers d'innombrables destinations créent une demande nouvelle et croissante. Il faut rappeler à ce sujet que le pourcentage dans la population générale de touristes qui empruntent l'avion est encore faible ; en France, seulement 5 % de « grands voyageurs » contribuent pour 50 % aux émissions des GES émises par le tourisme ! En dépit des apparences, nous ne sommes qu'au début de la démocratisation de l'avion, ce tourisme-là est récent. Dans les années à venir, il est appelé à se développer considérablement dans les pays émergents, Chine en tête. Le mouvement est déjà largement amorcé, ces nouveaux touristes, toujours plus nombreux, visitent leur propre pays et leur région mais s'enthousiasment aussi pour l'Europe. Une manne pour les villes les plus visitées.

Convaincre une population, qui préfère l'ignorer, des risques qu'elle fait courir à l'environnement global, alors même que tout l'incite à voyager davantage, c'est le défi que nous devons relever. Déni, fatalisme ou « schizophrénie », les mises en garde contre les effets du transport aérien sur le climat, plus que d'autres dommages causés à l'environnement, tardent à être entendues. Les tour-opérateurs, même ceux qui promettent un tourisme « responsable »

– sur les lieux de destination – continuent de proposer des circuits de quelques jours à des distances très éloignées.

Et les gouvernements entendent bien profiter de la vague montante en provenance des lointains pays émergents. La stratégie touristique de la France, à l'horizon 2020, s'appuie justement sur les Brics (Brésil, Russie, Inde, Chine et Afrique du Sud). Des chambres de commerce cherchent à attirer les compagnies à bas coût sur leurs territoires et le rapport remis fin 2014 par des parlementaires au Premier ministre s'inquiète du poids des redevances aéroportuaires et des taxes qui mettent en danger la santé des grandes compagnies, face justement à la concurrence de compagnies « *low cost* »…

« Budgets carbone vacances »

Pourtant, la mise en place au niveau mondial de politiques volontaristes de réduction des émissions devra forcément passer par l'augmentation des coûts des voyages et par des taxes supplémentaires. Si l'on considère le scénario dit « de facteur 4 », proposé pour la France, soit une division par 4 des émissions de gaz à effet de serre avant 2050, les contraintes pour le tourisme devront porter sur une baisse des déplacements à longue distance au bénéfice de séjours de proximité et sur une meilleure répartition de l'utilisation des moyens de transport, qui privilégierait le train et le bus au détriment de l'avion.

Pour parvenir à cet objectif de réduction des émissions, on peut certes compter sur des innovations techniques. Mais elles ne suffiront pas à réduire les effets négatifs du transport aérien sur le climat. La croissance du trafic aérien est attendue au rythme de 5 % par an, alors que l'efficacité énergétique de l'aviation ne progressera, elle, qu'au rythme de 1 % par an.

Investir dans le train et réhabiliter, par exemple, les lignes abandonnées depuis la constitution du vaste réseau dans les années 1930 est une option plus intéressante. Elle s'imposera quand interviendra la fin, d'ores et déjà « programmée », du modèle aérien « *low cost* », avec l'obligation d'internaliser les coûts cachés qu'elle induit : la limitation des capacités des aéroports, la taxation pour les aéroports et la compensation carbone, l'interdiction de certaines liaisons court et moyen courrier concurrençant le transport terrestre et la limitation des « budgets carbone vacances » pourraient faire partie des mesures adoptées. Pour sauver le climat, l'avenir est à un transport aérien rare, optimisé : « Moins souvent, moins loin, moins vite. »

Tourisme lent

Bien sûr, tout ceci impliquera un changement profond des comportements et de la «culture» actuelle du voyage. Il sera progressif, en réaction contre les comportements d'«hypermobilité compulsionnelle» actuellement observés. Et il signera la fin d'un tourisme pour lequel on propose toujours plus de déplacements, avec comme fantasme ultime la promesse de prochains voyages dans l'espace.

Il n'est évidemment pas question de renoncer à découvrir le monde et de privilégier le repli sur soi. L'échange, la rencontre entre les peuples sont des valeurs positives. Tout l'enjeu est de favoriser dès aujourd'hui le «tourisme lent», de retrouver le temps du voyage. Il faut commencer par s'interroger sur le sens qu'on entend donner à celui-ci. Pourquoi ne pas négocier avec son employeur un congé pour se lancer dans un long périple plutôt que d'enchaîner les brefs séjours de l'autre côté de l'Atlantique ou ailleurs? Ou simplement découvrir la France, si prisée par les touristes du monde entier? A l'avenir, notre culture du voyage se remodèlera autour de notre façon d'aménager nos temps de vie.

« L'AMÉRICAIN CHRISTOPHE COLOMB A DÉCOUVERT L'EUROPE »

Les multivers

Deux physiciens prennent un avion. En route, les deux moteurs s'arrêtent et l'avion pique vers le sol. «Crois-tu que nous allons nous en sortir?», demande le premier. «Sans aucun problème, répond l'autre, il y a une quantité d'univers où nous ne sommes même pas montés dans cet avion.»

Vertige des possibles. Ils sont comme cela les physiciens, ils peuvent se permettre d'envisager la présence d'autres univers. Ils ont même forgé un néologisme pour cela. Plutôt qu'*un* univers il y aurait *des* multivers. Dans les années 1950, le physicien américain Hugh Everett a développé sa fameuse théorie des mondes multiples. Où en est-on aujourd'hui et que cela implique-t-il?

Avant de répondre à cette question, commençons par un voyage dans l'imaginaire débridé de la pensée humaine, où l'on ne compte plus les univers parallèles. L'idée selon laquelle le nôtre ne serait pas isolé a toujours excité les esprits curieux. En littérature, les univers multiples sont bien sûr le royaume de la science-fiction : celui des héros, défiant l'espace et le temps, glissant sans encombre de l'avenir au passé, ou au contraire projetés du monde familier à des univers parallèles, menaçants et mystérieux, tout droit sortis de l'imagination féconde de leurs créateurs. Tout est possible dès lors que le passage est franchi. La notion de quatrième dimension, dont s'est saisi aussi le cinéma d'anticipation, est un motif récurrent. Elle existe quelque part, en même temps que l'univers connu. En se déplaçant vers elle, on accède à l'imprévisible.

L'univers-miroir, fait d'antimatière, est un autre thème courant d'inspiration. L'inversion des charges de la matière conduit à l'inversion des rôles des personnages, qu'ils soient fictifs ou réels. Dans l'univers d'antimatière, par exemple, il est possible de rencontrer bien des personnages célèbres de notre histoire. Voici Christophe Colomb. Surprise, il est Américain et il vient de découvrir l'Europe!

De l'autre côté du miroir, dans l'univers troublant et poétique que parcourt Alice, le monde familier s'est renversé. On le reconnaît mais il nous oblige à nous comporter de manière absurde : il faut courir pour rester au même endroit et ne pas bouger pour se déplacer. Le roman de Lewis Carroll étant antérieur à la découverte de l'antimatière, plusieurs physiciens ont justement employé le monde d'Alice comme métaphore pour décrire l'univers d'antimatière.

Et puis il y a les uchronies, qui récrivent l'histoire : les Américains ont gagné la guerre froide mais les Russes envahissent les États-Unis trente ans plus tard! Curieusement, dans les livres et les films du xxe siècle, elles évoquent souvent la Seconde Guerre mondiale. Mais nous voici déjà au xxie siècle, dans un autre monde!

La question de la réalité et de sa perception n'est pas une interrogation récente. Elle était déjà au centre de l'allégorie de la caverne. Pour Platon, la réalité est une donnée qui existe avec ou sans nous, le monde se déroule sous nos yeux avec «un écart croissant ou décroissant entre ce qu'il est, ombre projetée dans le temps, et ce qu'il devrait être, Idée assise dans l'éternité» (Henri Bergson). La leçon platonicienne conclut que, pour atteindre l'essence des choses, il faut résoudre l'énigme mathématique du monde. Vingt-quatre siècles plus tard, même si cette question a fait couler beaucoup d'encre, aucun progrès ne semble avoir été fait : l'homme n'est en aucun cas débarrassé des illusions qui lui font confondre la réalité avec les ombres de la caverne.

Histoires multiples

C'est au XXᵉ siècle que les différentes disciplines qui s'intéressent au sujet se croiseront. En 1966, Peter Berger et Thomas Luckmann suggèrent, dans leur essai de sociologie de la connaissance, que la réalité est une «construction sociale». Cinq années plus tôt, en France, Serge Moscovici avait fondé la psychologie sociale afin d'étudier les «représentations sociales». L'idée est la même : la réalité est le produit de la société.

Quelque part dans l'univers, une copie parfaite de vous-même est en train de lire une copie parfaite de ces lignes.

Se développe alors la réflexion sur la pluralité des mondes et des êtres et sur la diversité des natures, chère à l'anthropologue Philippe Descola. Penser les univers multiples, «face à un univers défini *a priori*, [c'est] remplacer par la multiplicité des histoires l'unification de l'histoire, ce qui ne signifie donc pas qu'il faille l'enterrer mais plutôt la régénérer en y incluant ce qui en a été exclu : la nature, les femmes, les groupes sans histoire et les prétendus primitifs, l'homme préhistorique au-delà de l'homme historique» (Serge Moscovici).

Étonnamment, ces conceptions rejoignent les progrès de la physique, les sciences des multivers, des univers multiples. Désormais, les sciences sociales vont de pair avec les sciences de la nature.

Fin des certitudes

Depuis la révolution scientifique, la modernité peut être définie comme la période où s'est imposée la croyance qu'une réalité nous préexiste et qu'elle nous est extérieure. Le rôle de la science est alors de découvrir cette réalité. La postmodernité est le dépassement de cette croyance. Il ne s'agit pas pour autant d'une négation de la réalité, mais de considérer au contraire qu'il en existe plusieurs : une infinité de réalités. Simultanément, notre perception du cosmos est aussi en train de changer en physique. Nous sommes bien en train de vivre *La Fin des certitudes* dont parlait le prix Nobel Ilya Prigogine.

Au XXe siècle, la physique s'est scindée en deux : l'immensément grand a été étudié par la physique d'origine classique, grâce aux énoncés de la théorie de la relativité générale élaborés par Albert Einstein. La physique quantique, ou « physique des particules », désigne quant à elle l'ensemble des lois et théories qui décrivent le comportement dans l'immensément petit.

La physique distingue traditionnellement deux types d'objets : les corpuscules (par exemple, une bille) et les ondes (par exemple, la musique). Ces deux objets ayant des comportements, des attributs et des propriétés différents.

Les objets quantiques (électrons, neutrons, atomes) ne possèdent aucun attribut propre. Ils ne sont ni des corpuscules, ni des ondes. On devrait plutôt dire qu'ils sont à la fois des corps et des ondes, en fonction de... qui les observe : ils s'adaptent aux propriétés que l'observateur recherche ! En effet, les objets quantiques, bien qu'ils ressemblent à des corpuscules (on imagine des toutes petites billes), peuvent très bien adopter le comportement d'une onde et, par conséquent, ne pas avoir de position dans l'espace (comme la musique). Ils constituent des entités inséparables de leurs conditions d'observation.

La boîte du chat

De plus, ces objets quantiques ont la possibilité d'avoir des « états superposés ». C'est le principe de superposition, qui soulève de multiples questions comme cela est illustré par Erwin Schrödinger, prix Nobel en 1933. Il a suggéré un exercice de pensée : le paradoxe du chat (ou de n'importe quel autre être vivant). Un chat est placé à l'intérieur d'une boîte. L'expérimentateur a mis en place un système complexe qui lie la vie du chat à la désintégration d'un atome. Cet atome ayant les deux états superposés, à la fois intégré et désintégré, le chat est donc *à la fois* vivant *et* mort tant que l'observateur n'ouvre pas la boîte pour faire basculer l'état du chat d'un côté ou de l'autre… On peut alors raisonnablement penser, comme ce fut le cas du physicien américain Hugh Everett, que le chat était dans deux univers parallèles : dans l'un il était vivant, dans l'autre il était mort.

Selon la relativité générale d'Einstein, l'univers est infini. Imaginons alors que nous divisions cet espace en régions : l'espace étant infini, il y aura un nombre infini de régions. La possibilité qu'il y ait des répliques de notre monde au sein d'une de ces régions serait alors certaine : la configuration des particules qui forment notre monde finirait par se répéter. Et, puisqu'il y a une infinité de distributions, elle se répèterait même indéfiniment jusqu'à créer une infinité de répliques. C'est ce qu'on appelle les univers-bulles : quelque part dans l'univers, une copie parfaite de vous-même est en train de lire une copie parfaite de ces lignes. En outre il existerait, si on suit le raisonnement, non pas une mais un nombre infini de ces copies parfaites. Certaines peuvent avoir des variantes : la couleur de vos cheveux, la langue dans laquelle est écrit ce texte, la saison dans laquelle nous sommes, etc. En « réalité », tout se réalise quelque part, tout ce qui est possible existe, même l'impossible. C'est la conséquence logique d'un univers infini.

Points ou cordes

L'idée d'univers parallèles et de réalités simultanées est donc bien présente dans les grandes découvertes de la physique du XXe siècle. Puis vient la théorie des cordes, qui renforce l'idée d'existence d'univers multiples.

Einstein a passé sa vie à tenter de réunir toutes ces lois en une seule, cherchant une sorte de super-formule mathématique qui expliquerait la physique quantique et la relativité générale. Einstein voulait réaliser le rêve de Platon : unifier le monde dans une équation. C'est précisément l'objet de la théorie des cordes qui vient apporter une réponse au dilemme fondamental de la physique du XXe siècle : l'opposition entre la relativité générale et la mécanique quantique. La théorie des cordes veut y mettre fin et les unifier. On parle de « théorie du tout ».

Du moins, c'est ce qu'espèrent ses partisans. Les physiciens « cordistes » sont probablement aujourd'hui majoritaires. Lee Smolin, qui s'oppose à la théorie des cordes, s'en est plaint : « Je n'exagérerais pas si je disais que des centaines de carrières ont été consacrées et des centaines de millions de dollars dépensés au cours des trente dernières années» à la recherche de la preuve de l'existence des cordes.

Pourquoi parle-t-on de «cordes»? Si on imagine la plus petite particule possible, encore plus petite que les particules subatomiques, *la* particule élémentaire, celle qui constitue toutes les autres, on imagine alors un point. Mais selon la théorie des cordes, cette particule n'est pas un point, c'est un minuscule brin d'énergie en vibration. Le monde serait constitué de minuscules cordes qui vibrent différemment. Comme une note de musique, en fonction de l'intensité de leur vibration, les cordes formeront tel ou tel type de particule : un électron, un quark, etc. La théorie des cordes voit le monde comme une gigantesque partition de musique.

Mais pour que les équations de la théorie des cordes tiennent, l'univers doit être doté de neuf dimensions d'espace. L'univers ne serait plus seulement constitué des trois dimensions dont nous faisons l'expérience : gauche et droite, haut et bas, devant et derrière (la quatrième dimension, la dimension temporelle, n'étant pas une dimension dans l'espace). Il existerait, en vertu de la théorie des cordes, six autres dimensions qui ne sont pas accessibles à nos sens. Et c'est au sein de ces dimensions que se cacheraient les univers «parallèles».

La théorie des cordes sort les univers multiples de l'imaginaire spéculatif. Jusque-là, l'hypothèse de l'existence d'un nombre infini d'univers parallèles n'entrait pas dans les critères de la démonstration scientifique : cette hypothèse est inobservable. Mais avec la théorie des cordes, elle trouve un support mathématique en sa faveur.

C'est une révolution de la réalité. La physique est sur le point de bouleverser la nature de la réalité. Et sans doute sommes-nous encore loin d'en imaginer les conséquences. Dans un monde où toutes les réalités coexistent, il n'y a plus de réponses à apporter aux grandes questions ou plutôt il y en a une infinité : s'il y a une infinité de réalités, il y a une infinité de réponses et ainsi tout le monde, quelque part, a raison.

« À 13 H LES FRANÇAIS SONT À TABLE ! »

L'alimentation

« Si nous n'avions pas servi du cabillaud à toutes les sauces depuis dix ans, les problèmes de surpêche ne se poseraient peut-être pas autant qu'aujourd'hui », assure le chef français Alain Ducasse. C'est sans doute un peu exagéré mais révélateur. Convaincu du pouvoir médiatique dont il dispose, le chef étoilé entend l'utiliser pour, dit-il, « repartir dans le bon sens ».

Les sondages lui donnent raison : dans nos sociétés contemporaines, de plus en plus de consommateurs sont préoccupés par leur alimentation, par ses effets sur leur santé et celle de leurs enfants.

En France, et c'est une exception en Europe, le temps passé à s'alimenter reste une affaire sérieuse. Il occupe en moyenne plus de deux heures par jour et il demeure très concentré sur les trois repas traditionnels. À 13 heures, une bonne moitié des Français est à table, le plus souvent à la maison.

Bien entendu, il s'agit surtout des plus âgés, dans la population. Les jeunes préfèrent les plateaux-télé et ils apprécient de manger à n'importe quelle heure, de préférence hors de chez eux. Ce n'est pas surprenant, mais c'est la première alerte.

La même enquête révèle des différences sensibles dans ces comportements entre les différentes catégories socioprofessionnelles ; les ouvriers et les employés sont les plus nombreux à déclarer « grignoter » très souvent, sans prendre le temps d'un véritable moment autour d'une table. Or le rapport entre l'abandon des temps réservés aux repas, le rang social et l'obésité a été établi et il est régulièrement confirmé.

La relation entre le surpoids et les conditions de vie est observée dès l'enfance, elle est frappante : le pourcentage de personnes obèses dans la population augmente à mesure que les revenus diminuent. C'est dû à un régime alimentaire moins sain, incluant peu de produits frais ; poisson, fruits et légumes sont délaissés au profit d'aliments de fabrication industrielle, jugés plus pratiques et plus économiques, ceux précisément dont les plus aisés s'éloignent progressivement. L'alimentation est aussi un facteur d'inégalités sociales..

Alors quelles réponses à tout cela ? Se tourner vers le « bio » ? C'est le mot magique : ni OGM, ni engrais chimiques, ni pesticides, ni boues d'épandage pour la production des produits issus de l'agriculture biologique ; pas davantage de cultures hors-sol, ni d'irradiation, et surtout pas d'ajouts, ni hormones ni antibiotiques. C'est donc que l'on trouve tout cela dans l'agriculture traditionnelle, celle que nous consommons tous les jours ? Mais oui !

Seulement voilà, les aliments bios, s'ils sont recommandés, sont plus chers que les autres, de 20 % en moyenne. Les coûts de production, à cause de besoins supplémentaires en main-d'œuvre, de frais de transformation et de distribution spéciaux, sont plus élevés alors que le rendement à l'hectare est souvent moindre. Les fruits et légumes bios sont moins calibrés, moins « parfaits ». Enfin, le volume disponible sur le marché reste très inférieur à celui des productions et des élevages traditionnels du fait du petit nombre d'agriculteurs « bios » présents en France (moins de 6 % de la surface agricole). Le consommateur ne s'y retrouve pas toujours. Mais le citoyen ?

Pour qui souhaite modifier son alimentation et se diriger vers des produits plus sains, dont il peut connaître la provenance et les conditions d'exploitation, incontestablement les produits issus de l'agriculture biologique sont un recours fiable. En France, ils sont proposés dans les circuits courts, dans les magasins spécialisés et la plupart des grandes surfaces proposent des rayons « bio ».

Mais attention aux confusions : s'il veut s'assurer de consommer un poisson sain, l'acheteur aura peut-être la surprise de découvrir qu'un poisson sauvage n'est pas un poisson bio. Celui-ci, pour être certifié biologique, doit obligatoirement provenir d'un élevage, mais de haute qualité. Cela signifie que son environnement et son confort seront respectés, qu'il sera nourri uniquement de farines de poisson issues de pêches contrôlées, de végétaux biologiques, de vitamines et de sels minéraux. Les substances d'origine animale terrestre, les OGM, et les ajouts sont proscrits. Or, les stimulateurs de croissance, les additifs médicamenteux, les colorants chimiques et les hormones de synthèse sont présents dans les élevages conventionnels.

Lorsque l'on regarde les prix bas, on ne tient pas compte des coûts indirects

Hors saison

S'il choisit de mettre de la viande bio à son menu, il aura du choix : bœuf, veau, mouton, agneau et porc. C'est un marché qui se porte bien ; il est en hausse malgré la baisse généralisée de la consommation de viande et il a passé en 2012 le cap du million d'hectares « bio » cultivés pour la nourriture des animaux, un bon tiers des exploitants étant devenus éleveurs. Des boucheries artisanales se spécialisent dans ce créneau, mais ce sont les supermarchés qui constituent « la plus grande boucherie bio de France », en commercialisant la moitié des volumes produits, à des prix inférieurs à ceux des boucheries artisanales.

On peut craindre à ce sujet que la logique productiviste du secteur de la grande distribution soit peu compatible avec les valeurs revendiquées par le « bio ». Il est vrai que dans la compétition permanente à laquelle elles se livrent entre elles, les grandes marques peuvent se tourner vers des pays producteurs où la main-d'œuvre est meilleur marché, ce qui est souvent synonyme de moins bonnes conditions de travail pour les paysans. De même, elles peuvent choisir des matières premières de moins bonne qualité ou avoir recours à des pratiques plus proches de l'agriculture traditionnelle… Surtout, si la législation est stricte en Europe en matière de production et d'étiquetage des produits bios, elle n'est pas forcément la même dans les pays d'exportation. Et par ailleurs, en ce qui concerne l'impact environnemental, le long voyage en avion d'un fruit hors saison n'est pas recommandé : il lui faut dix à vingt fois plus de ressources énergétiques que pour le même fruit cultivé localement ! Mais cela est valable pour le « bio » comme pour le conventionnel. La profession n'en est pas moins en pointe et l'amélioration de la qualité, en dépit de ces réserves, est réelle.

La qualité existe donc, mais elle est chère. Pour le consommateur, on l'a vu, c'est une certitude, mais on ne peut pas en dire autant pour le citoyen. Il y a plusieurs raisons à cela. D'abord, lorsque l'on regarde les prix bas, on ne tient pas compte des coûts indirects, c'est-à-dire les coûts des dommages causés à l'environnement par les méthodes de l'agriculture intensive, qu'il faudra réparer (qualité des eaux, fertilités des sols etc.), les coûts induits pour la santé du consommateur affectée par la présence de substances dangereuses dans les aliments ou pour celle des agriculteurs, affectée par l'usage répété des produits chimiques, nitrates, pesticides, fertilisants, etc.

200 fermes par semaine

On sait par ailleurs que la culture à plus grande échelle et l'investissement dans la technique et la mécanisation, sur des surfaces toujours plus étendues, détruisent des emplois agricoles. Depuis 1955, le nombre de fermes françaises a été divisé par cinq et il ne cesse de se réduire, tandis que la surface moyenne augmente. Au cours de ces dernières années, 200 fermes disparaissent chaque semaine. Les céréaliers sont les plus nombreux, devant les éleveurs laitiers et les éleveurs de bovins à viande.

Tous ces sujets ont été largement débattus dans le cadre de la Politique agricole commune de l'Union européenne, pour définir la nouvelle réforme 2014-2020, qui vient d'entrer en application. Elle promet d'être plus juste, plus « verte » et de mieux orienter les aides, c'est-à-dire que les éleveurs et les maraîchers devraient être mieux accompagnés. À partir de 2015, les fermiers français recevront progressivement une enveloppe plus importante pour leurs 52 premiers hectares de cultures ou de prairies, les sommes devenant ensuite dégressives sur les hectares supplémentaires. Cette mesure vise à « réduire les écarts d'aides entre paysans». Il est en effet souvent reproché à la Pac de favoriser les structures de grande taille, notamment céréalières, qui perçoivent trois fois plus de subventions par an que les maraîchers. C'est un choix politique, longtemps assumé, fait par l'UE dans les années 1990 pour aider les pays agricoles comme la France à être plus compétitifs.

Ce rééquilibrage est donc bienvenu, même s'il est encore jugé insuffisant par beaucoup et s'il ne compense pas encore les inégalités de revenus importantes entre éleveurs et céréaliers, entre régions montagneuses et plaines : «En 10 ans, on a perdu 12 000 fermiers en Languedoc-Roussillon et 32 % de maraîchers dans tout l'Hexagone», selon la Confédération paysanne.

Plat régional

L'autre grande question est en effet celle de l'égalité des territoires. Là encore, il faudrait remettre à plat les écarts entre le Nord de la France, aux cultures plus intensives, et le Sud à l'agriculture plus extensive, étant donné le relief et l'aridité. La nouvelle politique agricole se veut plus diversifiée, mieux adaptée aux particularités de chaque territoire, ce qui va souvent de pair avec des pratiques plus respectueuses de l'environnement. Elle s'engage à promouvoir une plus grande diversification des cultures, avec trois productions différentes minimum sur une même exploitation, au maintien des prairies permanentes et à l'installation de «surfaces d'intérêt écologique», par exemple des haies ou des mares pour protéger la biodiversité. Il était grand temps, dans tous les cas, de changer de logique et de porter plus d'attention aux produits de labels et de terroirs.

De façon plus générale, on peut aussi faire remarquer que favoriser le développement des cultures biologiques (à peine, 3,7 % aujourd'hui en France) entraînera une baisse du prix des produits de qualité, donc une hausse de leur consommation et logiquement, un recul de l'agriculture industrielle.

Or, l'alimentation n'est pas seulement liée à des questions de nutrition et de santé. Elle est aussi fortement attachée à la notion de plaisir. Bien manger procure une sensation de bien-être et la gastronomie, c'est transformer la nature en art. Un bon vin ou un plat régional réussi sont des créations artistiques. Et déguster une cuisine du terroir revient à savourer un paysage. C'est tout un écosystème qui entre dans le plaisir des sens et c'est précisément ce que l'alimentation industrielle a tué. Il nous faut réapprendre à alimenter nos sens.

Pour réussir cette « révolution » vers un retour à une alimentation de qualité et y entraîner le plus grand nombre, il faut pourvoir actionner plusieurs leviers. L'un d'entre eux, c'est la restauration collective. Chaque jour, huit millions de personnes en France prennent un repas venant de la restauration collective. Tout le monde est concerné, qu'il s'agisse des restaurants d'entreprises, d'administrations, des cantines scolaires, des hôpitaux ou des maisons de retraites.

Éducation au goût

Grâce à la diversité des secteurs qu'elle touche et à son poids économique, la restauration collective est le lieu idéal, peut-être le seul, pour mettre en place une politique alimentaire responsable, respectueuse de l'égalité. Elle est un levier pour offrir à tous, quels que soient les niveaux sociaux, un repas de qualité, équilibré et sain. Elle permet ainsi de toucher des populations souvent fragiles et de lutter contre la précarité alimentaire tout en sensibilisant au goût, notamment dans les écoles : une population qui sait et qui aime s'alimenter saura se protéger de l'obésité et développera moins de maladies chroniques. C'est donc un outil éducatif : éducation au goût, éducation à la santé et éducation à l'environnement.

Elle a aussi l'avantage de dynamiser les économies locales et de favoriser la production et la commercialisation des produits de proximité : lorsqu'un restaurant cherche à introduire des produits biologiques et locaux, il actionne un véritable levier pour soutenir les producteurs biologiques du territoire.

La question ne sera plus de savoir comment nourrir les enfants à la cantine le moins cher possible, mais de parier sur la restauration collective, outil précieux de valorisation des filières de qualité pour jouer sur la demande afin d'augmenter l'offre.

Ce pari ne sera gagné qu'à condition d'harmoniser les différentes politiques : agricole, alimentaire, éducative, économique et environnementale. Ce n'est pas le cas aujourd'hui : 2,4 % d'alimentation bio en restauration collective en 2013. Le Grenelle de l'environnement avait fixé un objectif de 20 % pour 2012. Il a été réitéré pour 2017 dans le programme « Ambition bio 2017 » et le plan national de l'alimentation 2014 (associé à l'objectif de 40 % de produits locaux).

« PLUS D'INSECTES SUR NOS PARE-BRISE ! »

La biodiversité

Un jour de 2009, un entomologiste néerlandais s'étonne. Il vit en France, dans l'Hérault : « Je marchais près de chez moi, dans la garrigue, raconte-t-il. Soudain je me suis demandé où étaient passés les insectes. Et puis j'ai réalisé qu'il y en avait aussi de moins en moins, collés sur le pare-brise et la calandre de ma voiture. Presque plus, en fait. »

C'était en 2009. Ce scientifique prend contact avec des collègues d'une quinzaine de pays, tous font le même constat et partagent la même inquiétude. Un consortium est formé. Cinq années plus tard, ils sont prêts à publier les résultats de leurs travaux.

Sont mis en cause des insecticides systémiques (dits « néonicotinoïdes »), qui représentent 40 % du marché mondial des insecticides agricoles, un marché de 2,6 milliards de dollars. Pulvérisés ou appliqués en traitement, ils ne peuvent pas être absorbés par les plantes au cours d'une seule saison végétative. Alors ils s'accumulent dans les sols, rejoignent les cours d'eau et s'en vont contaminer des zones jamais exploitées. Faut-il préciser pour ce qui est de leur puissance, qu'on est bien au-delà du vieux DDT d'après-guerre, déjà très destructeur.

C'est ainsi qu'est mis en évidence un « élément déterminant », pas le seul, du déclin des abeilles et des bourdons. Il provoque aussi la raréfaction des papillons, qui en vingt ans ont vu leurs populations réduites de moitié en Europe.

On sera peut-être moins touchés d'apprendre que d'autres insectes minuscules, les micro-organismes du sol et les lombrics, sont aussi détruits par ces substances. On aurait tort, ils sont indispensables au maintien de la fertilité des sols. Et ils nourrissent les oiseaux des champs. Eux aussi disparaissent. Il y en avait deux fois plus dans les campagnes françaises au milieu des années 1990.

C'est une illustration parmi d'autres d'une atteinte à la diversité génétique, aux innombrables formes de vie dans la nature qui constituaient un fabuleux réservoir d'espèces, plantes et insectes, patiemment observées au cours des siècles, dans toutes les parties du globe. On ne sait pas toujours expliquer leur disparition. Mais, pour beaucoup d'entre elles, on a de sérieux doutes et de bonnes raisons de s'alarmer.

Les mots ont leur histoire. Tacite, au Ier siècle après J.-C., emploie *diversitas* pour désigner non seulement une différence, mais aussi une divergence, voire une contradiction. Jusqu'au Moyen Âge le terme, emprunté au latin, évoque plutôt une étrangeté, une bizarrerie. Aujourd'hui il renvoie à la notion de pluralité ; on parle de diversité culturelle pour reconnaître et valoriser l'existence d'autres cultures, d'implantation plus récente sur un sol national ; les périodes électorales en soulignent le plus souvent la dimension politique. La diversité a d'ailleurs trouvé un écho législatif dans de nombreux domaines, aussi bien les inégalités entre les hommes et les femmes, l'orientation sexuelle, que les opinions religieuses ou les handicaps.

Trop de sentiments, trop de passions

Comment qualifier la diversité génétique ? Auguste Comte en son temps déconseillait l'usage du mot « nature ». Probablement percevait-il une charge sentimentale trop lourde et trop de passions autour

Les espèces n'existent pas !

de ce concept. Trop de phénomènes inexpliqués aussi, insupportable pour l'ère scientiste naissante. Utiliser alors le terme « vie » ? Cela inclurait l'homme, et celui-ci a ses spécificités, il ne saurait faire partie du tout. Mieux vaut découper les concepts et, selon les auteurs, préférer l'usage des termes « principe vital », « essence » ou « caractère ».

Tous renvoient à la même idée de nature mais chaque époque choisit ses termes en fonction d'une réalité qu'elle veut cacher ou révéler. Aujourd'hui, on parle plus volontiers d'« environnement » ou de « biodiversité ». Or, mettre l'accent sur la « diversité », c'est signifier qu'elle est menacée. Le terme « biodiversité » s'est donc imposé lorsque la diversité biologique a commencé à décliner.

Tant de promesses non tenues

« Biodiversité » : néologisme, forgé à partir du grec *bios*. C'est bien la diversité naturelle des écosystèmes vivants, des espèces et des gènes dans l'espace et dans le temps, qui est mise en avant. La convention sur la biodiversité, au Ier sommet de la Terre, à Rio de Janeiro en 1992, l'a souligné en reconnaissant la biodiversité comme un bien public global et en assignant aux États trois objectifs :

la conservation de la diversité biologique, son utilisation durable et le partage juste et équitable des bénéfices liés à l'usage des ressources.

Depuis cette date d'autres engagements ont été pris. Chaque fois, comme à Johannesburg en 2002, la promesse d'une «forte réduction du rythme actuel de perte de diversité biologique» est faite. Mais ces engagements n'ont pas été tenus. L'évaluation des écosystèmes pour le millénaire, commandée en 2000 par le secrétaire général de l'ONU, a mis en évidence une dégradation de 60 % des écosystèmes. Tous les indicateurs montrent que les espèces disparaissent à un rythme très rapide.

La biodiversité est partout, aussi bien sur la terre que dans l'eau. Les scientifiques considèrent que le nombre réel d'espèces vivantes sur Terre se situerait entre 8 et 30 millions. Or nous n'en connaissons que 1,8 million ! Actuellement, rappellent les sources officielles, environ 16 000 nouvelles espèces sont décrites chaque année. Autant dire que l'inventaire est loin d'être achevé. Quant aux océans, ils recèleraient dans des profondeurs encore inexplorées la très grande majorité de leurs espèces vivantes.

La version fixiste de l'arche de Noé

Mais justement il faut corriger une vision trop rigide de la biodiversité. La biodiversité est encore considérée comme un catalogue d'espèces à protéger. Or, la révolution darwinienne, en marche depuis un siècle et demi, ne sera complète que lorsque nos représentations collectives intégreront deux de ses principaux enseignements. Le premier est que la biodiversité est une dynamique : elle est entretenue par des mécanismes d'interactions et d'isolement. Le second est que les espèces n'existent pas de manière objective. Les espèces ne sont ni immuables, ni normatives.

La théorie de Darwin de la descendance avec modification par la sélection naturelle, s'oppose à la version créationniste, fixiste, de l'arche de Noé. Descendance avec modification : à chaque génération, des variations génétiques aléatoires provoquent des mutations. Sélection naturelle : tout ce qui ne peut pas se maintenir dans son environnement disparaît. Le déterminant de l'adaptabilité du vivant, c'est donc l'environnement. Et comme celui-ci varie de manière constante, il est impossible de définir une norme spécifique.

De l'origine des espèces est un livre de déconstruction. Dans cet ouvrage, qui date de 1859, Darwin déconstruit la conception essentialiste de l'espèce. Le terme «origine» est à double sens, il signifie la «genèse», mais Darwin l'emploie pour expliquer la «cause».

Aujourd'hui, le concept d'espèce biologique est entendu comme désignant une population d'individus qui se ressemblent (ce qui n'est pas d'une objectivité scientifique exemplaire); ces individus sont interféconds et leur descendance l'est également (ce dernier point permet d'affirmer par exemple que l'âne et le cheval sont deux espèces distinctes). Très bien, mais alors comment classifier tous les organismes qui se reproduisent par simple division cellulaire, parthénogenèse ou bourgeonnement, et qui forment la majorité du vivant?

Remonter l'arbre de la vie

Pour Darwin, le concept désigne tout autre chose : une espèce est une lignée généalogique. C'est-à-dire un ensemble d'individus qui ont un ancêtre commun. On mesure les conséquences de cette définition en considérant le fait que l'ensemble du vivant a un ancêtre commun. Plus on remonte l'arbre de la vie, plus on se découvre des parentés communes, et ce, jusqu'à la cellule LUCA dont tous les êtres vivants descendent. LUCA est l'acronyme de *Last Universal Commun Ancestor* (dernier ancêtre commun universel). Il n'y a donc pas de lignes de démarcation au sein du vivant mais une continuité : familles, variétés, espèces… Les différences sont de degrés et non pas de nature. En d'autres termes, depuis Darwin, une espèce n'est plus une entité statique avec un spécimen type mais un processus généalogique en mouvement, un processus de descendance avec modification. Ce processus a commencé avec la première cellule et a abouti à l'ensemble du vivant, l'homme tout autant que n'importe quel autre organisme actuel. Ces remarques impliquent que la volonté de définir le nombre d'espèces vivantes ou disparues est plutôt vaine : «Quand j'ai devant moi quatre espèces de mésanges, une mésange charbonnière, une mésange bleue, une mésange nonnette et une mésange huppée, n'ai-je pas moins de diversité qu'avec une mésange charbonnière, un lombric, un platane et un bacille de Koch? Oui, arrêtons avec les additions d'espèces, qui sont de la mauvaise mathématique et de la piètre biologie» s'agace le biologiste Robert Barbault.

Pourtant, en dépit de ces remarques, nous n'arrivons pas à nous départir de la notion d'espèces comme point de référence de la biodiversité. Nous en restons à la conception prémoderne de la nature, selon laquelle les espèces sont immuables et un individu parfait est un individu qui possède toutes les caractéristiques cataloguées comme étant celles de l'espèce. Depuis Darwin, il y a une révolution en marche que la biologie ne parvient (toujours) pas à faire.

Maintenir la barrière entre espèces

La biologie se retrouve également face à un obstacle épistémologique particulier : elle touche à la spécificité humaine et est susceptible d'infliger à l'homme de grandes blessures narcissiques. L'homme a passé des millénaires à chercher la particularité qui le distinguerait du reste du vivant, jusqu'à s'extraire complètement de la nature et à se représenter en opposition à cette dernière. Effacer les lignes de démarcation, considérer les espèces comme une classification fictive, retirerait définitivement à l'homme toute spécificité. La peur existe qu'une biologie aspécifique aboutisse à un antihumanisme.

À l'opposé, maintenir la barrière entre espèces, considérer les différences comme essentielles, permet de justifier l'exclusion des autres entités vivantes de notre considération morale. Par ailleurs, la notion d'espèce est le moyen le plus familier, entré dans notre sens commun, pour décrire et classifier les différences visibles entre des groupes d'entités vivantes. Ces obstacles expliquent le fait que la sauvegarde de la biodiversité soit encore représentée sous formes de listes d'espèces à protéger, même si cela constitue, du point de vue darwinien, un contresens : on veut figer pour protéger, alors que la logique de l'évolution implique qu'aucune espèce ne soit figée mais qu'elle fasse partie d'un mécanisme complexe d'émergences et d'extinctions.

Obstacles à la migration de l'anguille

C'est donc l'évolution qu'il faudrait protéger, c'est de cette nécessité, de cet impératif, qu'il faut partir. Nous n'avons pas le choix. L'homme comme agent majeur dans l'histoire de la nature n'est pas chose nouvelle, il influe sur le cours de l'évolution depuis l'invention de l'agriculture accompagnée de la domestication. Mais, une fois un certain seuil de puissance passé, nous avons basculé d'un rôle créateur à un rôle destructeur. La biodiversité est menacée par la pression trop forte que l'homme exerce sur le système de l'évolution. C'est la fameuse ère de l'Anthropocène.

L'activité humaine provoque des modifications des écosystèmes si importantes qu'elles entraînent partout une décroissance de la diversité biologique.

Le thon rouge, par exemple, ne disparaît pas uniquement à cause/ pêche, mais aussi parce que nous appauvrissons son biotope, dimin sources en nourriture et perturbons gravement sa reproduction. L'angu Japon, elle, est contrainte d'évoluer dans un milieu tellement pollué qu'il multiplie les obstacles à sa migration. Plus près de nous, l'utilisation d'organismes génétiquement modifiés et la pollution aux phosphates et aux nitrates d'origine agricole sont à l'origine de la disparition de nombreuses espèces végétales et d'invertébrés dont la diversité décline à un rythme alarmant.

Comment dès lors protéger l'évolution des espèces? «La production de diversité biologique résulte d'un subtil équilibre entre isolement et interconnexion» (Pierre-Henri Gouyon). Isoler permet les différences génétiques globales (d'où l'infécondité entre espèces). Et lever des barrières engendre des différences génétiques locales. L'isolement géographique de certains groupes leur permet de se différencier génétiquement. En limitant les croisements, il les protège de la compétition et leur assure le temps nécessaire pour se différencier par la sélection naturelle locale. Prenons l'exemple de groupes d'entités A, B, C et D. Si nous ne les isolons pas, ils vont se reproduire et aboutir à une seule entité, l'entité E. L'isolement géographique et l'impossibilité de l'interfécondité sont la condition du maintien de la diversité. Mais dans le même temps, leur interconnexion est indispensable pour maintenir la diversité au sein de A, au sein de B… Sans interconnexion, l'isolement mènera à l'appauvrissement génétique de chaque groupe d'entités et à leur disparition.

Faire le tour de la planète

Ce sont bien ces dynamiques de l'évolution que nous avons rompues avec la mondialisation des échanges d'un côté et l'urbanisation de l'autre. Chaque jour, en nous déplaçant, nous déplaçons avec nous des milliards d'organismes vivants. Par nos échanges marchands, nous faisons faire le tour de la planète à toutes sortes d'animaux, d'insectes, de plantes, de semences, de fruits, de bactéries. Nous introduisons chaque jour des espèces exotiques dans d'autres milieux et nous rompons les isolements. D'un autre côté, nous développons les villes et les infrastructures, nous bétonnons, nous construisons autoroutes et barrages, créant ainsi autant d'obstacles aux échanges entre les entités locales.

Ces ruptures produites par l'homme conduisent à un appauvrissement génétique global, à l'érosion de la biodiversité. Il est nécessaire de se départir de l'idée que la biodiversité est une liste d'espèces fixes pour adopter, enfin, la vision de la dynamique.

La biodiversité, faut-il le rappeler, est indispensable à l'homme parce qu'elle est indispensable à la vie. Elle intervient dans nombre de processus naturels tels que la régulation du climat, la lutte contre les parasites, la pollinisation ou la prévention des érosions et contribue à la qualité de l'air et de l'eau. Notre alimentation et notre sécurité alimentaire en dépendent largement, tout comme notre santé, puisqu'une forte proportion des médicaments que nous consommons est d'origine biologique. De fait, elle touche plus ou moins directement à des pans entiers de nos économies, qu'il s'agisse de nous fournir des matières premières et de l'énergie ou de nous rendre moins vulnérables aux catastrophes naturelles.

L'impact d'une météorite

Surtout, la diversité a permis à la vie de traverser des phénomènes catastrophiques de grande ampleur et de perdurer avec succès, pendant près de 4 milliards d'années. Après chacun de ces épisodes d'extinction en masse, elle s'est reconstituée afin de limiter la vulnérabilité de la vie aux phénomènes imprévisibles que l'avenir lui préparait.

On le voit, l'utilité de la diversité apparaît au moment de la sélection. Lors d'une transformation du milieu naturel, la diversité permet à la vie de s'adapter par la sélection, elle accroît la résilience.

Ces extinctions massives ont souvent été causées par des épisodes d'éruptions volcaniques intenses qui ont changé la composition chimique de l'atmosphère terrestre. Quant à la dernière grande extinction massive, il y a 65 millions d'années, elle serait plutôt due à l'impact d'une météorite, marquant la fin de la période du Crétacé, celle qui a vu prospérer les dinosaures. Lors de chacun de ces épisodes, qui s'étalent sur des centaines de millions d'années, seuls ont survécu ceux que le hasard avait équipés de telle sorte qu'ils sont parvenus à se reproduire dans le nouveau milieu.

Jusqu'à aujourd'hui : en quelques centaines d'années seulement, le rythme d'extinction a atteint un niveau historique sans qu'aucune catastrophe géologique exceptionnelle ait eu lieu.

Ticket gagnant pour la vie

Il faut diversifier pour anticiper et protéger contre les aléas du futur. C'est aussi le mécanisme appliqué par notre système immunitaire. Et il est très efficace. Nous avons déjà presque certainement dans notre corps l'anticorps contre un virus qui n'a pas encore muté et qui apparaîtra dans plusieurs années sur un autre continent. Nous avons l'anticorps contre un virus qui n'existe pas encore ? Comment est-ce possible ? Nous synthétisons et fabriquons des centaines de millions d'anticorps différents. Les cellules de la moelle osseuse font de l'*engineering* : elles se divisent, elles produisent des combinaisons, des mutations au hasard. Un nombre infini de ces combinaisons ne sera jamais utilisé. Mais parmi ces combinaisons, il existe celle qui sera capable de protéger notre organisme contre une agression future. Quand la vie dépend du ticket gagnant, la seule chance d'être certain de gagner est d'acheter tous les tickets. La diversité c'est l'« assurance-vie » de la nature. Elle permet l'innovation, l'adaptation et donc l'évolution. Pour ces mêmes raisons, l'homogénéisation des cultures, déjà à l'œuvre dans de nombreuses régions du monde, est contre-productive à long terme pour l'espèce humaine.

L'univers des surprises est sans fin

À l'avenir, comme cela s'est toujours passé, des mutations et des innovations seront sélectionnées et continueront d'opérer. Mais l'appauvrissement de la diversité dans l'éventail du vivant, l'homogénéisation culturelle, l'échange et la communication maximale ne pourront assurer la survie à long terme. L'avenir nous le dira, l'univers des surprises est sans fin. Mais nous ne connaissons aucune intelligence supérieure à ce système, capable de l'anticiper et de l'assurer. La maîtrise de l'évolution par l'homme est totalement exclue. Et le prix de la perte de la diversité est au-delà de l'imaginable.

« MON SAXO POUR 50 € PAR MOIS »

L'économie du partage

Sur le dessin réalisé à l'ordinateur, on voit de dos une jeune femme blonde, son sac à la main, dans l'allée qui mène à sa maison. Deux voitures, dont un large break, sont garées devant le garage. L'herbe du jardin est fraîchement coupée par la tondeuse, qui est restée dans un coin, près du parterre de fleurs. Un enfant vient de tourner à l'angle de la maison, passe sous l'auvent, devant une planche de surf posée contre le mur, il pousse un vélo. Enfin, à l'étage, un jeune garçon joue du saxophone devant la fenêtre ouverte.

Chacun des objets est désigné par une petite flèche, avec son prix de location : 5 $ par jour pour la tondeuse, 18 $ pour le vélo, 80 $ la semaine pour la planche de surf, 9 $ à l'heure pour le break ; le saxo du jeune garçon est aussi à louer, 50 $ par mois ; et même la chambre voisine de la sienne, 38 $ pour une nuit. Au bout du bras de la jeune femme, le joli sac *Birkin*, création d'une marque célèbre, s'emprunte pour 100 $ la soirée.

Nous sommes dans le monde de l'économie du partage, celui de l'optimisation de l'usage. C'est une façon de réagir à la sous-utilisation de la plupart des produits de consommation. Ce dessin est posté sur Internet, comme des milliers d'autres annonces. Le réseau connecté est l'allié indispensable de cette nouvelle façon de consommer biens et services de toutes natures, il repose sur la mise en relation directe des particuliers. Cette procédure permet de substantielles économies mais sa dimension sociale, assez ludique, explique aussi son succès. On peut encore imaginer que le garçon, quittant sa chambre et son saxo, rejoigne une voiture et ses trois passagers qui l'attendent au carrefour pour se rendre dans la ville voisine, en covoiturage, ou que la jeune femme, aussitôt rentrée, poursuive sur son ordinateur sa recherche d'une lointaine résidence de vacances, à échanger avec sa maison.

Depuis le début des années 2000, plusieurs sites ont bien compris tout le parti qu'ils pouvaient tirer de cet intérêt croissant pour des formes de partage en ligne, plus largement de troc, de revente, d'échange. Ces plateformes numériques sont devenues aujourd'hui d'immenses places de marché. La crise économique n'y est pas pour rien ; dans les grandes villes aux loyers exorbitants, par exemple, l'outil numérique a rendu possible la multiplication des colocations étudiantes ou la cohabitation entre générations. Tout le monde s'y retrouve. Partager habitat, transport, loisirs, équipement, habillement, travail, c'est le modèle de «la consommation collaborative». L'expression aurait été inventée dès 1978, mais l'Anglais Ray Algar l'a utilisée en 2007 pour mettre en évidence le modèle qui est en marche depuis. On ne voit pas bien ce qui pourrait l'arrêter.

Au XIXᵉ siècle, la première révolution industrielle est née de la conjonction de plusieurs phénomènes : l'essor de la production du charbon, l'apparition du télégraphe, la construction d'un vaste réseau ferroviaire permettant un développement rapide de la production et des échanges commerciaux. La deuxième révolution industrielle, au tout début du XXᵉ siècle, doit son succès aux nouvelles sources d'énergie (le pétrole et le gaz) et à l'utilisation de l'électricité, dès 1880. Grâce à l'or noir, l'automobile et l'avion révolutionnent les moyens de transport et permettent à la fois l'expansion et la concentration des entreprises, tandis que de nouvelles inventions techniques, la radio, le téléphone ou la lampe à incandescence d'Edison, transforment la vie quotidienne.

Pour l'essayiste et prospectiviste américain, Jeremy Rifkin, nous sommes entrés à présent dans la troisième révolution industrielle. La première révolution, explique-t-il, celle qui a permis l'industrialisation de l'imprimerie, indispensable à une large diffusion des savoirs, avait pour infrastructures les chemins de fer et les voies navigables. La deuxième, celle du développement des technologies de communication, s'est appuyée sur le faisceau hertzien et le réseau routier.

> « **Passer d'un consumérisme toxique à une économie de la contribution.** »

Pour la troisième révolution industrielle, celle en train de naître, selon Rifkin, de l'exploitation des énergies renouvelables (éolien, solaire, hydraulique) et du formidable développement des communications par Internet, les infrastructures nouvelles seront les autoroutes de l'information, les réseaux de distribution et de stockage d'énergie «intelligents». Jeremy Rifkin fait le constat de la crise sévère traversée par les économies avancées, taux de chômage élevés, accumulation des dettes, essoufflement de l'industrie traditionnelle. Pour lui, «il devient de plus en plus évident que la seconde révolution industrielle est en train de disparaître, et que nous avons besoin d'un tout nouveau récit économique pouvant nous mener vers un avenir plus équitable et durable». Il réclame une nouvelle synergie entre les énergies renouvelables et Internet, de manière que les modes de redistribution de l'énergie, devenus obsolètes et dangereux, en outre, pour l'environnement, soient radicalement modifiés : «Dans l'ère à venir, des centaines de millions de personnes produiront leur propre énergie verte à la maison, au bureau, à l'usine et se la partageront *via* un système d'Internet de l'énergie », tout comme ils partagent aujourd'hui des données et des informations en ligne.

« Consumérisme toxique »

Le partage est au cœur de cette nouvelle vision de la société qui passe par la nécessité de repenser la propriété, pour lui substituer l'accès et l'usage : « Le futur appartient à la production partagée », dit encore Rifkin.

Cette économie du partage, encore modeste mais aujourd'hui en plein essor, désigne toutes les pratiques économiques que la révolution numérique a fait naître ou, pour beaucoup, profondément transformées. Le nouveau modèle détricote le modèle pyramidal et permet la création d'une nouvelle communauté d'échange, au niveau mondial. En France, dès 2005, une association française, Ars Industrialis, regroupant des économistes, des philosophes, des informaticiens et aussi des toxicologues (car le capitalisme est devenu « addictif » et « pulsionnel ») a rédigé un manifeste contre la soumission totale aux « impératifs de l'économie de marché » : « Le temps est venu, écrit le philosophe Bernard Stiegler, fondateur et inspirateur d'Ars Industrialis, de passer d'un consumérisme toxique à une économie de la contribution. »

En 1987, Bernard Stiegler, alors directeur du centre de recherche et d'innovation du Centre Pompidou, avait organisé une exposition, *Les mémoires du futur*, dans laquelle il décrivait le XXIe siècle comme « une bibliothèque où les individus seraient mis en réseaux, avec de nouvelles compétences données par des appareils encore inaccessibles ». Poursuivant ses travaux sur le numérique, il s'est dit très tôt convaincu que c'était « un vecteur essentiel de la pensée et de la connaissance », capable de redonner du sens aux échanges, de permettre à chacun d'être responsable de ce qu'il fait et d'échapper à la dictature du marketing.

Réseaux intelligents

Le numérique a bouleversé la marche du monde et façonné une génération qui arrivera, tôt ou tard, au pouvoir. Il a permis d'abord les échanges d'opinions et d'idées, chacun s'autorisant à s'exprimer avec des pairs sur des plateformes et s'informant en permanence. La vente et la revente de biens de consommation sur des sites d'achat, la location des logements de particuliers, le développement du covoiturage et bien d'autres services ont suivi : le but est d'optimiser les usages et de s'approprier la démarche. Certaines réussites sont spectaculaires. Airbnb, site de locations saisonnières, est devenue la première chaîne hôtelière au monde.

D'autres domaines vont encore au-delà de cette logique : pour l'énergie, par exemple, il s'agirait de passer d'un système entièrement centralisé, en ce qui concerne la production et la gestion, à un système latéral où, grâce aux énergies renouvelables, un très grand nombre de petits producteurs assureraient leur propre production sur leur lieu d'habitation. Ils échangeraient leurs excédents avec la communauté *via* le numérique, le partage étant assuré par des «réseaux intelligents», les *smart grids*. L'éducation, elle aussi, se transforme rapidement avec l'invention des Mooc (*massive open on line courses*), cours dispensés en ligne par les professeurs les plus réputés, auxquels chacun peut s'inscrire en accès libre. Quant à la finance, elle pourrait bien connaître une vraie révolution avec le développement des initiatives de *crowdfunding* (financement participatif) ou celui du microcrédit. L'un et l'autre remportent des succès qui viennent court-circuiter les habitudes des banques.

On peut encore noter le dynamisme des *Fab labs*, ces laboratoires d'excellence très présents aux États-Unis, dont s'équipent aujourd'hui de nombreux pays et grandes métropoles et qui partagent, à destination du public le plus large possible, leurs innovations et les informations nécessaires à la fabrication ou à la réparation de n'importe quel objet. Le réseau est mondial, très actif et il permet d'aboutir à des productions, le plus souvent locales, totalement détachées des circuits traditionnels. Le mouvement Open Source Ecology regroupe des ingénieurs qui partagent sur Internet plans, méthodes et astuces pour tout fabriquer soi-même, convaincus en outre que ces objets seront bientôt démultipliés grâce aux progrès de l'impression 3D.

«Innovations frugales»

Soutien à l'innovation sociale, extrême rapidité de la circulation des idées, réactivité : la rencontre de l'Internet des objets avec les habitudes de l'économie solidaire donne naissance à toutes sortes de mouvements collaboratifs et rend possible la production à petite échelle. En ajoutant à cela ce qu'il est convenu d'appeler la révolution Jugaad, la culture de l'«innovation frugale», venue des pays pauvres, qui favorise l'éclosion d'une somme de projets très ingénieux à faibles coûts, on voit alors se dessiner pour l'avenir les contours d'un autre système économique.

À l'opposé du modèle consumériste, le modèle contributif n'a pas l'argent pour principal vecteur. Il repose sur l'échange entre contributeurs, laissant une large place à la motivation et à la passion. Pour ces raisons aussi, il séduit. Certains, comme Jeremy Rifkin, vont jusqu'à prédire la généralisation de ce qu'il nomme le «capitalisme distribué», appelé à remplacer le capitalisme actuel avant cinquante ans.

Il convient cependant de tempérer cet enthousiasme; le capitalisme collaboratif, tel qu'il apparaît aujourd'hui, est une société de micro-entrepreneurs reliés entre eux par la coopération. C'est une situation qui tranche nettement avec l'organisation classique du salariat. Cette nouvelle figure du travailleur «atomisé» se voit soutenue par plusieurs gouvernements et certaines instances internationales, mais elle présente des dangers. Le risque existe en effet d'un encouragement à miner par cette voie les droits du travail, à fragiliser les protections associées au statut du salarié, vues comme autant de barrages et d'obstacles à la liberté du marché et à la sacro-sainte compétitivité.

Par ailleurs, dans l'histoire de l'humanité, le capitalisme est un système récent. Comme tous les systèmes, il est amené à évoluer. Cela ne doit pas nous faire oublier que nous vivons dans un monde fini, aux ressources limitées. La vision très économique défendue par les promoteurs de la troisième révolution industrielle et de ses suites fait trop souvent l'impasse sur ces contraintes très réelles. Bien des matières premières, indispensables à la fabrication des outils techniques, sont des ressources finies. Les enjeux de leur disponibilité ne peuvent être écartés.

Fantasme de l'immatériel

Ainsi, quand la Chine affirme son ambition de leader de la troisième révolution industrielle et investit massivement dans la convergence des énergies renouvelables et du numérique, il y a lieu de rappeler que ces techniques de l'information et de la communication sont très grandes consommatrices d'énergie, qu'elles peuvent aussi être polluantes et qu'elles puisent largement dans des ressources naturelles, comme les métaux, dont la pénurie commence dès à présent à se faire sentir. Le fantasme de l'immatériel n'est qu'un leurre.

La troisième révolution industrielle sera un échec si elle n'est envisagée que comme un moyen de prolonger notre niveau actuel de consommation. Elle ne saurait être la roue de secours d'un capitalisme à bout de souffle. Pour autant, l'économie du partage a un intérêt certain. Mais, si elle est appelée à jouer un rôle déterminant dans la transition écologique, ce sera uniquement dans le cadre d'une baisse globale de la consommation. Enfin, il ne s'agit à ce stade que d'une tendance et cette nouvelle ère du capitalisme, si elle advient, ne reposera que sur l'utilisation d'une technique. Or, la technique, tel un monstre aux pieds d'argile, est par nature fragile. Si demain une faille se glissait dans le système et le rendait inutilisable, c'est tout l'ensemble qui pourrait s'effondrer.

L'avenir dira ce qui l'attend mais il est vraisemblable, comme l'écrivent un philosophe et un économiste, Philippe Beraud et Franck Cormerais, que «l'économie de la contribution tend[ra] à se constituer comme une économie générale, aux côtés des mécanismes propres à l'économie de marché, à l'économie publique et à l'économie du don»

« COMBIEN SOUS LE LAMPADAIRE ? »

Les nouvelles cités-États

En 2014, la ville de Barcelone a accueilli, dans son quartier très futuriste du bord de mer, entièrement consacré à l'innovation, la petite communauté des *Fab Labs* : 150 «laboratoires de fabrication numérique» venus de quarante pays, tous champions du *Do-it-yourself*, c'est-à-dire engagés dans une démarche de transmission de leurs innovations aux fabricants de toutes sortes, artistes, designers, entrepreneurs, citoyens, désireux de se les approprier pour réaliser leurs propres productions.

Les *Fab Labs* font aussi profiter de leur travail les collectivités locales, quand celles-ci ont l'ambition de présenter un nouveau visage, plus contemporain, en harmonie avec les formidables possibilités techniques du XXIᵉ siècle. C'est bien le cas de Barcelone, la rebelle catalane, la ville festive, destination favorite de la génération Erasmus et capitale économique de la région. La ville a déjà pris une bonne longueur d'avance. Le mobilier urbain et plusieurs services municipaux sont connectés à Internet; dans les parkings, un capteur au sol indique à l'automobiliste les places libres. D'autres capteurs signalent au service d'enlèvement les conteneurs à ordures pleins. Ailleurs, des lampadaires sont capables de détecter le nombre de passants autour d'eux et d'adapter leur intensité lumineuse en conséquence. Ce sont autant de gains de productivité assurés pour la ville et de factures réduites pour ses habitants. Mais Barcelone veut maintenant aller plus loin et annonce son intention d'équiper chaque quartier d'un *Fab Lab*, ce qui permettra à ses habitants de se tourner presque exclusivement vers la fabrication locale. La ville a aussi encouragé de nombreuses initiatives pour parvenir à l'autosuffisance dans d'autres domaines, comme l'alimentation ou l'énergie. Si tout va bien, en 2030 elle aura réussi son pari de devenir la première cité-État de l'ère moderne en Europe.

Plusieurs autres villes dans le monde sont aussi à la recherche d'innovations efficaces, adaptées à leurs besoins, pour réussir leur passage à l'autosuffisance. Dans tous les cas, celle-ci se doit d'être écologique et civique : énergie, alimentation, services, finance, micro-industrie, les champs d'application sont nombreux et tout ou presque pourra à terme être fourni ou fabriqué sur place. La clé de la réussite sera bien sûr l'adhésion des habitants à ces innovations et leur aptitude à prendre des initiatives pour leur vie collective et leurs comportements individuels.

Mais tout ceci ne signifie pas pour ces villes un repli sur elles-mêmes. Au contraire, la ville autosuffisante est en permanence connectée au monde entier, à l'affût de nouvelles techniques, de nouveaux savoirs. La ville autosuffisante se veut «intelligente».

Le XXIe siècle sera celui des villes ; depuis longtemps déjà le phénomène d'urbanisation rapide, spectaculaire dans plusieurs régions du monde, est observé et les spécialistes sont tous d'accord : il ne devrait pas ralentir. Cinq millions de nouveaux citadins viennent s'installer chaque mois dans les villes des pays en développement ! Déjà 50 % des habitants de la planète vivent dans les villes. Ils seront 60 % en 2030, 70 % en 2050.

Assistera-t-on alors à la revanche des villes ? Vont-elles tirer avantage des profondes transformations qu'entraînera une telle situation pour les populations ? Après le temps des empires et celui des nations, verra-t-on s'imposer celui des cités-États, mieux adaptées aux aspirations nouvelles de leurs habitants ? Et l'État-nation, affaibli, devenu trop petit pour s'imposer dans une économie globalisée, mais trop grand pour permettre l'*empowerment* du citoyen, cédera-t-il la place à un monde de villes autogérées et autosuffisantes, organisées en fédérations et hyperconnectées les unes aux autres ? Si cet avenir est encore jugé lointain, beaucoup admettent en revanche que la ville pourrait avoir à l'avenir la bonne dimension pour tenter une démocratie plus directe, innover, inventer avec les communautés de nouvelles façons de vivre, expérimenter d'autres modes de gestion et de production de biens et de services.

> **La complémentarité des villes entre elles jouera davantage que la concurrence.**

Venise, Mulhouse, Raguse

Le terme « cités-États », choisi par celles, comme Barcelone, qui sont déjà engagées dans une telle démarche, désignait à l'origine, au IIIe millénaire avant J.-C, de petits royaumes indépendants de l'ancienne Mésopotamie, situés entre le Tigre et l'Euphrate. Chacun avait peu à peu établi sur le territoire qu'il s'était choisi un habitat permanent, chacun était relié à la campagne environnante pour assurer sa subsistance. Mais tous gardaient des liens et faisaient largement commerce – ou la guerre ! – les uns avec les autres.

Beaucoup plus tard, aux XIIe et XIIIe siècles, de grandes villes d'Europe se sont aussi constituées en cités-États autonomes, indépendantes de tout pouvoir : Venise sur l'Adriatique, Gênes et Amalfi sur la Méditerranée, Mulhouse, plus au Nord, ou, à l'Est, l'ancienne Raguse, devenue Dubrovnik.

« La ville sur la ville »

À la différence de ces cités anciennes, édifiées sur des territoires choisis par leurs fondateurs, les cités-États du XXIᵉ siècle sont appelées à naître dans un tissu urbain déjà existant. En Occident surtout, elles sont déjà construites aux trois quarts. Tout l'enjeu pour elles est de « refaire la ville sur la ville » et même de « refaire la nature dans la ville », à partir de ce qui la constitue déjà. Ce processus de transformation fera appel à l'innovation et à l'imagination des citoyens. Il s'agit de rendre à la vie des quartiers un rythme moins frénétique et de donner aux lieux un aspect plus avenant ; habitat, services, espaces verts, transports et circulation en mode doux, tout doit être pensé en même temps.

Surtout, la volonté des nouvelles cités-États est de parvenir à l'autosuffisance, ou du moins s'en approcher au plus près. Elles doivent commencer par conquérir leur indépendance énergétique, grâce aux énergies renouvelables, puis assurer leur approvisionnement en soutenant les productions des campagnes voisines et la fabrication locale du plus grand nombre de biens, tout en veillant à éviter le gaspillage de la surconsommation et de l'accumulation.

Importer le moins possible sans générer de déchets, privilégier la proximité sous toutes ses formes sont clairement les objectifs de l'autosuffisance. Ils s'opposent radicalement au système dominant de la mondialisation des échanges, de la grande libéralisation des marchés opérée au cours du siècle dernier, coupable de multiples atteintes à l'environnement et de pollutions. Responsable de la baisse de qualité des produits, du développement des transports inutiles et de la hausse des coûts, elle est en outre néfaste à la survie des économies locales.

Le concept d'autosuffisance implique donc de se soustraire à la dépendance vis-à-vis d'intermédiaires et d'intervenants multiples, souvent mal identifiés, afin de mieux maîtriser les ressources vitales ou jugées stratégiques pour les individus comme pour la collectivité.

Espace souterrain

Déjà, de nombreux projets, au cœur de grandes villes du monde, vont dans le sens d'une « naturalisation » de l'espace ; Montréal développe des fermes urbaines et installe des champs et des serres sur le toit des immeubles pour rapprocher les consommateurs des producteurs et supprimer les problèmes de stockage et de transport. New York a construit des fermes verticales, autonomes en énergie avec une optimisation de l'utilisation de l'eau.

Singapour, confrontée à la croissance de sa population sur un territoire restreint (5,4 millions d'habitants aujourd'hui, près de 7 millions en 2030), réfléchit à son futur cadre de vie. Les possibilités de gagner encore du terrain sur la mer sont réduites, à cause notamment de l'élévation du niveau de la mer due au réchauffement climatique. La hauteur des immeubles, parvenue pour certains à 280 m, a trouvé ses limites, à cause de la proximité des aéroports et des bases militaires.

En janvier 2013, le ministère du Développement national a publié un plan d'utilisation des terres à l'horizon 2030, qui envisage, parmi d'autres solutions, d'étendre les utilisations actuelles de l'espace souterrain. Déjà, des kilomètres de voies rapides ont été construits et l'installation d'un site d'hydrocarbures liquides est en cours. La construction d'une cité des sciences souterraine qui pourrait accueillir 4 200 scientifiques et chercheurs est également projetée. Mais le gouvernement veut aller plus loin, il insiste sur «les formidables possibilités du sous-sol», transports souterrains, passages piétonniers, pistes cyclables, centres commerciaux et autres espaces publics. Il rappelle que d'autres pays, le Japon, les pays scandinaves ou le Canada l'ont déjà exploité.

De fait, l'utilisation de leur sous-sol pourrait devenir une tendance forte dans les villes de demain, contraintes comme Singapour à la densité par manque de terres, ou plus souvent, soumises aux conséquences environnementales et sociales de l'étalement urbain. Cette éventualité rencontre cependant des obstacles, non seulement techniques mais aussi psychologiques…

High tech et biocities

Mais le plus important, ce qui devrait constituer l'originalité des cités-États modernes et faire d'elles un modèle, c'est leur mise en réseau. Les cités-États de l'avenir ne seront pas isolées, elles joueront pleinement la carte du *high-tech*, hyperconnectées les unes aux autres et donc constamment reliées au monde. Elles deviendront des villes globales, des *biocities*, et parieront à la fois sur l'écologie et sur les techniques de pointe.

Confronté au phénomène de l'urbanisation, le XXᵉ siècle a produit de très nombreux travaux sur le devenir de la ville. Ceux de la sociologue Saskia Sassen ont été très remarqués durant les années 1980-1990, en pleine période de dérégulation des marchés financiers. Saskia Sassen faisait déjà, de façon critique, le portrait de la «ville globale», qui, dans une économie mondialisée réussissait à capter tous les leviers de «commandement», les services, les élites intellectuelles avec les centres de recherche et les universités, les banques et organismes financiers et, très souvent, les sièges des multinationales. New York, Londres ou Tokyo, puissantes et influentes, en étaient les emblèmes à ses yeux.

Depuis, d'autres logiques spatiales se sont imposées et ont encore changé le visage des grandes métropoles. Les futures villes globales du XXIᵉ siècle seront forcément intégrées dans de multiples ramifications de portée mondiale, au sein desquelles chacune jouera sa partie. Leur puissance devra se mesurer désormais à la variété et au nombre de leurs connexions. Et la complémentarité des villes entre elles jouera sans doute davantage que la concurrence. Elles seront aussi en première ligne dans la lutte contre le réchauffement climatique, étant à l'origine de la plupart des émissions carbone et disposant des marges de manœuvre pour les réduire. Pour cela, les maires devront prendre toute leur place dans les négociations qui aujourd'hui se déroulent uniquement entre représentants des États.

« LA TERRE EST-ELLE UN ÉLÉPHANT, UNE BALEINE OU UN CHAMEAU ? »

L'hypothèse Gaïa

Gaïa, c'est le nom choisi pour désigner la nature véritable de la planète. Elle serait une créature, le plus grand être vivant du système solaire, en aucun cas un objet inanimé, encore moins un «vaisseau spatial» évoluant sans but dans l'espace. Gaïa, du nom de la déesse grecque de la Terre, la déesse à la large poitrine, l'ancêtre maternel des races divines et des monstres, dont la majesté s'imposait aux hommes, et aux dieux mêmes.

Cette hypothèse, bâtie par le scientifique britannique James Lovelock, a été présentée pour la première fois à un colloque sur les origines de la vie sur la Terre, à Princeton, New Jersey, en 1969. Les scientifiques n'ont pas vraiment été convaincus, sauf quelques-uns, en particulier la biologiste américaine Lynn Margulis. Une collaboration fructueuse entre Margulis et Lovelock va alors débuter.

L'hypothèse Gaïa propose rien de moins qu'une révolution pour les sciences de la vie et de la Terre. Selon Lovelock, le vaste ensemble matière organique – la biosphère – air, océans et surface de la Terre forme une entité complexe qui se comporte comme un organisme vivant.

Surtout, il a le pouvoir de réagir aux changements qui peuvent survenir, en les éliminant ou en les neutralisant, de manière à préserver des conditions favorables à la vie. Gaïa sait réguler les caprices de son environnement.

Longtemps contestée, cette hypothèse est maintenant considérée avec beaucoup de sérieux. Pour appuyer sa démonstration, Lovelock a souvent comparé la Terre à un animal. Il s'en explique : «L'animal qui me venait à l'esprit était proche de l'éléphant ou de la baleine. Ces derniers temps, je pencherais plutôt pour le chameau. Contrairement à la plupart des animaux, les chameaux régulent leur température à deux niveaux différents mais stables. Durant la journée, quand la chaleur atteint son maximum, ils la maintiennent autour de 40 °C… La nuit, en revanche, il fait si froid dans le désert qu'il peut même geler ; le chameau perdrait beaucoup d'énergie calorique en maintenant sa température à 40 ° : il l'abaisse donc à 34 °, ce qui reste suffisamment chaud. À l'instar du chameau, Gaïa présente plusieurs états stables permettant l'adaptation aux variations du milieu. Les quelques millénaires antérieurs au XXe siècle ont connu un état stable. Lorsque la tendance au réchauffement ou au refroidissement est trop forte, Gaïa comme un chameau, évolue vers un autre état stable, plus facile à conserver. C'est ce qu'elle s'apprête à faire aujourd'hui. »

Mais, ajoute James Lovelock, les habitants de la planète ne semblent pas être bien conscients de ce caractère vivant de la Terre, de sa capacité de régulation du climat et de sa chimie.

Les théories scientifiques qui bouleversent les visions du monde connaissent toutes le même processus : d'abord elles sont ignorées, violemment refusées ou ridiculisées, puis on se familiarise avec elles avec et on finit par les accepter comme étant devenues la norme, une réalité. Ce processus est décrit par l'Américain Thomas Kuhn dans un classique de la sociologie des sciences, *La Structure des révolutions scientifiques*. Les véritables révolutions épistémologiques passent toujours par une phase d'« invisibilité ».

« Autotrophie de l'humanité »

L'hypothèse de Lovelock, elle aussi, a d'abord été rejetée, perçue comme « non scientifique » puis comme non vérifiable. Mais elle a peu à peu pris de l'importance. D'abord développée avec la collaboration de la microbiologiste Lynn Margulis, elle a désormais de nombreux représentants, dont le chimiste suédois Lars Gunnar Sillen ou aujourd'hui le géologue néerlandais Peter Westbroek.

La théorie Gaïa ferme un monde, le monde moderne infini, dont l'homme serait le centre.

En « inventant » la biosphère, Vladimir Vernadski est le véritable précurseur à la fois de Gaïa et de l'Anthropocène. Ce démocrate et humaniste russe d'une rare érudition, réfugié pendant quelques années en France où il travailla auprès de Marie Curie, est considéré aujourd'hui comme le père de l'écologie globale. Dans un texte de 1925, *L'Autotrophie de l'humanité*, il écrit : « L'homme est l'*homo faber* d'Henri Bergson. Il change l'aspect, la composition chimique et minéralogique du milieu de son habitation. Ce milieu est toute la surface de la Terre. Son action devient plus puissante et plus coordonnée de siècle en siècle. Le naturaliste ne peut y voir qu'un processus naturel de même ordre que toutes les autres manifestations écologiques. »

Une forme géologique nouvelle est apparue à la surface de la Terre : l'homme. Ses activités transforment l'ensemble du système. Mais notre infortune vient du fait que nous sommes en présence d'un léger décalage dans le temps entre les capacités d'action de l'homme et son intelligence du monde : ayant de l'univers une représentation dépassée, celle d'un univers linéaire, mécanique et infini, l'homme agit d'une manière qu'il croit, à tort, lui être bénéfique.

« Vaisseau spatial fou »

Au prochain congrès international de Géologie, qui se tiendra en 2016, les géologues du monde entier se réuniront pour décider si l'Holocène, l'ère actuelle, est terminé. Nous saurons enfin si la Terre est entrée ou non, dans cette nouvelle ère définie par Vernarski, pour laquelle Paul Crtuzen, Nobel de chimie en 1995, a proposé le néologisme d'« Anthropocène ». Lynn Margulis rappelait souvent que l'apport de Vladimir Vernadski était au moins aussi important que celui de Darwin. Alors que celui-ci a démontré l'unicité du temps (toute la vie étant reliée à un même ancêtre), Vernadski a montré l'unicité de l'espace. La biosphère apparaît lorsque les frontières entre le vivant et la matière s'effacent. Une fois les frontières effacées, nous nous retrouvons en présence d'un système unique.

En 1969, le romancier William Golding propose de donner le nom de Gaïa à l'hypothèse de James Lovelock, selon laquelle la Terre serait un organisme vivant. Ressusciter une vieille déesse grecque pour nommer une théorie scientifique moderne est une façon de mettre en relief le fait que la science moderne n'a pas résolu les questions les plus anciennes. Lovelock s'élève contre la vision mécaniste qui consiste à présenter « notre planète sous les traits d'un vaisseau spatial fou, voyageant à jamais, privé de commandant de bord et d'objectif, décrivant stupidement un cercle autour du Soleil ». Partant de l'idée de Vernadski (sans toutefois s'y référer directement) selon laquelle la vie est une force géologique qui transforme la Terre, Lovelock poursuit le raisonnement et y voit une finalité : transformer la Terre… pour maintenir le système propice à la vie.

« Promenade les yeux fermés »

Une nouvelle discipline scientifique va naître à la suite de cette théorie : la « géophysiologie », science qui étudie le comportement général de la planète. Mais cette science et l'hypothèse dont elle est issue furent probablement desservies par la récupération et l'exploitation qu'en ont faites les courants du New Age, même si la composante mystique de l'hypothèse Gaïa a été revendiquée par Lovelock lui-même. Il s'en explique dans *Les Âges de Gaïa* : « La croyance qui veut que la Terre soit vivante et doive faire l'objet d'un culte existe encore dans des endroits reculés comme l'Ouest de l'Irlande et les campagnes de certains pays latins. En ces lieux, les sanctuaires de la Vierge Marie semblent avoir plus de sens, et attirer plus de sollicitude que l'église elle-même. [...] Je ne peux m'empêcher de penser que ces gens des campagnes adorent quelque chose qui dépasse la Vierge chrétienne. [...] Si l'on pouvait faire comprendre à leur cœur et leur esprit qu'elle est l'incarnation de Gaïa, alors ils pourraient peut-être prendre conscience que la victime de leurs destructions est effectivement la Mère de l'humanité et la source de la vie éternelle. »

Pour la géophysiologie, Gaïa ne désigne pas la Terre mais le système composé d'interactions entre l'inanimé et le vivant. Et la particularité de ce système physiologique est son autorégulation; lorsque Lovelock parle d'un « être vivant », il utilise l'expression comme une métaphore. L'objectif de cette autorégulation est de garder la composition chimique de la terre et sa température propice à la vie : « Le climat et les propriétés chimiques de la Terre, aujourd'hui et tout au long de son histoire, semblent avoir toujours été optimaux pour la vie. Qu'un tel phénomène soit fortuit est aussi probable que le fait de sortir indemne d'une promenade les yeux fermés dans les rues de la ville à une heure de pointe. »

Ruse de l'évolution

Ainsi les géophysiciens vont-ils s'efforcer de montrer comment tout est lié et comment le vivant interagit avec la matière pour maintenir le système et s'évertuer à conserver les conditions possibles au maintien de la vie sur terre. Introduit par Claude Bernard, le terme « homéostasie » désigne cette capacité d'autorégulation d'un système. Celui de la terre forme une symbiose. Selon son auteur, « l'hypothèse Gaïa part du principe que la biosphère est un système de contrôle actif et adaptatif capable de maintenir la terre en homéostasie ». Alors, la vie et l'environnement physique transforment la Terre, dans le but de la réguler. La Terre « vivante » ajusterait donc sa composition chimique pour stabiliser sa température. Dans cet objectif, le système serait capable de réguler le pH de l'océan, la concentration d'oxygène, d'azote, de dioxyde de carbone...

La régulation de la concentration d'oxygène dans l'atmosphère illustre ce principe. L'oxygène, indispensable au développement de la vie, a d'abord été créé de toutes pièces par le vivant (par la photosynthèse à partir du gaz carbonique et de l'eau). Une fois son taux idéal, autour de 20 %, atteint dans l'atmosphère (ce qui a pris tout de même environ deux milliards d'années), la biosphère assure son contrôle et son maintien en concentration stable avec le niveau d'azote par de multiples mécanismes.

La miction est un de ces mécanismes. Lovelock se demande pourquoi nous urinons. À première vue, on pourrait répondre qu'il s'agit d'un moyen de nous débarrasser de nos déchets. Mais cette réponse ne convient pas à Lovelock : nous éliminons, sous forme de solution diluée dans de l'eau (l'urine), l'azote produit par notre corps, alors qu'il serait beaucoup plus simple de l'évacuer sous forme de gaz en l'expirant. Pourquoi ce gaspillage d'énergie et d'eau ? Il pourrait s'agir d'une ruse de l'évolution, qui illustre les mécanismes de Gaïa : si nous n'urinions pas, le sol manquerait d'azote et il n'y aurait plus de végétaux…

La Revanche de Gaïa

La théorie Gaïa connaît aujourd'hui un certain succès auprès des philosophes et penseurs de l'écologie. Elle fait apparaître les impasses de l'anthropocentrisme. Elle ferme un monde, le monde moderne infini, dont l'homme serait le centre. Gaïa illustre l'exact contraire : un cosmos plein de limites dans lequel l'homme n'est qu'un agent parmi tant d'autres. Elle bouleverse ainsi l'idée même d'« environnement ». Elle réunit ce que l'homme a séparé, elle met un terme aux fictions modernes : l'opposition entre vie et matière, entre nature et culture, entre l'homme et son environnement. L'être humain reprend enfin sa place dans Gaïa. Il s'agit d'une façon de penser « écosystémique », c'est-à-dire en considérant les interactions et les interdépendances.

Alors que Aldo Léopold nous invitait à « penser comme une montagne », son héritier, John Baird Callicott, nous invite désormais à « penser comme Gaïa », afin de récupérer au sein de la nature une place à la fois plus humble et plus responsable.

Mais comme souvent, à partir de conclusions scientifiques, il est possible de spéculer, d'investir l'imaginaire. James Lovelock lui-même a fait de Gaïa une entité en colère, en conflit avec l'humanité. Désormais, Gaïa veut prendre sa revanche ; nous avons fait d'elle notre ennemie. « En empiétant sur l'environnement, c'est comme si nous avions à notre insu déclaré la guerre au système Terre. » Donc, la Terre va se débarrasser de nous.

« AU GRAND BANQUET DE LA NATURE, POINT DE COUVERT DISPONIBLE POUR TOUS »

Démographie et ressources

D'un côté ces chiffres : 3 milliards d'habitants en 1960, près de 7 milliards en 2010 dont la moitié sont dans les villes. De l'autre, cette évidence : d'importants changements climatiques ont secoué la planète pendant cette période. Pour beaucoup de démographes, le rapprochement n'est pas pertinent, mais pas pour tous. D'autres s'emploient au contraire à croiser les facteurs population, modes de vie et progrès techniques avec environnement.

L'un des moyens de lier numériquement la population à l'environnement, explique le Français Jacques Véron, chercheur à l'Ined, c'est d'en estimer la «capacité de charge». De quoi s'agit-il ? On parle par exemple de la capacité de charge d'un troupeau, c'est-à-dire de sa taille limite, au-delà de laquelle il ne pourra plus vivre sur le territoire qu'il s'est choisi, sans le dévaster et donc en souffrir. Quelle est la capacité de charge de l'humanité, au-delà de laquelle la vie sur la Terre ne sera plus possible pour elle ? À quel moment y aura-t-il trop d'hommes pour trop peu de ressources ?

La peur du trop-plein et de ses conséquences n'est pas nouvelle. Que dit le révérend Malthus, en 1803, d'«un homme qui naît dans un monde déjà occupé, s'il ne lui est pas possible d'obtenir de ses parents les subsistances qu'il peut justement leur demander et si la société n'a nul besoin de son travail»? Tout simplement qu'il est de trop. La formule est célèbre, elle est lapidaire : «Au grand banquet de la nature, il n'y a point de couvert disponible pour lui.» Et qu'arrive-t-il, poursuit Malthus, si au contraire on lui fait de la place? Alors «l'ordre et l'harmonie du banquet sont troublés, l'abondance qui régnait auparavant se change en disette, et la joie des convives est anéantie par le spectacle de la misère et de la pénurie».

Certes, on peut lire dans ces propos une certaine critique du productivisme et surtout une lucidité certaine sur l'idée de finitude ; la nature connaît des limites. Les conclusions de Malthus n'en posent pas moins le problème de la condition que ce défenseur de la classe dominante, à laquelle il appartient, réserve aux plus pauvres.

Le trop-plein, rappelons-nous, c'était aussi la grande peur du milieu du XXᵉ siècle : 700 millions de Chinois et moi, et moi! La planète est alors en pleine explosion démographique. Les spécialistes font des calculs. Certaines projections sont carrément effrayantes.

En 1972, une équipe du MIT, pour le compte du Club de Rome, s'inquiète elle aussi de la croissance de la population : elle est une menace pour l'avenir de l'humanité, car elle peut conduire à terme à un épuisement des ressources. Quinze ans plus tard, en 1987, le rapport Brundtland, préparatoire au sommet de la Terre de Rio, impose le concept de développement durable et préconise de stabiliser la population à 6 milliards. Contrairement à l'apologue du banquet, qui défend la légitimité des populations déjà présentes à consommer sans se soucier des suivantes, il incite à respecter les droits des générations futures.

Pourtant, en dépit de politiques de contrôle des naissances, en Chine notamment, et de la transition démographique en cours dans de nombreux pays en développement, le seuil prescrit des 6 milliards sera rapidement dépassé; il devrait atteindre 9 milliards à l'horizon 2050. Et, cette fois la «capacité de charge» pourrait bien toucher sa limite…

En 1968, le biologiste Paul Ehrlich publie aux États-Unis *La Bombe P*, ouvrage qui fait sensation et connaît un grand succès. Il y fait état de sa préoccupation devant la forte croissance de la population mondiale, avançant des chiffres qui se révéleront tout à fait exagérés – 66 millions d'habitants, par exemple, à Calcutta en l'an 2000 (15 millions aujourd'hui) –, et prédisant dans les dix ans à venir une catastrophe mondiale sous la forme d'une famine de grande ampleur dans les pays en développement.

Surtout, il réclame des mesures immédiates de contrôle des naissances, afin de limiter cette croissance. Ses thèses néomalthusiennes, qu'il développera par la suite dans d'autres écrits, seront largement controversées et ses prédictions démenties, mais il aura été l'un des premiers, comme il s'en est félicité, à recentrer les questions environnementales autour de la pression démographique.

Société contre nature

L'idéologie néomalthusienne de la «stabilisation» de la population persiste dans une partie du discours écologiste, malgré les apports de la biologie darwinienne. C'est le symptôme de la persistance de l'idée d'un équilibre naturel, garant d'ordre et de stabilité, que toute modification dans les écosystèmes viendrait troubler. Or, dans les théories de l'évolution, la règle est justement l'instabilité. Le maintien d'un équilibre naturel n'est ni possible ni souhaitable pour la protection de la vie. La nature n'atteint pas plus l'équilibre que ne le font l'économie ou la politique.

La population mondiale a soudainement été multipliée par six en moins de cent ans !

La nécessité d'effectuer cette révolution conceptuelle est défendue notamment par Serge Moscovici dans *La Société contre nature*. Moscovici s'appuie sur les travaux du zoologiste britannique Charles Sutherland Elton, pour lequel «les naturalistes du xixe siècle ont repris sans la modifier l'idée d'un équilibre de la vie, c'est-à-dire d'une population constante». En réalité, il s'agit d'un héritage de «conceptions religieuses antérieures [qui] incluaient l'idée que le monde avait été créé de façon ordonnée et attribuaient les perturbations de cet ordre à l'action de Dieu punissant l'homme de sa présomption à bouleverser cet ordre ou peut-être à faire quoi que ce fût». La crise écologique dont l'homme est à la fois la cause et la victime serait alors la «revanche de Gaïa», la Terre ripostant aux attaques dont elle est l'objet. Et Elton de poursuivre : «Cette idée générale a trouvé tout naturellement place dans les théories biologiques ultérieures de l'adaptation chez les animaux, puisque l'on supposait (à juste titre) que les animaux étaient étroitement adaptés à leur entourage et (à tort) que cette adaptation conduisait à un état d'équilibre stable entre les membres des différentes espèces. »

C'est dans l'obsession de l'équilibre naturel que se trouve le socle des discours donnant lieu aux analogies les plus douteuses, qui font de l'homme un agent perturbateur. Se développe alors un nouvel antihumanisme qui compare l'humanité à un organisme pathogène : une maladie pour l'écologiste Édouard Goldsmith, un virus pour le prince Philip d'Angleterre ou le Canadien Paul Watson, une bactérie pour le biologiste Gilles-Éric Séralini ou encore une tumeur pour James Lovelock !

« Pilleurs, gaspilleurs »

Quelques années après la publication de *La Bombe P*, René Dumont, candidat à l'élection pour la présidence de la République, commençait son allocution télévisée d'avril 1974 par ces mots : «Je vais vous parler ce soir du plus grave des dangers qui menace notre avenir : celui de la surpopulation, tant dans le monde qu'en France. » Et il poursuivait : «Il y a déjà trop d'hommes, surtout dans le Tiers Monde où l'agriculture, depuis 1959, a du mal à suivre la courbe de croissance de la population… » Lui aussi appelait à la diffusion de méthodes de contraception partout dans le monde, il insistait même sur un point : «L'arrêt de la croissance de la population est plus urgent encore dans les pays riches, pilleurs, gaspilleurs du Tiers Monde, que dans les pays pauvres. » À cette date, la France comptait 53 millions d'habitants et la planète 4 milliards.

Il n'est pas impossible que de telles préconisations, allant jusqu'à recommander, dans le cas de Paul Ehrlich, la stérilisation forcée, aient contribué à décrédibiliser l'approche écologique et à tenir les démographes durablement éloignés de l'enjeu environnemental, quand ils ne l'ont pas purement et simplement mis en doute. Force est de constater qu'écologie et démographie, bien qu'elles se préoccupent l'une et l'autre de l'état du monde et de son devenir, se sont longtemps tenues à bonne distance l'une de l'autre dans leurs analyses.

Les prévisions démographiques à l'horizon 2050 sont actuellement de 9 milliards d'habitants. On espère stabiliser ce nombre en éduquant notamment les femmes dans les pays en développement, et en instaurant une véritable égalité entre les hommes et les femmes; la corrélation entre le niveau d'éducation des femmes et leur taux de fécondité a été largement démontrée par de nombreux travaux depuis les années 1970.

Les mouvements écologistes, de leur côté, ne mettent plus en avant aujourd'hui la nécessité de maîtriser la démographie, comme le faisaient leurs aînés, considérant qu'on ne peut rendre responsables l'ensemble des habitants de la planète des dégâts causés à l'environnement au cours du dernier siècle.

Américains ou Papouasiens ?

Si on considère l'histoire de l'humanité, ses grandes trajectoires démographiques, on est d'abord frappé par l'explosion survenue au cours du dernier siècle. La population mondiale, qui avait seulement doublé en deux mille ans, a soudainement été multipliée par six en moins de cent ans! C'est cette accélération qui donne l'impression d'un emballement. Mais pour savoir si la planète est réellement devant un problème de surpopulation, il faudrait pouvoir connaître le chiffre exact que l'on ne souhaite pas dépasser. Sur quels critères pourrait-on définir un tel chiffre? À partir de quel modèle le déterminer? Faudrait-il prendre en compte le mode de vie des Américains ou celui des Papouasiens? Le volume de la population n'est pas le principal déterminant pour définir la pression exercée sur un milieu. Les densités de Monaco ou du Vatican sont bien supérieures à celle du Bangladesh! En réalité, la survie de la population mondiale dépendra avant tout de ses choix de vie, des technologies (*hight tech*) et des techniques (*low tech*) qu'elle aura à sa disposition, des innovations sociales et de la répartition des richesses dont les hommes sauront se rendre capables.

8 hag par habitant contre 0,8 hag

De même, on confond fréquemment la surpopulation en milieu urbain et le volume réel d'hommes sur la terre. L'entassement urbain est une réalité et il constitue une sérieuse préoccupation pour le futur; il faut tenter de résoudre les problèmes locaux provoqués par l'afflux de population vers les villes, d'autant que celui-ci ne devrait pas se tarir, il est inscrit dans le mouvement des sociétés.

Mais il est indépendant de l'accroissement démographique de la population et ne signifie aucunement qu'il y a un problème global de surpopulation.

La dégradation de l'environnement, constatée à ce jour, n'est pas provoquée par un trop grand nombre d'hommes, mais bien par la façon dont une partie de l'humanité vit et consomme les biens fournis par la planète, laissant à celle-ci une forte « empreinte écologique ». Cet outil comptable, mis au point en 1997 par les chercheurs Wackernagel et Rees, mesure la pression exercée sur l'environnement par un individu ou un groupe d'individus, en fonction de leur mode de vie. Les deux scientifiques ont bien montré les différences très importantes constatées au début des années 1990 entre l'empreinte écologique d'un Canadien moyen, proche de 8 hag (hectare global) par habitant et celle d'un Indien moyen, qui ne dépasse pas 0,8 hag par habitant. En clair, ceux que l'altermondialiste David Korten appelle les « surconsommateurs », ont une empreinte écologique sans commune mesure avec celle du reste de la population mondiale. Ce sont les habitants des pays industrialisés et, de plus en plus, les habitants les plus riches dans les pays émergents ou en développement, tous ceux qui voyagent en automobile et en avion, ont des régimes alimentaires riches en viande et utilisent beaucoup d'énergie pour leurs logements. Les spécialistes sont d'accord sur ce point : la pression qu'ils exercent sur l'environnement ne serait plus supportable à terme si elle devait augmenter encore, et si l'ensemble de la population mondiale devait adopter de tels modes de vie.

Étalement ou densité

On le voit bien avec l'exemple du réchauffement climatique. En aucune façon, il ne peut être rapproché de la surpopulation comme s'ils étaient les deux faces d'un même problème. Ce ne sont pas les régions les plus peuplées qui émettent le plus de gaz à effet de serre. Ce sont les pays et les régions les plus riches ou qui connaissent une forte croissance : les États-Unis, qui disposent de beaucoup d'espace et n'ont pas de problèmes de surpopulation, figurent parmi les plus gros émetteurs de gaz à effet de serre. Quant à la densité, souvent critiquée, en matière de climat elle est parfois préférable à l'étalement, à condition bien sûr d'adopter des méthodes de gestion et d'utilisation des ressources efficaces, une organisation sociale innovante et un urbanisme adéquat. On en voit déjà de très bons exemples dans plusieurs villes d'Europe et ailleurs, autant de modèles regardés avec intérêt par les gouvernements qui ont pris conscience des enjeux environnementaux. La densification, par ailleurs, en évitant le mitage des constructions sur l'ensemble d'un territoire, a l'avantage d'éviter des déplacements et transports inutiles.

Au-delà des dynamiques propres au vivant – autre leçon de la biologie darwinienne, qui nous rappelle qu'une population surnuméraire aide à l'adaptation et à l'évolution par la sélection naturelle – la grande question qui se pose à l'humanité n'est pas « Combien sommes-nous ? » mais « Comment vivons-nous ? » et, plus encore, « Comment voulons-nous vivre à l'avenir ? »

« LE POUVOIR EST EN AMONT DU FLEUVE »

L'eau

Le fait est peu connu : Léonard de Vinci et Machiavel, se retrouvant à Florence à l'été 1503, auraient imaginé ensemble de détourner les eaux de l'Arno, pour noyer les défenses de la cité rivale de Pise, alors en plein essor. Le projet, contrarié par les pluies de l'automne, n'aboutit pas mais cette «pensée du fleuve», écrit l'historien Patrick Boucheron qui raconte l'anecdote, aura rapproché les deux hommes : «Pour le théoricien politique, gouverner, c'est dompter la fortune, qu'il voit comme des eaux toujours promptes à déborder. Et pour le peintre, celui qui saura par son art canaliser la puissance hydraulique se rendra maître des forces de la nature.» Belles métaphores.

L'eau, élément vital, est par nature un instrument de la puissance politique. De tout temps, en Asie, en Afrique, les désordres ont correspondu à des périodes de sécheresse. Aujourd'hui comme autrefois, dans bien des pays dans le monde, l'eau est à l'origine de fortes tensions. Celui qui est en amont, à la source du fleuve, possède l'avantage. Et les conflits pourraient bien se multiplier à l'avenir.

La Terre, la planète bleue, la planète de l'eau. C'est tout à fait vrai. Mais c'est de l'eau salée, à 97,2 % ! Restent moins de 3 % pour l'ensemble des eaux douces, auxquels il faut encore soustraire les glaces et les neiges permanentes. Ce n'est pas beaucoup, surtout si l'on songe aux besoins énormes et croissants de la population mondiale au XXIe siècle. En effet, si le volume global de l'eau est resté stable pendant quatre milliards d'années, tout a changé avec le monde moderne. En moins de cinquante ans, la forte croissance démographique, l'industrialisation, les pratiques agricoles ont transformé le régime des eaux et perturbé leurs fonctions naturelles. L'eau douce est devenue une ressource rare et fragile. Pour ne parler que des surfaces agricoles, les prélèvements destinés à l'irrigation ont tellement progressé depuis 1960 qu'ils représentent aujourd'hui 70 % du total de la consommation d'eau! La surface mondiale des terres irriguées a ainsi été multipliée par cinq, le plus souvent dans des régions arides… où les rendements sont restés faibles, car cette eau s'évapore.

La pénurie est donc possible, si ce rythme est maintenu et si la température continue d'augmenter sur la Terre. Pour l'heure, ce qui est plus préoccupant encore pour la santé humaine, la qualité de l'eau est dégradée par les pollutions chimiques, des eaux usées sont rejetées dans la nature, envahissant les rivières et les nappes phréatiques, et des centaines de millions d'habitants n'ont pas d'eau potable. À moins que la communauté internationale ne réagisse rapidement, cette situation a peu de chances de s'améliorer. On s'attend plutôt à ce qu'elle s'aggrave.

Pour le philosophe de la nature Thalès de Milet, « l'eau est le principe de toute chose » l'eau est l'élément constitutif primaire : c'est dans l'eau que la vie est apparue, c'est dans l'eau qu'évoluent la plupart des êtres vivants et notre propre corps est composé d'eau à plus de 60 %.

Sous sa forme liquide, l'eau recouvre environ 72 % de la surface du globe, répartition très inégale d'une région à l'autre, d'un hémisphère à l'autre. L'eau douce ne représente qu'un pourcentage infime, les mers et les océans constituant, de loin, les plus grandes réserves. De plus, elle n'est pas toujours accessible, soit parce qu'elle est contenue dans les calottes polaires, soit parce qu'elle demeure enfermée sous le manteau terrestre. Il en reste donc bien peu pour abreuver, hydrater, irriguer tous les organismes vivants de la planète.

Feuille de papier

Pas plus que l'eau salée, l'eau douce n'est disponible en quantité égale pour tous. Les ressources de chaque pays dépendent de son climat, du niveau de ses précipitations, elles peuvent varier considérablement. Pour mesurer ces écarts, il suffit de savoir que neuf pays dans le monde se partagent près de 60 % des ressources d'eau renouvelables,

L'erreur serait de raisonner dans l'optique de la pénurie globale d'eau sur la planète.

quand d'autres disposent de ressources presque nulles. Quant au volume global, il peut paraître énorme, il est estimé à 1 400 millions de km³. En réalité, cela représente à peine l'épaisseur d'une fine feuille de papier enrobant une mappemonde. Pendant des millénaires, ce volume d'eau terrestre est resté à peu près le même.

Stress hydrique

Puis nous sommes entrés dans l'ère de l'Anthropocène, celle où l'influence de l'homme sur le système terrestre est devenue prédominante. Et le cycle de l'eau a été bouleversé. Pour la première fois dans l'histoire de l'humanité, la surexploitation de toutes les sources d'eau et les aménagements effectués pour satisfaire les besoins d'une population mondiale croissant fortement sont venus menacer la stabilité antérieure. Il faut dire qu'en moins d'un siècle les prélève-ments ont été multipliés par sept!

La question de l'approvisionnement en eau et de sa qualité est désormais posée et devient chaque jour plus préoccupante. La demande en eau dans le monde pourrait doubler d'ici à 2050, estime l'ONU. Les choses vont très vite en effet. En moins d'un demi-siècle, la ressource mondiale en eau, renouvelable et disponible, a été divisée par trois. Elle devrait encore chuter avant quinze ans. À cette date, le nombre d'habitants sur la planète aura atteint ou approché les 9 milliards. Ce qui revient à dire que plus de la moitié d'entre eux pour-raient manquer d'eau. L'Organisation mondiale de la santé (OMS) parle de stress hydrique lorsqu'un être humain dispose de moins de 1 700 m^3 d'eau par an, et de pénurie lorsqu'il dispose de moins de 1 000 m^3.

D'ores et déjà, en raison de la très mauvaise répartition de la ressource et de conditions d'accès déplorables dans de nombreuses régions, nous savons qu'un tiers de la population mondiale est privé d'eau potable et qu'1,1 milliard de personnes, dans au moins 80 pays, n'ont pas accès à une eau salubre. Voici donc dressé le tableau des effets attendus de la croissance de l'urbanisation, de l'industrialisation et de l'intensification des pratiques agricoles, très consom-matrices d'eau.

Fruits et légumes

D'autres facteurs, liés au réchauffement climatique, sont moins souvent évoqués; quand la température augmente, logiquement le besoin d'eau se fait plus pressant : d'un côté il faudra par exemple davantage d'irrigation pour les cultures, de l'autre, une hausse des températures entraînera une évaporation de l'eau…

Il semble que nous soyons déjà entrés dans ce véritable cercle vicieux, à en juger par exemple par la sécheresse historique, la pire depuis 500 ans, qui ravage l'Ouest des États-Unis depuis plusieurs années, en particulier la Californie et le Nevada voisin. En Californie, les conséquences économiques pourraient être sérieuses pour la région, puisqu'elle fournit près de la moitié de la production nationale de fruits et légumes. L'ampleur de la sécheresse met en évidence que les modèles climatiques et hydrologiques issus du XXe siècle ne sont plus adaptés aux besoins d'aujourd'hui et de demain. C'est tout le système californien de gestion de l'eau qui se trouve remis en cause. Dès janvier 2014, l'état d'urgence a été déclaré par le gouverneur de Californie et les habitants se sont vus incités à réduire de 20 % leur consommation d'eau.

Il est à craindre que de telles sécheresses se multiplient à l'avenir dans d'autres pays et régions du monde, dans la péninsule Arabique, autour de la Méditerranée, en Asie centrale. À Sanaa, capitale du Yémen, depuis déjà long-temps, l'eau est un bien rare ; elle n'est disponible dans les foyers que deux fois par semaine. Ailleurs, par exemple en Europe ou dans l'Est de l'Amérique du Nord, on craint davantage les inondations en raison de pluies plus intenses qui, elles aussi, menacent les populations et affectent sérieusement l'agriculture.

Bon sens

Face à ces situations, l'erreur serait de raisonner dans l'optique de la pénurie globale d'eau sur la planète. Le cycle de l'eau n'a pas changé, il se perpétue ; il n'y a pas moins d'eau aujourd'hui qu'hier. Ce qui a changé, ce sont les usages qu'on en fait, ce sont les aménagements pour sa répartition, les prélèvements excessifs très localisés, les pollutions dégradant sa qualité, le tout créant de grandes inégalités d'accès à cette ressource. Il importe donc de revoir nos usages de l'eau et de nous poser la question de la réduction des besoins, non seulement individuels mais aussi et surtout dans notre organisation sociale, agriculture, industrie, partout où cela est possible.

Dans l'agriculture, par exemple, seules 18 % de terres cultivées sont irriguées. Elles fournissent 40 % de la production agricole. Mais cette irrigation va devoir décroître. Cette technique est trop souvent inadaptée, elle est utilisée dans des zones arides ou semi-arides où les ressources en eau sont, par définition, limitées. Plus des deux tiers des terres irriguées se trouvent en Asie, dans des régions à forte densité de population, où la culture du riz est vitale. Mais, faute d'une gestion correcte, seule une partie de l'eau prélevée est absorbée par les plantes, le reste s'évapore sans nourrir les sols et les rendements sont faibles. Pourtant, les leviers existent pour une meilleure gestion de l'eau, une agriculture moins consommatrice, par exemple les techniques d'irrigation au goutte-à-goutte, ou les techniques de récupération et de réutilisation de l'eau. Ces techniques de bon sens, expérimentées avec succès, ne demandent qu'à être développées à plus grande échelle.

Le choix des cultures est aussi déterminant. Trop de plantes ne sont pas adaptées aux latitudes où elles sont produites. C'est le cas, en France, de l'extension du maïs, plante tropicale grosse consommatrice d'eau, venue d'Amérique équatoriale, que l'on cultive jusque dans le Sud du pays.

Tensions et conflits

Trop souvent l'eau, source de vie, est encore facteur de tensions entre agriculteurs et industriels, entre particuliers et professionnels, entre villes et campagnes et, bien sûr, entre pays. C'est le cas par exemple entre l'Égypte et l'Éthiopie au sujet du Nil. Le Tibet, qui est sous la domination de la Chine, en est « le château d'eau ». Or l'Inde, dont la demande augmente, n'entend pas laisser longtemps à la Chine la haute main sur cette ressource. L'essor démographique et l'accroissement des besoins aidant, il est probable qu'à l'avenir ces zones de tensions se multiplient.

Il arrive aussi que la gestion commune de l'eau devienne un facteur de pacification et entraîne des cas surprenants de coopération : le plus fameux est celui de l'Inde et du Pakistan qui, au plus fort de la guerre qui les opposait dans les années 1960, n'ont jamais interrompu le financement des travaux d'aménagement qu'ils menaient en commun sur le fleuve Indus.

« TOUT EST DE LEUR FAUTE ! »

L'invention de la dette

Le 31 mai 2014, à Paris, l'humoriste Christophe Alévêque a réussi son pari : une salle comble rit à sa leçon d'économie et «fait sa fête à la dette», celle dont on nous rappelle chaque jour les montants et les intérêts astronomiques, qui nous accable sans que nous ne puissions rien y faire, la dette «dite "souveraine" parce qu'on ne l'a pas élue»! Et au fait, conclut-il, soutenu dans son spectacle par plusieurs intellectuels proches des mouvements altermondialistes, pourquoi faudrait-il la payer? Est-ce vraiment de notre faute? Il exprime ainsi le sentiment assez répandu d'incompréhension et souvent d'indignation face à la crise économique et aux excès de la finance mondialisée.

L'histoire de la dette a 5000 ans, c'est l'anthropologue anarchiste David Graeber qui nous le rappelle, dans un livre foisonnant qui a connu un beau succès aux États-Unis avant d'être traduit en Europe. C'est une épopée à travers les siècles, qui remonte à la civilisation Sumer, 3000 ans av. J.-C. : la forme de dette la plus ancienne connue à ce jour, bien antérieure aux premières monnaies. Un système de prêts et d'emprunts liait les paysans, le plus souvent au prix de leur liberté et de celle de leurs enfants. La thèse de Graeber est la suivante : la dette, depuis ces lointaines origines, a toujours été et reste un instrument de domination. Prenant appui sur les textes et sur les religions, elle est affaire d'honneur et de moralité. Honte au débiteur : il devra expier! Voyez, nous dit-il, quelle pression pèse sur les pays endettés, quand il faudrait au contraire, dans ces situations extrêmes, savoir «effacer les tablettes».

C'est un point de vue que nombre d'analystes et de dirigeants politiques ne partagent pas, comme on sait. Il a cependant marqué des points, y compris au sein d'instances internationales comme la Banque mondiale ou le Fonds monétaire international. L'une et l'autre ont reconnu les effets sociaux désastreux des programmes d'ajustement qu'ils avaient imposés par le passé. Ces grands bailleurs et les pays qu'ils représentent seraient donc en partie redevables d'une autre dette, sociale celle-là, envers les populations les plus pauvres?

Que dire alors de l'autre dette, celle que les pays industrialisés contractent auprès du monde en développement, pour l'exploitation sans frais de leurs ressources naturelles? Et, si l'on élargit encore la définition, celle que l'humanité tout entière devra aux générations futures?

La dette est devenue le moteur de l'économie. Nous vivons à crédit. Et nous fabriquons jour après jour toujours plus de dette. La dette devient un problème lorsque nous ne maîtrisons plus son emballement : il faut s'endetter davantage pour la rembourser. Jusqu'à ce qu'elle devienne si importante que le rapport de force finisse par s'inverser entre l'emprunteur et le créancier.

La plupart des États du monde sont endettés. Le montant global de la dette publique mondiale dépasse 40 000 milliards de dollars. En France, c'est autour de 2 000 milliards d'euros. Plusieurs pays doivent faire face à des montants considérables qui les placent dans l'impossibilité d'honorer les échéances de remboursement.

L'endettement des États est un phénomène ancien, qu'ont bien connu les Républiques et cités italiennes au Moyen Âge et à la Renaissance. Elles furent parmi les premiers États à se construire avec l'émission de dettes, les fameux «*monti*», dont le nom a donné naissance aux monts-de-piété. Un État souverain fixe en principe le cadre légal autour de sa dette publique, il peut pour la soulager, recourir à l'impôt, dévaluer sa monnaie. Mais, dans un monde de plus en plus globalisé où les échanges sont essentiellement transnationaux, chaque État doit désormais composer avec ses partenaires.

Cette situation équivaut à un esclavagisme moderne

Héritage

Une dette est un échange contracté dans le temps entre les générations actuelles et les générations futures. Pour que la légitimité de la dette soit maintenue d'une génération à l'autre, il faut qu'il y ait une réciprocité. Cette réciprocité suppose que si nous faisons payer les générations futures, elles devront en échange recevoir de nous un héritage, grâce auquel elles pourront espérer vivre mieux. Le seul moyen pour les générations futures de «restituer» ce legs aux générations actuelles, c'est la dette.

Mais ce mécanisme ne peut fonctionner qu'avec la promesse d'un progrès linéaire, d'un sens de l'histoire allant vers le mieux. Les générations futures sont en droit d'attendre de bien meilleures conditions de vie que les nôtres. Malheureusement, cela ne se passe pas comme cela. Le «progrès» n'est pas au rendez-vous, donc la légitimité de la dette commence à être remise en cause. En d'autres termes, le système de la dette, organisé et mondialisé par le capitalisme, repose sur le mythe de l'existence d'une croissance infinie et d'une marche de l'histoire vers l'abondance. Or nous sommes pris dans une spirale infernale : l'augmentation de la dette freine la croissance et le manque de croissance entraîne l'augmentation de la dette, en lui retirant sa légitimité.

Culpabilité et esclavage

« L'humanité a reçu en partage l'héritage des divinités, de la race et de la tribu, celui de la pression des dettes encore impayées et du désir de les liquider » (Nietzsche). Être en dette c'est être en faute. En allemand, les deux termes sont d'ailleurs traduits par le même mot, *schuld*. La dette est une injonction qui est passée de la sphère économique à la sphère morale. Le système de la dette maintient en état de culpabilité, ce que soulignait l'économiste Bernard Maris : « Dans le temps du capitalisme, le temps linéaire de l'accumulation, les comptes ne sont jamais soldés, l'excédent ne peut jamais être la preuve de l'expiation, puisque cet excédent est condamné à croître. C'est pourquoi sur les marchés circulent de la souffrance et de la culpabilité. Pour la psychanalyse, la névrose est souvent définie comme une dette impayable. »

La situation de la Grèce a bien illustré ce propos. Le poids culpabilisant de la dette a pesé sur la conscience collective du peuple grec au point qu'il a accepté le programme de restrictions qui lui a été imposé comme une punition par la Commission européenne, la Banque centrale et le le FMI. La Grèce a diminué le volume des services publics, a baissé le montant des salaires et des retraites… afin de rembourser les créanciers, jusqu'à ce que cela devienne intenable pour la société.

Le fait que la dette soit maintenue, et qu'elle se perpétue, est un moyen moderne de maintenir les peuples, qui ont le sentiment que le remboursement des dettes est un devoir moral, sous le pouvoir des banques. Cette situation atteint un tel point que, pour Bernard Maris et l'anthropologue David Graeber, elle équivaut à un esclavagisme moderne.

En effet, la dette est basée sur des rapports de pouvoir et de domination. Le mécanisme est toujours le même : les débiteurs deviennent des coupables qui sont tenus de rembourser. Et lorsque la dette devient publique, elle tient l'ensemble du peuple et sa destinée : comme la dette publique augmente, et se transmet de génération en génération, on en arrive à une quantité infinie de dettes, donc l'ensemble de la production et de la richesse sert à la rembourser. La société est « esclavagisée » au service d'une minorité de la population, les créanciers.

Grand jubilé

Actuellement nous ne remboursons pas la dette. Les impôts ne servent pas à financer son remboursement, ni d'ailleurs les dépenses des États puisqu'ils s'endettent pour financer son fonctionnement. Nous remboursons uniquement les intérêts de la dette. Cela ne pourra pas tenir longtemps.

Une partie de la dette publique pourrait être payée grâce à un impôt sur le capital, comme le propose Thomas Piketty. Cela revient à faire payer les détenteurs du capital par un impôt progressif.

Mais la dette n'est qu'un contrat. Et comme tous les contrats, il est possible de le renégocier, d'en réduire le montant (annulation partielle), voire de l'annuler purement et simplement. Dans l'histoire, les effacements de dette ont eu lieu à de multiples reprises : soit, dans un souci de stabilité, pour préserver les structures sociales existantes, soit pour produire du changement social. La révolution américaine a été engagée en partie pour répudier la dette des États-Unis naissants vis-à-vis de la Grande-Bretagne. Plus près de nous, après la Seconde Guerre mondiale, les dettes de l'Allemagne ont été annulées, c'est ce qui a contribué au *boom* économique dont elle bénéficie aujourd'hui. L'économiste Ann Pettifor, célèbre pour avoir été une des rares à avoir prédit la crise financière de 2008 dans de nombreuses publications, fait partie des personnalités internationales qui en appellent à l'effacement pur et simple de la dette : un « grand jubilé ».

Dette environnementale

Parler de dette environnementale est aussi une entreprise de culpabilisation. L'expression est une métaphore : comment pourrait-on mesurer la « dette environnementale » ? Mais elle contient un vice : contrairement à la dette financière, elle n'est pas réversible, on ne pourra jamais la rembourser plus tard en la payant. Il n'y a aucune réciprocité possible. Lorsqu'une espèce disparaît, aucune facture, aucun remboursement ne la fera revenir.

En revanche, pour éviter ce type de catastrophes, de nombreux investissements sont absolument nécessaires : dans les infrastructures, la recherche, l'éducation, dans le passage vers une économie plus sobre, plus circulaire. L'économiste Gaël Giraud a chiffré ces investissements, indispensables à la transition écologique, à plus de 60 milliards par an pendant dix ans.

Réorienter les forces productives et les modes de consommation vers l'économie de demain, décarbonée, sans alourdir la dette est le défi de cette transition. Mais il va être nécessaire de s'orienter vers d'autres modes de financements innovants. Un certain nombre de dispositifs, qui reviennent régulièrement dans le débat public, vont probablement finir par s'imposer. C'est le cas de la taxe sur les transactions financières, mais aussi d'autres instruments comme la taxe carbone, les droits à tirage spéciaux ou la possibilité pour les Etats de se financer auprès des Banques centrales.

Enfin, chaque année, 650 milliards de subventions sont accordés aux énergies fossiles. Il est grand temps de mettre fin à ces incitations perverses et de rediriger ces moyens vers les énergies renouvelables. Tous ces efforts permettraient également de faire progresser les négociations internationales sur le climat en rendant les promesses, enfin financées, réalisables.

« LA RÉVOLUTION DES INVISIBLES »

Les innovations sociales

Ils n'appartiennent pas à une catégorie socioprofessionnelle particulière, ni à une religion, ni à un courant politique, pas davantage à une tranche d'âge : il y a parmi eux autant d'adultes actifs que de jeunes ou de retraités, en fait c'est la quasi-totalité de la population qui est concernée, même si on observe une légère prédominance des milieux les plus éduqués et aisés et que les femmes sont nombreuses.

Pour la plupart ils se croient isolés dans leurs choix et dans leurs convictions, ils estiment leur nombre à moins de 5 % dans leurs pays respectifs, ils n'ont pas songé à se compter et ils ignorent absolument qu'ils sont beaucoup plus nombreux !

Aux États-Unis, où ils ont été repérés pour la première fois, une enquête a pourtant été conduite auprès d'eux pendant une quinzaine d'années. Ses résultats ont de quoi surprendre : s'ils ne représentaient que 4 % de la population en 1985, ils étaient déjà 26 % en 2000, soit 50 millions d'habitants, nombre qui a certainement augmenté aujourd'hui. Il doit en être de même en Europe et au Japon où le même pourcentage est estimé.

Le nombre est significatif puisqu'il représente plus du quart d'une population. Pourtant, ils restent largement ignorés des politiques et des médias. C'est à peine si cette enquête a été signalée lors de sa parution, le grand public n'en a pas eu connaissance. Étrange indifférence.

Il est temps de dire qui sont ces 50 millions d'Américains et tous ceux qui, d'un continent à l'autre, partagent leurs valeurs. Un sociologue, Paul H. Ray et une psychologue, Sherry Anderson, auteurs de cette enquête et du livre qui a suivi, leur ont trouvé un nom : ce sont les *Cultural Creative*, les créatifs culturels, acteurs des changements de société, qui par leurs idées et leurs modes de vie prennent leurs distances avec le monde dans lequel ils sont nés, rejetant de façon plus ou moins radicale un modèle axé sur la réussite, l'argent, la consommation, pour lui substituer d'autres valeurs jugées plus civiques et plus responsables. Le développement personnel, une alimentation saine, l'engagement solidaire, l'implication dans la société, le recours aux médecines douces, sans oublier une meilleure place faite aux femmes, font partie de leurs choix.

Depuis leur apparition, les créatifs culturels, en se tournant vers d'autres valeurs, en innovant dans tous les domaines de la vie courante et dans leurs habitudes culturelles, ont profondément modifié leur vision du monde contemporain. Tous ensemble, ils seraient les inventeurs d'une civilisation postmoderne, peut-être sur le point d'advenir, aussi importante, assurent les chercheurs Ray et Anderson, qui ont défini le concept, que le fut le modernisme il y a cinq cent ans.

Voilà bien la raison pour laquelle ni les médias ni les politiques n'auraient perçu l'importance du phénomène. C'est ce qui se passe lorsqu'apparaît un système résolument nouveau : l'ancien système, convaincu de représenter la seule manière normale d'être au monde, non seulement ne peut pas le comprendre mais ne peut même pas le voir. Or, ces minorités proposent des ruptures plus ou moins radicales avec les promesses du mode de vie occidental.

Dissidence

L'histoire le démontre, les changements de société viennent de l'« extérieur » : ce sont les minorités qui innovent, inventent des pratiques nouvelles et entraînent les grands mouvements historiques. Au XXe siècle, les psychologues sociaux, à la suite de

L'avenir des sociétés humaines est affaire de création, d'invention et d'innovations.

Serge Moscovici, les ont appelées des « minorités actives ». Pourquoi les sociétés produisent-elles des minorités ? C'est une « évolution naturelle » et même une nécessité vitale pour elles ; elles produisent des minorités pour faire de l'expérimentation sociale. Comme les minorités socialistes du XIXe siècle avaient créé les mutuelles, les créatifs culturels créent aujourd'hui de nouvelles formes d'usage et de vie collective, en « dissidence » avec la société de consommation.

Les minorités sont des puissances créatrices. Dans un groupe, une société, une culture, elles mettent en marche un processus d'influence à destination de la majorité. Il n'aboutit pas nécessairement à l'adoption de la position minoritaire mais il débouche sur la redéfinition du problème, la formulation d'idées nouvelles, la conception de solutions inédites. La présence de minorités rend l'ensemble du groupe créatif. Elles facilitent le mouvement et l'adaptation des sociétés. C'est en ce sens qu'elles sont le moteur de l'histoire : « la plupart des changements sociaux sont l'œuvre des minorités ». La majorité maintient la stabilité, elle conserve l'ordre, les minorités innovent, elles stimulent l'évolution.

Dans les marges

Le mouvement de la sphère écologiste est une minorité, ce qui lui confère des avantages et des particularités, dont un rapport étroit entre la pensée et l'action. On croit volontiers que l'influence vient des lieux de pouvoir, qu'il faut être au cœur d'un réseau, faire partie de l'élite. Pour innover, il faudrait se conformer. Mais pour les psychologues sociaux, les véritables innovations fleurissent au contraire dans les marges et se propagent par le bas. Et le numérique renforce ce phénomène en donnant à chacun les moyens d'agir. Une innovation originale est immédiatement transmise et partagée. Grâce aux réseaux sociaux, le mouvement qui se forme pour défendre une cause s'amplifie très rapidement. La « viralité » permet le développement de l'intelligence collective et la pollinisation des innovations.

Les mouvements minoritaires pénètrent, imprègnent et métamorphosent la culture dominante. C'est pourquoi l'écologie doit pénétrer le langage courant avant les institutions, la pensée quotidienne avant la politique, sinon elle connaîtra un destin similaire à celui du marxisme.

Il existe « une méthode écologiste, qui n'est ni prophétie, ni militantisme, ni bourrage de crâne. C'est le dégel d'une pensée assommée et le réveil de sensations anesthésiées, c'est la conversion des consciences à un monde familier auquel on ne faisait plus attention, qu'on ne voyait plus à force d'habitude » (Serge Moscovici). L'écologie doit avoir comme matière première le sens commun, elle doit « rendre visible ce que les autres ne savent plus voir, faire sentir ce à quoi ils ne sont plus sensibles ». Elle se trompe et s'appauvrit en s'abritant derrière l'autorité scientifique : « Un des ressorts de base de l'influence minoritaire, c'est qu'au départ, les gens disent que c'est utopique. » Ils sont méfiants et incrédules : tant mieux, il faut attendre. Le jour vient où les utopies deviennent la norme. Parfois elles échouent, mais elles laissent toujours des traces.

C'est ainsi qu'il faut lire la multiplication des mouvements d'opposition à des projets d'équipements d'envergure comme, en France, la ferme des Mille Vaches, l'aéroport de Notre-Dame-des-Landes ou encore le Center Park de Roybon, des mobilisations récentes qui symbolisent un mode de vie, une condition moderne de plus en plus rejetés. Elles trouvent des échos dans toutes les régions du monde : au Brésil, mobilisation contre la construction d'un gigantesque barrage sur le rio Xingu, grand affluent de l'Amazone, aux États-Unis, contre le projet de l'oléoduc Keystone XL et en Inde, contre l'aménagement d'un vaste réseau de barrages hydroélectriques dans la vallée Narmada.

Compétences multiples

Face à ces mouvements, d'autres courants pensent que c'est justement du système capitaliste, en misant sur le pouvoir d'innovation du marché, qu'émergeront les pratiques vertueuses et durables. C'est la position défendue par l'écologiste Jared Diamond. Diamond veut croire que « les grandes entreprises peuvent sauver la planète ». Il illustre ses propos d'exemples de pratiques vertueuses, mises en place par de grandes firmes américaines, Walmart, Coca-Cola ou Chevron.

La voie serait prometteuse car l'économie de marché va intégrer l'idée selon laquelle la protection de l'environnement est économiquement rentable : à court terme, par une faible consommation de ressources environnementales ; à long terme, en évitant la pollution et en développant l'utilisation de ressources renouvelables. À cela s'ajoute l'intérêt bien compris pour une entreprise de jouir d'une « image propre », réduisant ainsi les critiques potentielles de la part de ses employés, de ses consommateurs et de la puissance publique. Il est exact que les normes environnementales s'imposent aujourd'hui à travers le monde, à des degrés divers, et qu'il est plus intéressant, économiquement parlant, de s'aligner sur les normes les plus exigeantes que de s'adapter aux pratiques de chaque pays. La recherche de l'efficacité, produire avec moins de ressources pour gagner en productivité, est une constante historique de l'économie capitaliste. Pourtant, les flux de matière et d'énergie n'ont jamais cessé de croître. Peut-on vraiment laisser aux principaux responsables de la crise écologique le soin de nous en sortir ?

Force est de constater qu'en matière de dégradation de l'environnement capitalisme et socialisme sont renvoyés dos-à-dos. Dans les sociétés socialistes, la suppression de l'égoisme économique n'a en aucun cas mené à une société plus morale et à une meilleure quête de l'intérêt général. Au contraire, elle a abouti à des violences effroyables et à la corruption. Mais imaginons qu'il soit possible de neutraliser les intérêts individuels de manière pacifique et démocratique. N'obtiendrions-nous pas une société apathique, dans laquelle il serait impossible de mobiliser la collectivité pour éviter des catastrophes écologiques majeures ? Car, comme l'écrit Vittorio Hosle, « celui qui neutralise l'égoïsme sans parvenir à conserver à un plus haut niveau les énergies qui l'animent, condamne ainsi l'humanité à une apathie, à une indifférence qui seront pires encore que dans un monde gouverné par l'égoïsme ».

Mais les motivations égoïstes ne sont pas, loin de là, les seules sources d'énergies sociales. La révolution Jugaad, concept d'origine indienne qui signifie « débrouillardise », connaît un succès fulgurant, jusqu'à inspirer la Sillicon Valley et le management des grandes multinationales. C'est un état d'esprit. Il s'agit de développer, partout où cela est possible, les meilleures idées dans des conditions frugales. Illustrant cette logique, un habitant de l'Assam en Inde, se rendant tous les jours à vélo sur son lieu de travail et se heurtant à de nombreux nids de poules, a converti son problème en atout : il a équipé son vélo d'un système ingénieux qui lui permet d'utiliser l'énergie des chocs pour le propulser en avant ! La contrainte aussi peut être une source d'innovation.

La Révolution Jugaad, tout comme l'expérience de Totnes en Angleterre ou le mouvement porté par les *makers* et les *hackers* - les nouveaux artisans – qui révolutionnent le travail, les modes de production et jusqu'au vivre ensemble, autant d'illustrations de recherche de solutions pour aboutir à des réalités concrètes.

L'avenir des sociétés humaines, tout comme l'évolution biologique, est affaire de création, d'invention et d'innovations. C'est de la société civile que cette créativité émerge, c'est elle qui expérimente et trouvera les bonnes formules. Parfois celles-ci resteront locales et ne seront pas généralisables. De toutes façons, insiste Serge Moscovici, « notre but principal n'est pas la prise du pouvoir. En général, les hommes pensent qu'en mettant la main sur le pouvoir ils vont changer la société et les hommes. Moi, je pense que ce n'est pas vrai. L'essentiel est de changer la société et les hommes. Le politique suivra. »

Remerciements

Nous sommes particulièrement reconnaissants envers tous ceux, collègues et amis, qui ont bien voulu nous manifester leur soutien tout au long de cette aventure commencée au printemps 2014. L'équipe de la fondation Nicolas Hulot nous a apporté des conseils et des critiques précieux. Ce livre a largement bénéficié des échanges fructueux et stimulants avec Jean-Jacques Blanchon et Dominique Bourg. Et notre gratitude va également à Olivier Poivre d'Arvor, pour la confiance qu'il nous a accordée dès le début de ce projet.

FONDATION
NICOLAS HULOT
POUR LA NATURE
ET L'HOMME

FONDATION NICOLAS HULOT POUR LA NATURE ET L'HOMME

Créée en 1990, reconnue d'utilité publique, apolitique et non confessionnelle, la Fondation Nicolas Hulot pour la Nature et l'Homme œuvre pour un monde équitable et solidaire qui respecte la Nature et le bien-être de l'Homme. Elle s'est donné pour mission d'accélérer les changements de comportements individuels et collectifs, et de soutenir des initiatives environnementales, en France comme à l'international, pour engager la transition écologique de nos sociétés. Pour la Fondation, l'écologie ne doit plus être une thématique parmi d'autres mais constituer le cœur de l'action publique et privée.

Afin de mener à bien sa mission, la Fondation combine la réflexion à l'action :

• Elle élabore et porte des propositions avec son Conseil scientifique et son réseau d'experts pluridisciplinaire de haut niveau.
• Elle soutient et valorise des initiatives porteuses d'avenir afin de les démultiplier à plus grande échelle. Riche d'enseignements, la réalité du terrain inspire et nourrit la production intellectuelle.
• Et pour que chacun puisse s'approprier et se mobiliser en faveur de la transition écologique, elle élabore des outils et des campagnes citoyennes.

La Fondation est également une ONG environnementale représentative. En rassemblant plus de 5 000 donateurs chaque année, elle peut siéger dans les instances nationales tels que le Conseil économique social et environnemental ou le Comité national de la transition écologique. Cela lui permet de porter ses propositions auprès du gouvernement et des décideurs économiques.

Notre force de conviction repose sur nos donateurs. Pour soutenir la Fondation, faites un don sur www.fnh.org.

Ce livre est issu d'une émission produite et diffusée sur France Culture durant l'été 2014. Retrouvez les podcasts de l'émission sur www.franceculture.fr

Si vous souhaitez être tenu informé des parutions
et de l'actualité des éditions Les Liens qui Libèrent,
visitez notre site :
http://www.editionslesliensquiliberent.fr

Achevé d'imprimer en mars 2015
par Normandie Roto Impression s.a.s.
à Lonrai
Dépôt légal : avril 2015
N° impr : 1501320
Imprimé en France